前言

Preface

物流科学作为一门新兴的学科，它与多种学科交叉，其理论体系与技术应用仍处于不断发展中。支撑起现代物流业的不仅有现代物流技术，还有现代物流装备与设施，前者是现代物流业的灵魂，而后者是现代物流业的重要基础。

2014 年 9 月 12 日，国务院以国发〔2014〕42 号印发《物流业发展中长期规划（2014—2020 年）》（以下简称《规划》）。该《规划》分发展现状与面临的形势、总体要求、发展重点、主要任务、重点工程、保障措施、组织实施七部分。发展目标是：到 2020 年，基本建立布局合理、技术先进、便捷高效、绿色环保、安全有序的现代物流服务体系；物流的社会化、专业化水平进一步提升；物流企业竞争力显著增强；物流基础设施及运作方式衔接更加顺畅；物流整体运行效率显著提高。发展重点是：着力降低物流成本；着力提升物流企业规模化、集约化水平；着力加强物流基础设施网络建设。

《规划》聚焦解决物流业突出问题的措施，着力降低物流成本、推动物流企业规模化、改善物流基础设施，这些都是对于物流业提质增效最有效的措施。这就抓住了制约物流业发展的“牛鼻子”，找到了推动产业政策的“突破口”，具有积极的政策指导意义。

近年来，随着我国物流业的飞速发展，以物流中心、配送中心、第三方物流等为代表的全新物流业正在兴起，现代物流装备与技术也得到了快速发展。21 世纪，物流装备与技术朝着信息化、自动化、集成化、智能化、柔性化和标准化的方向发展，其现代化水平不断提高。物流装备与技术是现代物流系统正常运行的物质基础，现代化物流装备与技术的应用日益广泛，自动化程度在不断提高，物流装备与技术的合理选用和配置直接影响整个物流系统的运行效率。物流装备与技术的现代化是促进物流现代化的重要基础和保证。物流装备与技术存在并作用于整个物流的全部过程，包括生产、包装、储存、装卸、运输、流通加工、信息采集和处理等所有环节，因此物流装备与技术的发展，也有力地促进了现代物流业的不断发展。

中等职业学校物流服务与管理专业的培养目标是：掌握物流服务与管理专业对应岗位必备的知识与技能，能从事仓储与配送、运输业务、快递业务、国际货代等岗位群的工作，具备职业生涯发展基础和终身学习能力，能胜任生产、服务、管理一线工作的高素质劳动者和中等技术技能型人才。

为满足现代物流人才的培养需求，便于业内有关人员全面而系统地学习物流装备与技术的基本知识，中国物流学会常务理事、广东省物流教学指导委员会副主任委员、广东轻工职业技术学院缪兴锋教授借鉴德国“双元制”职业教育，引入德国职业教育“行动导向”理念，结合自己十几年的企业基层工作经验，展望物流行业未来发展新趋势，精心编写了这本教材。

本书为教育部中等职业教育物流服务与管理专业技能立项规划教材，广东省职业院校中高职衔接三二分段专业技能课程规划教材。教学内容体系共设 9 个项目，涵盖了物流装备与技术的主要领域。通过对物流装备与技术的前导性介绍及发展状况的描述，以物流系统认知作为铺垫，首先介绍了物流装备与技术的基本概念、功能，以及物流装备的管理、使用、保养与维护；然后转入对各类物流装备与技术的学习，着重介绍了仓储装备与技术、运输机械装备与技术、装卸搬运装备与技术、包装装备与技术、流通加工装备与技术、集装单元化装备与技术、信息识别与采集装备与技术和智能物流装备与技术的作用、类型、功能、应用、发展趋势等。本书力求体现“基本理论知识够用，注重实际运用与操作技能培养”的中等职业技术教育的特征，具体有如下特点：

(1) 全面性。本书对物流过程各环节所涉及的主要设施、装备均作了较为系统的介绍。

(2) 针对性。本书吸收了现代物流装备与技术方面的新成果，立足于物流作业现场，针对相应设施、装备的应用，针对中职教育实操性较强的特点，采用“项目导入、任务驱动”的教学方法，结合中职教学特点，以“教师好用、学生有用、实践管用”为宗旨，对该教学方法相关环节进行优化，即不设计过多的栏目，以适应中职教学要求，提高教学效果。

(3) 实用性。本书重点放在应用、使用上，满足物流管理人员的基本知识需要，不涉及高深的装备与技术理论知识。每章均设置了“案例导入”，章后设置了“学习能力测试”，以满足职业技术教育教学的需要。案例尽可能贴近企业与应用层面，并在相应内容上结合当前经济发展、相关行业及技术的发展情况深化或扩展对相应装备（知识）的介绍。

全书由缪兴锋教授负责总体规划、编写及定稿工作，广东轻工职业技术学院别文群老师、广东南海信息技术学校覃忠健老师、广州市从化区技工学校黄耀培老师、广东省贸易职业技术学院许慧玲老师参与收集资料及编写工作。本书适合作为中等职业教育物流服务与管理专业教材，也可作为物流业基层管理人员的参考书及其他有关人员培训用参考书。

"十二五"职业教育国家规划教材
经全国职业教育教材审定委员会审定

物流服务与管理

现代物流装备与技术

XIANDAI WULIU ZHUANGBEI YU JISHU

缪兴锋　覃忠健　别文群／编著

中国人民大学出版社
·北京·

为方便教师的备课和教学，本书配有多媒体课件等，以帮助教师组织教学过程，提高教学效率。

在本书编写过程中，我们参阅了大量的图书文献和网上资料，但由于现代科技发展日新月异，而且物流科学是一个出现不久的新旧交叉的科学新领域，对它的认识和研究都还不够深入，因此在本书的叙述中难免存在谬误。作者真心希望读者提出批评意见，并能及时反馈给我们。同时，在本书中我们引用了一些专家学者的研究成果，在此对这些专家学者表示深深的谢意。本书所引用资料出处已尽可能详细地在参考文献中列出，也有可能有些资料由于编者疏忽没有指明出处，若有这类情况发生，在此表示万分歉意。

中国人民大学出版社教育分社的编辑人员和相关人员对本书的出版给予了极大的支持，在此表示感谢。许多院校和研究机构的专家、教授和企业界朋友对编写本教材提出了宝贵的建议，提供了许多实际案例素材与技术支持，在此一并致谢。

广东省采购与供应链协会	秘书长	魏祁蔚女士
广州物流与供应链协会	秘书长	江　川先生
广东省物流行业协会	秘书长	马仁洪先生
广东威特隆科技股份有限公司	董事长	徐隆久先生
广东恒畅物流有限公司物流中心	总经理	林海中先生
北京络捷斯特科技发展有限公司	总经理	邵清东先生
北京明伦高科科技发展有限公司	董事长	黄惠良先生
广州市中环服装辅料有限公司	总经理	秦建华先生
广州市中海物流有限公司	经　理	薛　卫先生
广州兰狮体育用品有限公司	总经理	陈　超先生

编　者

引 言

Foreword

当前，经济全球化趋势深入发展，网络信息技术革命带动新技术、新业态不断涌现，物流业发展面临的机遇与挑战并存。伴随全面深化改革，工业化、信息化、新型城镇化和农业现代化进程持续推进，产业结构调整和居民消费升级步伐不断加快，我国物流业发展空间越来越广阔。

随着物流各环节分工的不断细化，以满足顾客需要为宗旨的物流服务需求持续增加，新型物流装备和新技术物流装备不断涌现，企业物流系统的技术与装备取得了长足进展，跟上了国际企业物流技术发展的趋势。这些装备多是专门为某一物流环节的物流作业、某一专门商品、某一专门顾客提供的，借助数据库、系统管理软件、专家智能系统、云计算技术等现代信息处理技术处理物品信息，借助认址、调速、定位、追踪、控制等技术自动调度和控制物品出入库及搬运等物流作业，实现智能化、自动化的物流配送。这是未来中国物流系统技术的重要发展趋势。

目 录

Contents

项目一 现代物流装备与技术概述

问题引入

1. 你见过哪些物流装备？它们的作用是什么？
2. “工欲善其事，必先利其器”，这句话是什么意思？

任务导读

- 现代物流装备与技术概述
  - 物流系统认知
    - 物流系统的定义
    - 物流系统的构成要素
    - 物流要素之间的冲突
    - 物流系统的目标
  - 物流装备与技术的基本概念
    - 物流的基本概念
    - 物流的基本功能
    - 物流装备
    - 物流技术
    - 物流设施
  - 物流装备与技术管理
    - 物流装备与技术管理的主要内容
    - 物流装备的配置原则
    - 物流装备的使用、维护保养、修理与日常管理

学习目标

知识目标：

1. 了解系统的含义及物流系统概念。
2. 了解物流系统功能要素、构成要素与物流系统目标。
3. 掌握物流装备与技术的基本概念。
4. 掌握物流装备的管理、使用、保养与维护。

能力目标：

1. 能够在原材料、在制品、成品等从供应地向目的地有效转移的过程中合理配置物流装备。

2. 能够在对物品进行检验、保管、加工、集散、转换运输方式等多种作业过程中，将物流装备进行恰当使用、保养与维护。

案例导入

从前，有个人种了一棵葫芦。细长的葫芦藤上长满了绿叶，还开出了几朵雪白的小花。花谢以后，藤上挂了几个小葫芦。

多么可爱的小葫芦啊！那个人每天都要去看几次。

有一天，他看见叶子上爬着一些蚜虫，心里想，有几个虫子怕什么！他盯着小葫芦自言自语地说："我的小葫芦，快长啊，快长啊！长得赛过大南瓜才好呢！"

一个邻居看见了，对他说："你别光盯着葫芦了，叶子上生了蚜虫，快治一治吧！"那个人感到很奇怪，他说："什么？叶子上的虫还用治？我要的是葫芦。"

没过几天，叶子上的蚜虫更多了。小葫芦慢慢地变黄了，一个一个都落了。

这个故事告诉我们，事物之间是有联系的，如果只顾葫芦不管叶子，最后葫芦也长不成。

其实这个寓言故事中蕴含着系统概念。系统是由两个或两个以上的相互作用的要素，按一定结构组成并具备特定功能的有机整体。系统论就是倡导人们站在系统的角度，全面分析问题、解决问题的理论。

问题与思考

1. 为什么说用系统的观点和方法解决物流问题是业内关注的热点？
2. 你能准确描述系统及物流系统吗？

知识探究

任务一 物流系统认知

运用系统的观点和方法对物流问题进行分析、研究，对于正确把握物流装备和技术在物流系统中的地位，充分合理地利用物流设施，实现物流的空间效益、时间效益，以及实现物流各环节的合理衔接，提高企业竞争能力，并取得最佳的经济效益，具有非常重要的意义。

一、物流系统的定义

（一）系统的含义

系统源于古希腊语“system”，有“共同”和“给予位置”的含义。在生产和生活过程中，一个企业、一个部门、一项计划、一个项目、一套管理制度等，都可以看成是一个系统。

系统是指若干个相互联系、相互依赖的要素按一定方式组成的具有特定功能（目的）的有机整体。它具有以下特点：各个人造系统都具有一定的目的；在系统中通常有多种要素存在；各要素之间互相关联；系统存在于一定的环境之中，系统与环境的边界是相对的；系统的界定也是相对的，一个系统可以划分成很多子系统，子系统还可以继续细分。

（二）物流系统的概念

物流系统是由运输、仓储、包装、装卸、搬运、配送、流通加工、物流信息处理等各环节组成的，它们之间相互影响、相互制约，是有序协调的集合体。物流系统是社会经济大系统的一个子系统或组成部分。物流系统和一般系统一样，具有输入、转换及输出三大功能，其通过输入和输出功能与社会环境进行交换，和环境相依而存，而转换则是这个系统独具特色的系统功能。物流系统可以按其组成环节划分为多个子系统。

二、物流系统的构成要素

物流系统的构成要素包括硬件要素和软件要素。

（一）物流系统的硬件要素

物流系统的硬件要素是物流业务的载体，决定了物流系统的基本结构，主要包括：

（1）物流装备。它是保证物流系统运行的物流设备机械，包括仓库货架、进出库设备、加工设备、运输设备、装卸机械等。

（2）物流设施。它是组织物流系统运行的基础物质条件，包括物流集散地，物流中心，仓库、港口等物流网络节点，公路、铁路等物流线路。

（3）物流工具。它是物流系统运行的工具器械，包括包装工具、维护保养工具、办公设备等。

（4）物流信息网络。它是掌握和传递物流信息的手段，根据所需信息水平不同，包括通信设备及线路、传真设备、计算机及信息网络设备等。

硬件要素是形成物流系统框架的物质基础，建立这些要素需要的投资较多，一旦这些要素建立起来并形成一定的组合关系，要改变它或调整它是相当困难的。设计一个物流系统时，如何正确选择系统的硬件要素进行合理组合，实质上就是指采用何种工艺和设备，要求达到什么样的技术水平，物流设施如何布局，形成多大规模的物流能力等。它对形成物流运作系统的功能起决定性的作用，所以企业在决策时应慎重，应从物流战略层面进行长远规划。

（二）物流系统的软件要素

物流系统的软件要素是支持和控制物流系统有效运行的机制要素，主要包括：

（1）物流计划。它指物流企业为执行具体的物流业务所制定的运输与仓储等规划。

（2）物流组织。它指物流从业人员的素质特点、人员的管理政策、物流企业的组织结构等。

（3）社会制度环境。系统的建立和运行处于复杂的社会经济系统中，必然受到社会环境因素的影响。社会制度环境主要包括体制、制度、法律、规章、行政、命令和标准化系统等。

（4）物流和网络技术。物流系统的合理规划及运行依赖物流技术，物流系统的控制和协调依赖网络技术。随着信息化程度的不断提高，网络技术越来越重要。

三、物流要素之间的冲突

物流的各要素（运输、储存、搬运、包装、流通加工等）之间存在冲突，具体而言，主要有要素目标冲突和要素运作冲突两种。

（一）要素目标冲突

1. 要素之间的目标冲突

物流职能要素的目标可能存在冲突。比如运输功能要素的目标一般是追求及时、准确、安全、经济，主要目的就是降低运费。为了降低运费，企业在选择运输设备时多强调用比较便宜的运输方式，比如海运、铁路运输，同时尽量采用整车发运来节约运费。但是以上降低运费的措施会导致库存成本的增加。物流系统中储存功能的主要目标之一就是降低库存水平。从储存角度来看，为了达到降低库存水平的目的，企业可以采取降低每次收货的数量、增加收货次数、缩短收货周期的策略，但这些降低库存水平的策略会导致运输成本的增加。可见，运输目标和储存目标是有冲突的，因此在物流设施的规划中，企业必须权衡其目标的实现。

2. 要素内部的目标冲突

按照系统相对性和可分性，物流系统要素内部也存在类似的目标冲突。例如，不同的运输方式之间广泛存在目标冲突。在航空运输与铁路运输之间、航空运输与公路运输之间，存在物流成本和交货及时性目标的冲突。这种目标冲突就使得用户为了达到一个特定的目标而在选择运输方式时有所取舍，认识到这种目标冲突有助于用户合理选择运输方式。

3. 要素外部的目标冲突

物流系统本身是一个更大系统的子系统，其与同属于更大系统的并列的子系统之间的目标也可能发生冲突。例如制造企业的物流系统与生产系统、销售系统存在普遍的目标冲突。在制造企业中，物流系统是与生产系统、销售系统等系统并列的一个系统，它们都是公司经营系统中的要素或者子系统。生产系统、销售系统与物流系统都有很多各自的目标，这些目标也充满了冲突，生产系统的目标和销售系统的目标还可能会形成对物流系统目标的夹击。

（二）要素运作冲突

技术规范不统一可能导致物流要素在运作上出现冲突。物流系统的各种要素都有各自的运作规律和标准，在还没有建立统一的物流运作规范和标准的情况下，各要素在运作上由于互相不能适应对方的业务特点、流程、标准、规范、制度和票据格式等而产生矛盾是很普遍的。

仅举托盘的例子来说明这个问题。如果商品在一个物流系统中都以托盘为基础来进行运输、储存等作业，则可以减少装卸、搬运的次数，降低装卸、搬运的损失，减少中间作业量，提高作业效率，加快物流速度。但不同公司的托盘使用的技术标准不同，其直接后果是托盘不可流通，这就降低了托盘在物流中的作用；此外，使用托盘还会增加中间作业成本，因此很多企业干脆不用托盘；有的企业还强迫其他协作企业采用自己的托盘，这是一种推行物流托盘标准的做法，但并不是市场公平选择的结果，这对物流系统运作的整体优化是很不利的。

四、物流系统的目标

每个系统的存在和建立都是为了实现一定的目标，物流系统的目标是实现物资的空间效用和时间效用，即在保证社会再生产进行的前提下，实现各种物流环节的合理衔接，并取得最佳的经济效益。物流系统的主要目标如下：

（一）服务性

服务性（Service）是指在为用户服务方面，要求做到无缺货、无货物损伤和丢失的现象，且费用低。物流系统直接连接着生产与再生产、生产与消费，因此要求有很强的服务性。这种服务性表现为物流本身有一定的从属性，要以用户为中心，树立用户第一的观念。

（二）即时性

即时性（Speed）要求企业按照用户指定的地点和时间送达货物。为此，企业可以把物流设施建在供给地区附近，或者利用有效的运输工具和合理的配送计划等来实现这一目标。

（三）节约性

节约性（Saving）是经济领域的重要规律。在物流领域中，由于流通过程消耗大，基本上不增加或不提高商品的使用价值，所以依靠节约时间和空间来降低投入，是提高相对产出的重要手段。物流过程作为第三利润源泉，其主要是依靠减少自营物流设施的数量，利用社会物流设施，有效地利用空间和时间来实现节约的。

（四）规模化

规模化（Scale Optimization）以物流规模作为物流系统的目标，以此来追求规模效益。生产领域的规模生产早已为社会所承认，但在流通领域，似乎不那么明显。实际上，规模效益问题在流通领域也异常突出，只是由于物流系统比生产系统稳定性差，因而难以形成标准的规模化模式。并单运送可以实现运输和配送的规模效益。

（五）库存调节性

库存调节性（Stock Control）是即时性的延伸，也是物流系统本身的要求，涉及物流系统的效率。物流系统通过调节自身库存满足生产企业和消费者的需求，应对市场需求的不均衡性，从而实现供需协调。

任务二 物流装备与技术的基本概念

随着现代科学技术的发展，物流技术逐渐从电子化物流向智能化物流转变，尤其是运用现代先进技术，集光、机、电、信息为一体的智能物流设备得到了越来越广泛的运用。

一、物流的基本概念

（一）物流

物流（Logistics）是物品在从供应地向接收地实体流动的过程中，根据实际需要，将运输、储存、装卸搬运、包装、流通加工、配送、信息处理等基本功能有机结合起来实现用户要求的过程。

（二）物流活动

物流活动（Logistics Activity）指物流诸功能的实施与管理过程，包括为用户服务、需求预测、库存控制、物料搬运、订货销售、零配件供应、工厂及仓库选址、物资采购及包装、退换货、废物利用及处置、运输及仓储等。

（三）物流作业

物流作业（Logistics Operation）指实现物流功能时所进行的具体操作活动，包括运输、储存、装卸搬运、包装、流通加工、配送、信息处理等环节的实现。

（四）物流技术

物流技术（Logistics Technology）是指物流活动中所采用的自然科学与社会科学方面的理论、方法，以及设施、设备、装置与工艺的总称。它包括各种操作方法、管理技能，如流通加工技术、物品包装技术、物品标识技术、物品实时跟踪技术等。此外，还包括物流规划、物流设计、物流评价、物流策略等。随着计算机网络技术应用的普及，物流技术中综合了许多现代信息技术，如 GIS（地理信息系统）、GPS（全球卫星定位系统）、EDI（电子数据交换）、条码、物联网（IOT）等。

（五）物流装备

物流装备（Logistics Equipment）是指在原材料、在制品、成品等从供应地向目的地有效转移的过程中，用来完成运输、装卸搬运、储存、分拣、包装、流通加工、配送等方面工作的设备以及所需要的场所。物流装备包括运输装备（含载货汽车、铁道货车、货运船舶、货运飞机或客货飞机）、装卸搬运装备、仓库装备、输送装备、分拣与理货装备、物流工具等。物流装备是组织实施物流活动的重要手段，是物流活动的基础。

二、物流的基本功能

从实物的流转环节来分，物流的基本功能包括运输功能、储存保管功能、装卸搬运功能、包装功能、流通加工功能、配送功能、信息处理功能等，如图 1－1 所示。

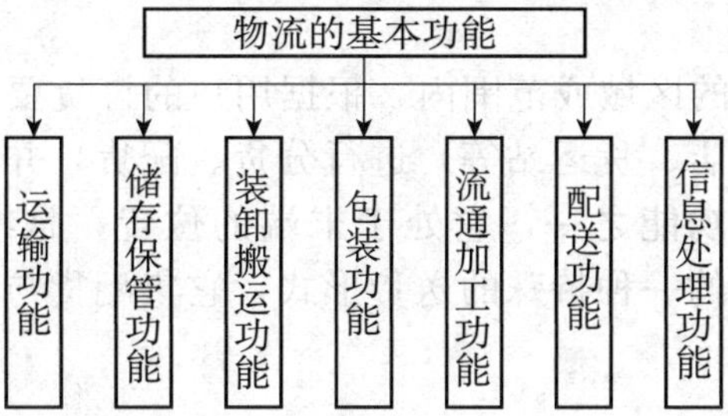

图 1－1　物流的基本功能

（一）运输功能

运输是物流的支柱功能之一。物流运输是指劳动者通过使用工具和设备将货物进行空间位移的活动。物流运输不改变货物的实物形态，也不增加其数量，但它通过改变货物的空间位置而创造场所效用，实现其使用价值，满足社会需要。

（二）储存保管功能

储存保管也是物流的支柱功能之一。产品从生产领域进入消费领域之前，由于季节性、地域性的原因，在流通领域往往需要储存一段时间。这个环节的活动就是储存保管，它包括入库、保管、保养、出库等一系列活动。

（三）装卸搬运功能

在同一地域范围内改变“物”的存放、支承状态的活动称为装卸，改变“物”的空间位置的活动称为搬运，两者统称为装卸搬运。装卸搬运活动是随着物流运输、储存保管活动的发生而产生的附属性的、保障性的必要活动。物流过程离不开装卸搬运，它是对运输、储存保管、包装、流通加工等活动进行衔接的中间环节。

（四）包装功能

包装是指为了在流通过程中保护商品、便于储运、促进销售，按一定技术方法而采用的容器、材料和辅助材料等的总体名称，也指为了达到上述目的而在采用容器、材料、辅助材料的过程中施加一定技术方法等的操作活动。在社会再生产过程中，包装是生产的终点，是物流的起点。

（五）流通加工功能

流通加工是物品在从生产地到使用地的流通过程中，根据实际需要施加的包装、分割、计量、分拣、刷标志、拴标签、组装等简单作业的总称。流通加工是一种特殊的加工形式，它一般不创造使用价值，而是在商品从生产领域向消费领域流动的过程中，通过使商品发生物理、化学的变化来满足客户的要求，主要是对商品进行一些简单的加工，以弥补生产领域的不足，可以说是对生产加工的补充。

（六）配送功能

配送是指在经济合理的区域或范围内，根据用户的订货要求和时间计划，在物流节点（物流中心、仓库、商店、货运站等）进行分货、配货，并按时送达指定地点的物流活动。配送是物流的主要功能之一，它处于末端的位置，是物流系统中接近用户的一端，是从物流节点到用户的一种特殊的送货形式，它集配货与送货活动于一体，极大地方便了用户。

（七）信息处理功能

物流信息是指反映物流各种活动内容的知识、资料、图像、数据、文件的总称。物流信息不仅对运输管理、库存管理、订单管理、仓库作业管理等物流活动具有支持保证的功能，而且具有连接整合整个供应链和使整个供应链活动提高效率的功能。正是由于物流信息具有如此功能，使得物流信息在现代物流企业经营战略中的作用越来越突出。因此，建立物流信息系统，运用先进的物流信息技术，是物流企业取得竞争优势的必要条件。

三、物流装备

物流装备是指进行各项物流活动所需的、可供长期使用的、在使用过程中基本保持原来实物形态的生产资料，不包括建筑物、场站等物流基础设施和运输工具。

（一）仓储装备

仓储管理技术作业，是指以保管、保养活动为核心，从仓库接收物品入库开始，到按客户需要把物品全部完好地发送出去的全过程的作业。仓储管理技术作业按作业的顺序来分，主要由卸车、检验、整理入库、保管保养、检出与集中、出库与发运、装车七个作业环节构成。常用的仓储装备有仓库、货架和其他仓储的辅助装备，如计量设备、通风设备、温湿度控制设备、养护设备和消防设备等。

（二）运输机械装备

在物流活动中，运输始终居于核心地位。它承担了物品在空间各个环节的位置移动，解决了供给者和需求者之间在场所上的分离，是创造空间效用的主要功能因素，具有以时间换取空间的特殊功能。运输在物流中的独特地位对运输设备提出了更高的要求，要求运输设备具有高速化、智能化、通用化、大型化、安全可靠的特点，以提高运输作业效率，降低运输成本，最大限度地发挥运输设备的作用。

运输机械装备是指用于较长距离运输货物的设备。根据运输方式不同，运输机械装备可分为载货汽车、铁道货车、货船、空运设备、管道运输设备等。

（三）装卸搬运装备

装卸搬运装备是用来搬移、升降、装卸和短距离输送物料或货物的机械装备。装卸是在指定地点以人力或机械将物品装入运输设备或从运输设备内卸下的作业活动。装卸是一种以垂直方向移动为主的物流活动，包括物品装入、卸出、分拣、备货等作业行为。搬运则是指在同一场所内，对物品进行的以水平方向移动为主的物流作业。装卸搬运是对运输、保管、包装、流通加工等物流活动进行衔接的中间环节，包括装车（船）、卸车（船）、堆垛、入库、出库以及联结以上各项作业的短程搬运。

（四）包装装备

包装装备是指完成全部或部分包装过程的机器装备。包装过程包括充填、裹包、封口等主要包装工序以及与其相关的前后工序。此外，包装还包括计量或在包装件上盖印等工序。根据不同的标准，对包装可进行不同的分类，如按照包装设备功能不同可分为灌装机械、充填机械、裹包机械、封口机械、贴标机械、清洗机械、干燥机械、杀菌机械、捆扎机械、集装机械、多功能包装机械以及完成其他包装作业的辅助包装机械和包装生产线。

（五）流通加工装备

流通加工装备是指用于物品包装、分割、计量、分拣、组装、价格贴附、标签贴附、商品检验等作业的专用机械装备。流通加工装备种类繁多，按照行业不同，可分为食品行业的流通加工装备、生产行业的流通加工装备、消费资料行业的流通加工装备。

（六）集装单元化装备

集装单元化是以集装单元为基础组织的装卸、搬运、储存和运输等物流活动的方式。集装单元的实质就是要形成集装单元化系统。常用的集装单元化装备与设施主要包括集装箱、托盘、滑板、集装袋、集装网络、货捆、集装装卸设备、集装运输装备、集装识别系统等。

（七）信息识别与采集装备

信息识别与采集装备是指用于物流信息的采集、传输、处理等的物流装备。信息识别与采集装备主要包括计算机及网络、信息识别装置、传票传递装置、通信设备等。

（八）智能物流装备

智能物流装备是指具有感知、分析、推理、决策、控制功能的物流装备，它是先进制造技术、信息技术和智能技术的集成和深度融合。智能物流装备集现代物流技术中的信息化、自动化、机电一体化等新技术于一体，广泛应用于现代物流业。

四、物流技术

物流技术可以分为硬技术和软技术两个方面。物流硬技术是指组织物资实物流动所涉及的各种机械设备、运输工具、站场设施及服务于物流的电子计算机、通信网络设备等方面的技术。物流软技术是指组成高效率的物流系统而使用的系统工程技术、价值工程技术、配送技术等。

物流技术与实现物流活动全过程紧密相关，完成物流作业任务需使用的常见物流技术如下：

（一）仓储库存技术

仓储是指物品在从生产地向消费地的转移过程中，在一定地点、一定场所、一定时间的停滞。仓储是物品流转中的一种作业方式，是物流的一种运动状态，也是社会生产活动的一个组成部分。在仓储阶段，对物品进行检验、保管、加工、集散、转换运输方式等多种作业。

（二）运输技术

运输技术是指以运输行业为主要研究对象，以运输效益为核心研究内容所产生的科学技术。运输技术按运输方式不同，可分为海洋运输技术、内河运输技术、公路运输技术、铁路运输技术、空中运输技术、管道运输技术、吊装技术及各运输机械驾驶技术。按产生动力方式不同，可分为核动力技术、石油动力技术、醇动力技术、电动力技术、风动力技术、潮汐能动力技术及各种新式能源动力技术。运输技术还包含各种机械修理、动力补充、运输载体调度、运输物调度等。

（三）装卸搬运技术

装卸搬运技术是指装卸搬运活动中所使用的各种装卸搬运设备和工具以及由科学理论知识和实践经验发展而成的各种装卸搬运方法、技能与作业程序等。它一般由装卸搬运方式的选择、装卸搬运合理化、装卸搬运设备的运用等内容构成。

（四）包装技术

包装技术是指使用包装设备并运用一定的包装方法，将包装材料附着于物流对象，使其更便于物流作业。对其研究主要包括包装设备、包装方法和包装材料三部分。包装材料常常是包装技术改革的新内容，新材料往往导致新的包装形式与包装方法的出现。

（五）流通加工技术

流通加工技术是指在物品从生产者向消费者流动的过程中，为了促进销售、维护商品质量和提高物流效率，对物品进行一定程度的加工的技术。流通加工通过改变或完善流通对象的形态来实现“桥梁和纽带”的作用，因此流通加工是流通中的一种特殊形式。

（六）集装单元化技术

集装单元化是指采用各种不同的方法和器具，把经过包装或未经包装的物流对象整齐地汇集成一个便于装卸搬运的作业单元，这个作业单元在整个物流过程中保持一定的形状。以集装单元来组织物流的装卸搬运、库存、运输等物流活动的作业方式被称为集装单元化作业。集装单元化技术就是物流管理硬技术（设备、器具等）与软技术（为完成装卸搬运、储存、运输等作业的一系列方法、程序和制度等）的有机结合。它的出现，使传统的包装方式和装卸搬运工具发生了根本变革。

（七）信息识别与采集技术

信息识别技术分为条码及扫描技术、卡识别技术、射频识别技术、生物统计识别技术和光学字符识别技术。信息采集技术是为实现信息采集、处理、储存、加密、解密、传输、统计、分析、应用而采用的现代手段、方法，如传感技术、北斗卫星定位技术、无线通信技术、微处理器集成技术、数据库技术等。

（八）智能化技术

智能化技术在其应用中主要体现在计算机技术、精密传感技术、GPS定位技术的综合应用上。随着产品市场竞争的日趋激烈，产品智能化优势在实际操作和应用中得到了非常好的运用，其主要表现在：大大改善操作者作业环境，减轻了工作强度；提高了作业质量和工作效率；可用于一些危险场合或重点施工项目；环保、节能；提高了机器的自动化程度及智能化水平；提高了设备的可靠性，降低了维护成本；故障诊断实现了智能化等。

五、物流设施

物流设施包括公路、铁路、航空、水运、管道及港口、货运站场和通信等基础设施，同时包括实现物流系统功能的机械设施，如运输设施、储存设施、装卸设施、包装设施、流通加工设施等，这些设施的建设水平和技术能力直接影响着物流各环节的运行效率。物流设施是物流系统中贯穿于物流全过程，深入到各作业环节的技术支撑要素，它种类繁多、形式多样，大致包括以下几类。

（一）物流基础设施

1. 物流网络的枢纽点

物流枢纽是能够对某一区域范围提供优良物流服务的空间。某一地区要成为物流枢纽需要具备以下基本条件：优良的物流基础设施条件，形成运输通道或运输干线；高效的物流通信系统；大量的物资集散等。如全国或者区域铁路枢纽、公路枢纽、航空枢纽港、水路枢纽港，国家战略物流储备基地，辐射全国、经济区域的物流基地等，都是物流枢纽。

2. 物流网络的线路

物流网络的线路主要有以下几种类型：

(1) 铁路线路。铁路线路对于物流的运作来说，主要有以下几种类型：双轨线路、单轨线路；宽轨线路、标准轨线路、窄轨线路；普通线路、快运线路等。不同的线路有不同的运营要求，所能够承担的物流服务要求和服务水平也不相同。

(2) 公路线路。公路线路的种类是物流线路里面最多、最复杂的，可以区分成以下几类：国道、省道、城市道路；高速公路、一般公路；货运线路、非货运线路；干线公路、支线公路、连接线公路等。不同的公路能够提供的汽车运行条件不同，对车辆的通过能力和管理方式也不同。

(3) 水运线路。水运线路可分为内河航运线路、远洋海运线路、近海海运线路和沿海海运线路四种。四种线路航运条件不同，航运设备也不同，虽然都是水上运输线路，但是它们的功能和作用是有区别的。

(4) 空运线路。空运线路指已经开辟的能够进行管制、导航、通信等管理的空中航线。空运线路可分为国内航线和国际航线。

(5) 管道线路。管道线路是指专门修建的用来运输液体、气体或粉状固体的输送管线。管线可以分为以下几类：国内管线、国际管线；地面管线、地上管线、高架桥管线；石油管线、天然气管线等。

3. 物流基础信息平台

物流基础信息平台的任务是为企业的物流信息系统提供基础信息服务（交通状况信息、交通组织与管理信息、城市商务及经济地理信息等），承担不同企业间的信息交换枢纽支持及政府行业管理决策支持等。物流基础信息平台是物流实体网络的重要支撑，它可以有效地管理物流服务的各业务环节。

（二）物流功能性设施

1. 存储性节点

存储性节点是以存放货物为主要职能的、货物停滞的时间较长的节点。在物流系统中，储备仓库、营业仓库、中转仓库、货栈等都属于此种类型的节点。尽管不少发达国家的仓库职能在近些年发生了很大变化，一大部分仓库转化成不以储备为主要职能的流通仓库甚至流通中心，但是在现代，世界上任何一个有一定经济规模的国家，为了保证国民经济的正常运行，保证企业经营的正常开展，保证市场的流转，储备性仓库仍是不可缺少的。在我国，这种类型的仓库还占主要部分。

2. 转运性节点

转运性节点是处于运输线上的、以连接不同运输方式为主要职能的节点。铁道运输线上的货站、车站，不同运输方式之间的转运站、终点站，水运线上的港口、码头，空运线上的空港等都属于此类节点。一般而言，由于这种节点处于运输线上，又以转运为主，所以货物在这种节点上停滞的时间比较短。

3. 流通性节点

流通性节点是指以组织物流的流动为主要职能的节点。现代物流中经常提到的流通仓库、流通中心、配送中心、物流基地等都属于这种节点。

4. 物流的载体

物流系统能够正常流畅地运行除了依赖物流基础设施以外，更重要的是依赖物体流动的载体。物流的一个主要目的就是实现空间效用，而空间效用的有效实现依靠的正是这些载体。物流载体主要包括货运车辆、货运列车、货机、货运船舶等。载体工作效率的高低对物流系统的效率往往起着很重要的作用。

任务三　物流装备与技术管理

一、物流装备与技术管理的主要内容

物流装备与技术管理是对设备进行全过程管理，它是从设备规划和选购或自行设计制造设备开始，到设备在物流系统中使用、维护、修理，直至报废退出物流系统的全过程管理。物流装备与技术管理包括以下三方面的内容：

（1）设备的技术管理。

（2）设备的经济管理。

（3）设备的组织管理。

上述三方面内容是相互联系的一个整体。其中，技术管理是基础，经济管理是目的，组织管理是手段，只有三者结合，才能实现综合管理的目标。

二、物流装备的配置原则

物流装备的配置、选择是企业经营决策中的一项重要工作。配置和选择物流装备的总体原则为：技术上先进、经济上合理、生产作业上安全适用、无污染。在具体选配某一物流装备时应考虑以下几个方面。

（一）系统化原则

系统化就是在物流装备配置、选择中用系统的观点和方法，对物流装备运行所涉及的各环节进行系统分析，将各个物流装备与物流系统总目标、操作人员、物流作业任务以及物流装备之间有机地结合起来，改善各环节的机能，使物流装备配置、选择最佳，能发挥最大的效能，并使物流系统整体效益最优。

（二）适用性原则

适用性是指物流装备满足使用要求的能力，它基本包括适应性和实用性两个方面。在配置与选择物流装备时，应充分注意与物流作业的实际需要和发展规划相适应，应符合货物的特性，适应货运量的需要，适应不同的工作条件和多种作业性能要求，操作使用灵活方便。

（三）技术先进性原则

技术先进性是指配置与选择的物流装备能够反映当前科学技术先进成果，在主要技术性能、自动化程度、结构优化、环境保护、操作条件、现代新技术的应用等方面具有技术上的先进性，并在时效性方面能够满足技术发展要求。

（四）低成本原则

低成本是指物流装备的寿命周期成本低。它不仅指一次购置费用低，更重要的是物流装备的使用费用低。在多数情况下，物流装备技术先进性与低成本可能会发生矛盾。但在满足使用的前提下应对技术先进与经济上的耗费进行全面考虑和权衡，做出合理的判断，这就需要进一步做好成本分析。

（五）可靠性和安全性原则

可靠性是指物流装备在规定的使用时间和条件下，完成规定功能的能力。它是物流装备的一项基本性能指标。

安全性是指物流装备在使用过程中保证人身和货物安全以及环境免遭危害的能力。它主要包括设备的自动控制性能、自我保护性能以及对误操作的防护和警示等。

（六）一机多用性原则

一机多用是指物流装备具有多种功能，能适应多种作业的能力。配置用途单一的物流装备，使用起来既不方便，又不利于管理，因此，应发展一机多用的物流装备。配置和选择一机多用的物流装备，可以实现一机同时适应多种作业环境的连续作业，有利于减少作业环节，提高作业效率，并减少物流装备台数，便于物流装备管理，从而充分发挥物流装备潜能，确保以最低投入获得最大的效益。

（七）环保性原则

在选用物流装备时，应优先选择对环境污染小、噪声低的绿色产品和节能产品。

三、物流装备的使用、维护保养、修理与日常管理

物流装备在使用过程中，技术状态在不断发生变化，不可避免地会出现干摩擦、零件松动、声响异常等不正常现象，这是设备的隐患，如果不及时处理，就会造成设备过早磨损，甚至酿成严重的事故。因此，要做好设备的使用、维护与保养工作，及时地处理好技术状态变化引起的常见问题，延长其使用寿命。

（一）物流装备的使用

设备的正确、合理使用包括两个方面的含义：一是要防止对设备蛮用、滥用；二是要防止对设备闲置不用。只有充分提高设备的利用率，正确合理地使用设备，才可以在节省费用的条件下，充分发挥设备的工作效率，延长设备的使用寿命。为此，设备的使用管理要做到以下几点：

1. 为各类设备合理地安排生产任务

使用设备时，必须根据工作对象的特点，合理安排生产任务，避免人为的损失。这里包括两个方面的内容：一方面，要严禁设备超负荷运转，不要“小马拉大车”；另一方面也要避免“大马拉小车”，造成设备和能源的浪费。

2. 切实做好工人操作设备的技术培训工作

工人在操作、驾驶、使用设备之前，必须学习有关设备的性能、结构和维护保养知识，掌握操作技能和安全技术规程等必需的知识和技能，经过考核合格后方可使用设备。在管理中，严禁无证者操作或驾驶。

3. 创造使用设备良好的工作条件和环境

例如，安装必要的防护、防潮、防腐、保暖、降温等装置。在环境恶劣的条件下（如雨天、风天等）禁止作业。

4. 针对设备的不同特点和要求，制定一套科学的规章制度

科学的规章制度包括：安全操作规程、岗位责任制、定期检查维护规程等。在这些制度里，具体规定了各类设备的使用方法、操作和维护保养的要求，以及其他有关注意事项。

（二）物流装备的维护保养

物流装备维护保养是指通过擦拭、清扫、润滑、紧固、调整、防腐、检查等一系列方法对设备进行护理，以维持和保护设备的性能和技术状况。虽然不同的物流设备结构、性能和使用方法不同，设备维护保养的具体内容也不完全一致，但设备维护保养的基本内容是一致的，即清洁、安全、润滑、防腐。

（1）清洁是指各种物流设备要做到无灰、无尘、整齐，保持良好的工作环境。

（2）安全是指设备的保护装置要齐全，各种装置不漏水、不漏油、不漏气、不漏电，保证安全，不出事故。

（3）润滑是指设备要定时、定点、定量加油，保证润滑面正常润滑，保证运转畅通。

（4）防腐是指要防止设备腐蚀，提高设备运行的可靠性和安全性。

（三）物流装备的修理与日常管理

设备的修理是指修复由于各种原因而损坏的设备，使其功能得到恢复。设备的修理过程包括修复和更换已经磨损、腐蚀的零件、部件。

1. 设备修理的类别

设备修理的类别，一般可分为小修理、中修理和大修理三种。

（1）小修理是工作量最小的局部修理。

(2) 中修理是更换与修复设备的主要零件和数量较多的各种磨损零件，并校正设备的基准，以恢复和达到规定的精度、功率和其他的技术要求。

(3) 大修理是工作量最大的一种修理，需要把设备全部拆卸，更换和修复全部的磨损零件，恢复设备原有的精度、性能和生产效率。

2. 设备修理的方法

(1) 定期修理法。定期修理法是根据设备的实际使用情况，参考有关检修周期，制定设备修理工作日期和大致工作量的方法。

(2) 检查后修理法。检查后修理法是先制订设备检查计划，然后根据检查的结果和以前的修理资料，确定修理日期和内容的修理方法。

(3) 故障修理法。故障修理法就是人们常说的“不坏不修，坏了就修”的方法。

前两种方法称为计划修理方法，对于重要的设备、大型设备多采用这两种方法；后一种方法也叫事后修理法，对于小型简单设备，通常采用这种方法。

3. 设备的日常管理

设备的日常管理是指对设备进行分类、编号、登录以及调拨、事故处理、报废和日常维护等工作。

(1) 设备购进后，要根据设备的类别进行归类，然后进行编号。编号后进行登录，登记设备的名称、来源、生产单位、用途、技术参数、数量、安装地点等。

(2) 设备调出后，要在登录卡片上详细记载去向、所处状态等。

(3) 如果设备发生事故，要分析出现事故的原因，制定避免措施，并安排修复，使设备尽快恢复正常运转状态。

(4) 当设备已经从技术上和经济上认定不能或没有必要继续使用时，要请有关技术人员鉴定，经批准，进行报废处理，使其退出生产过程。

学习能力测试

学习测试1：名词解释

物流技术　物流装备

学习测试2：单项选择

1. 下列物流设备不存在安全因素的是（　　）。

A. 切削刀具的刀刃

B. 机械设备突出的较长的机械部分，如设备表面的螺栓、吊钩、手柄等

C. 毛坯、工具、设备边缘锋利的飞边和粗糙的表面，如未打磨的毛刺、锐角翘起的铭牌等

D. 闲置的叉车

2. 机械设备操作前要进行检查，首先进行（　　）运转。

A. 实验　　B. 空车　　C. 实际　　D. 不需要

3. （　　）是伴随商业活动发生的，即物流过程和所有权的更迭是相关的。

A. 企业物流　　B. 社会物流　　C. 行业物流　　D. 生产物流

4. 卸载使用的机械或工具（　　）载人。

A. 可以　　B. 无法　　C. 不确定可不可以　　D. 不可以

学习测试 3：不定项选择

1. 下列选项中属于物流安全的是（　　）。

A. 机械设备的本质安全

B. 合理进行作业现场布置，建立安全的工作场所

C. 排除物流中的事故

D. 设备可靠性

E. 运送危险品

2. 用于搬运、升降、装卸和短距离输送物料的机械设备是（　　）。

A. 运输设备　　B. 仓储设备

C. 装卸搬运设备　　D. 流通加工设备

E. 叉车

3. 对于重要设备和大型设备多采用的修理方法是（　　）。

A. 定期修理法　　B. 检查后修理法

C. 故障修理法　　D. 全面修理法

E. 抽查修理法

4. 物流设备装配的原则包括（　　）。

A. 系统化原则　　B. 适用性原则

C. 经济性原则　　D. 超前性原则

E. 环保性原则

5. 以下属于物流设施的是（　　）。

A. 物流园区　　B. 仓库

C. 配送中心　　D. 物流中心

E. 分拣中心

项目二 仓储装备与技术

问题引入

在人类社会发展过程中，剩余产品的增加，使存放剩余物品的地方逐渐不够用了，人们便用几个木棍支起一个架子，把物品挂在架子上，就解决了储存地方不够用的问题。那些最原始的木棍支架就是货架的雏形。从木架发展到立体货架，人类走过了漫长的发展阶段。

后来人们发现，有些食物在冬天即使露天放很长时间都不会变坏，而在夏天露天放很短时间就不能食用了，在夏天若放在低温的山洞中也可以放置很久。于是，人们就开始寻找不同食物、不同季节、不同地方的储藏方法。这就是仓储产生的最原始原因。

任务导读

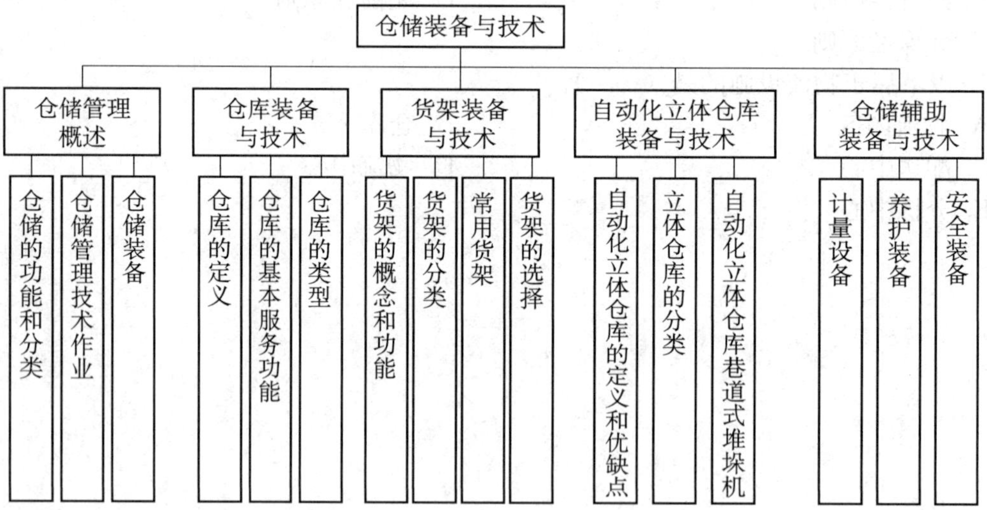

学习目标

知识目标：

1. 了解仓储的功能和分类、仓储管理技术作业，以及仓储装备的分类及管理任务。
2. 了解仓库的定义、仓库的基本服务功能，以及仓库的类型。
3. 掌握货架的概念、功能、分类和常用货架。
4. 掌握自动化立体仓库装备的构成及分类。

5. 了解自动化立体仓库巷道式堆垛机的组成和类型。

6. 了解仓储辅助装备的类型及使用原理。

能力目标：

1. 能够根据仓库的经营方针，对有关设备的购置、安装、使用、维修、改造、更换直至报废的全过程，进行一系列技术、经济、组织等活动的总结。

2. 能够根据商品的特性，选用合适的仓库类型。

3. 能够对常用货架进行有效使用及维护保养。

4. 能够根据货物的特点及数量选择合适的自动化立体仓库的主要外围设备。

5. 能够对自动化立体仓库进行日常操作及维护。

6. 能够在日常仓储管理中对员工进行计量、养护及安全装备与技术方面的知识普及。

案例导入

半岛（天津）打造全国最高自动化仓库

半岛（天津）自动化装备有限公司为天津某轮胎公司承建了42米高的自动化立体仓库，这是国内最高的立体仓库。自动化立体仓库的开发与建造有效地提高了企业仓储效率，降低了物流成本，从而提高了企业的经济效益。42米高的自动化立体仓库的建造标志着自动化仓储系统的一个革新，预示着超高度、高性能化、高密度化、标准化、智能化的技术发展趋势的到来。

半岛立体仓库最突出的特点是遵循技术发展趋势，采用国际先进理念，充分考虑工艺流程柔性化，以合理的工艺确定物流装备，实现仓储的“高效能化”。

自从中国加入WTO以后，国际合作日趋密切，国内企业不断受国际发展的影响，提高企业效益是重中之重。国内许多大型企业，包括医药、烟草、食品、化纤、汽车、电子等主要行业的企业对自动化仓储系统的需求不断增加，仓储系统的市场空间很大。

自动仓储系统属于高端市场，除了要求很高的技术含量外，良好的品牌形象也很重要。在技术方面，半岛公司加快产品开发和技术创新步伐，加大自动化仓储物流系统开发力度，进一步向系列化、标准化、自动化、智能化方向发展；在系统规划设计方面，采用先进的系统规划设计方法，提高设计质量；在检测技术方面，加强物流系统仿真及系统检测技术研究。在未来，相信半岛会成为一流的自动化物流装备研发生产基地。

？问题与思考

1. 哪些行业会有自动化仓储系统的需求？

2. 自动化仓储系统一般包括什么类型的装备？

知识探究

仓储是在产品生产、流通过程中因订单前置或市场预测前置而引起的产品、物品暂时存放。它是集中反映工厂物资活动状况的综合场所，是连接生产、供应、销售的中转站，对促进生产、提高效率起着重要的辅助作用。

任务一 仓储管理概述

仓储管理将仓储领域内的生产力、生产关系及相应的上层建筑中的有关问题进行综合研究，以探索仓储管理的规律，不断促进仓储管理的科学化和现代化。仓储管理是一门经济管理科学，同时也涉及应用技术科学，属于交叉性学科。

一、仓储的功能和分类

仓储的方法与水平体现在有效的计划、执行和控制等方面。计划、执行和控制是现代管理的基本内涵，科学、合理、精细的仓储当然离不开有效的计划、执行和控制。

（一）仓储的功能

商品的仓储活动是由商品生产和商品消费之间的客观矛盾决定的。仓储保管与仓库有着密切的联系，仓储保管的活动几乎全部发生在仓库里。相关概念如下：

（1）仓储（Storing）：保护、管理、储藏货物的活动。与运输相对应，仓储主要以协调需求、供应在时间上的差异为目的，以充分实现产品的价值，满足社会需求。一般而言，仓储具有保管功能，即仓储保管。

（2）仓库（Warehouse）：储存保管货物的建筑物和场所的总称。

（3）保管（Storage）：对货物进行保存及对其数量、质量进行管理控制的活动。

（4）储备（Reserves）：货物储存起来以备急需的活动。有当年储备、长期储备、战略储备等之分。

（5）库存（Inventory）：处于储存状态的货物。广义的库存还包括处于制造加工状态和运输状态的货物。

（6）经常库存（Cycle Stock）：在正常的经营环境下，企业为满足日常需要而建立的库存。

（7）安全库存（Safety Stock）：为了防止不确定性因素，如大量突发性订货等而准备的缓冲库存。

（8）库存周期（Inventory Cycle Time）：在一定范围内，库存货物从入库到出库的平均时间。

（9）仓库管理（Warehouse Management）：对库存货物、仓库设施及其布局等进行规划、控制的活动。

（10）仓库布局（Warehouse Layout）：在一定区域或库区内，对仓库的数量、规模、地理位置和仓库设施、道路等各要素进行科学规划和总体设计。

（二）仓储的分类

按仓储活动运作方式的不同，可分为自有仓库仓储、公共仓库仓储、第三方仓储三种。

（1）自有仓库仓储。在自有仓库情况下，企业对于仓库及物料搬运设备具有财务及管理控制能力。自有仓库可配合企业本身生产线的需要，设计符合自己特点的仓库布置与建筑结构。

（2）公共仓库仓储。公共仓库是由专业从事仓储管理的人员管理的、面向社会的、独立于其他企业的仓库。

（3）第三方仓储（Third-Party Warehousing），又称合同仓储（Contract Warehousing），是指企业将物流活动转包给外部公司，由外部公司为企业提供综合物流服务。

二、仓储管理技术作业

仓储的目的是满足供应链上下游的需求，这与过去仅仅满足客户的需求在深度与广度方面都有重大区别。

（一）仓储管理技术作业的含义

仓储管理技术作业是指以保管保养活动为核心，从仓库接收物品入库开始，到按客户需要把物品全部完好地发送出去的全过程的作业。

（二）仓储管理技术作业的内容

仓储管理技术作业按作业的顺序来分，主要由卸车、检验、整理入库、保管保养、检出与集中、出库与发运、装车七个作业环节构成；按作业过程来分，主要有物品的入库管理、库内管理、出库管理三个阶段，如图 2-1 所示。

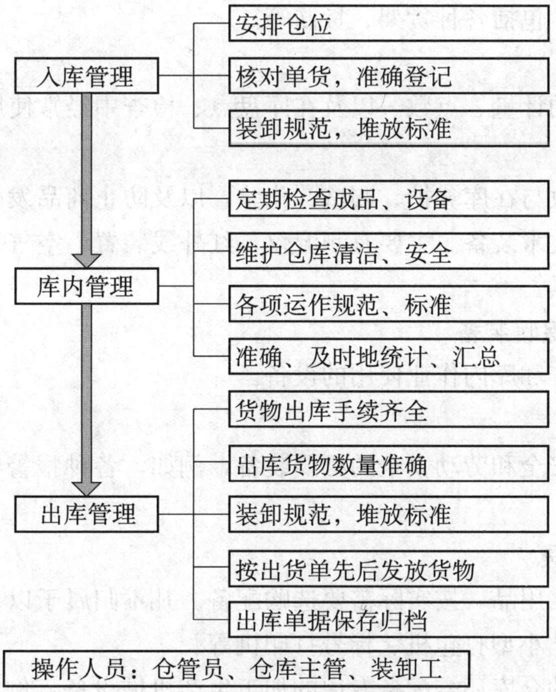

图 2-1　仓储管理技术作业内容

三、仓储装备

（一）仓储装备的概念

仓储装备是指开展仓储业务所需要的技术装置与机具，即仓库进行生产作业或辅助生产作业以及保证仓库及作业安全所必需的各种机械设备的总称。

（二）仓储装备的分类

仓库装备是按识别和使用方便的需要来进行分类的，其中按装备的用途和特征不同，可划分为装卸搬运装备，保管装备，计量装备，养护检验装备，通风、照明、保暖装备，安全装备，其他用品与工具等。

1. 装卸搬运装备

现有的仓库装卸搬运装备一般分为：

（1）装卸堆码装备。它包括叉车、堆码机、各型起重机、吊车等，巷道堆码起重机是仓库中的专用起重、堆垛、装卸设备。

（2）搬运传送装备。它包括各种手推车、电瓶车、内燃机搬运车、拉车、运货卡车以及各式平面和垂直传送设备等。

2. 保管装备

它是仓库保管商品的主要装备，通常可分为以下几种：苫垫用品，主要包括苫布、垫垛用品等；存货用具，包括各种货架、货橱等。

3. 计量装备

它是商品进出库的计量、点数，以及在库盘点、检查中经常使用的度量衡设备。

4. 养护检验装备

它是商品入库验收与在库养护、测试、化验，以及防止商品发生变质、失效的一系列机具、仪器、仪表等技术装备。主要有测湿仪、红外线装置、空气调节器以及测试、化验使用的部分仪器和工具。

5. 通风、照明、保暖装备

它是商品养护工作和库内作业使用的设备。

6. 安全装备

它包括保障消防安全和劳动安全的必要装备，例如，各种报警器、灭火器材、劳动保护用品等。

7. 其他用品与工具

它是杂项的工具、用品，按实际需要选购配备。凡不归属于以上六类的各种用品和工具都列入此类，例如，小型打包机、标号打印机等。

此外，加工作业的仓库还需配备专用的加工生产机械设备，例如，自动分选机、液体分装机、打包机等。

任务二　仓库装备与技术

仓库由储存物品的库房、运输传送设施（如吊车、电梯、滑梯等）、出入库房的输送管道和设备以及消防设施、管理用房等组成。

一、仓库的定义

仓库作为物流服务的据点，在物流作业中发挥着重要的作用。仓库是指在计划好的空间环境里供储存物品之用的建筑，如图 2－2 所示。现代仓库从运输周转、储存方式和建筑设施上都重视通道的合理布置、货物的分布方式和堆积的最大高度，并配置经济有效的机械化、自动化存取设施，以提高储存能力和工作效率。

图 2－2　仓库

二、仓库的基本服务功能

（一）仓库的基本服务

（1）现场储备。在实物配送中经常使用现场储备，尤其是那些产品品种有限或产品具有高度季节性的制造商偏好这种服务。

（2）仓库组合。仓库组合类似于仓库分类。当生产分散在不同地方，通过仓库组合，可有效降低运费和仓库需求量。

（3）生产支持。仓库储存适量的材料可以保证向装配工厂提供稳定的供给。

（4）市场形象展示。尽管市场形象利益不像经济利益那样明显，但是它常常被营销经理看作是仓库的一个重要优点。

（二）仓库的保管方式

（1）地面平放式：将保管的物品直接堆放在地面上。

（2）托盘平放式：将保管的物品直接放在托盘上，再将托盘平放于地面。

(3) 直接堆放式：将货物在地面上直接码放堆积。

(4) 托盘堆码式：将货物直接堆码在托盘上，再将托盘放在地面上。

(5) 货架存放式：将库存货物直接码放在货架上。

在选择库房保管方式时，配送中心应首先考虑出入库的时间和效率，因而会较多地着眼于拣选和搬运的方便，同时库存保管方式必须与之协调。

(三) 仓库的功能

一般来讲，仓库具有以下功能：

(1) 储存和保管的功能。

(2) 配送和加工的功能。

(3) 调节货物运输能力的功能。

(4) 信息传递的功能。

三、仓库的类型

从不同的方面分析，仓库有不同的分类标准，具体而言，可从以下几个方面来进行分类。

(一) 根据仓库功能分类

(1) 储备仓库。储备仓库是指专门长期存放各类储备物资，以保证完成各项储备任务的仓库，如图 2-3 所示。它是政府为防止自然灾害、战争及国民经济比例严重失调而设立的。

(2) 流通仓库。流通仓库是指除具有保管功能之外的，面向厂商，集中客户需求，实行流通、加工（装配、简单加工、包装、开价、理货）、配送等功能的仓库，如图 2-4 所示。

图 2-3 粮食储备仓库

图 2-4 商品流通仓库

(3) 专用仓库。专用仓库是指专门用于储存某一类或某几类商品的仓库，如图 2-5 所示。专用仓库储存的商品一般易受外部环境（自然的、物理的、化学的因素）影响而发生霉烂、变质、受潮，或共同储存会相互串味，必须用专门仓库进行储存。

(4) 保税仓库。保税仓库是指经海关批准专门用于存放保税货物的仓库，如图 2-6 所示。保税货物是指准予在进口国加工后复出口（如来料加工、进料加工），在管理上具有保税性质的货物。

图 2-5　专用仓库

图 2-6　保税仓库

(5) 其他仓库：包括制品仓库、物资仓库、零件仓库、原材料仓库。

(二) 根据仓库建筑形态分类

(1) 单层仓库。单层仓库具有高大的使用空间，如图 2-7 所示。单层仓库的总平面设计要求道路贯通，装运的汽车、铲车能直接进出仓库。这种仓库一般采用预制钢筋混凝土结构，柱网一般为 6 米，跨度为 12 米、15 米、18 米、24 米、30 米、36 米不等。

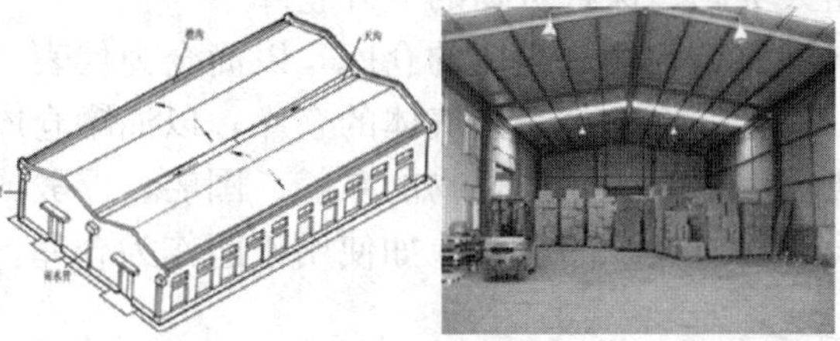

图 2-7　单层仓库

(2) 多层仓库。多层仓库是指两层以上建筑的仓库，该类仓库的结构大多采用钢筋混凝土结构，承受压力大，占地面积小，仓库容量大，如图 2-8 所示。

图 2-8　多层仓库

(3) 圆筒形仓库。圆筒形仓库一般采用现浇预应力钢筋混凝土结构，用滑模法施工，储油库和储气库则用金属结构，如图 2-9 所示。

图 2-9　圆筒形仓库

(4) 地下仓库。地下仓库是指修建在地下的仓库，如图 2-10 所示。地下仓库具有防空、防爆、隔热、保温、抗震、防辐射，以及储藏的物品不易变质、能源消耗少、维修和运营费用低、节省材料、占地面积小和库内发生事故时对地面波及较小等优点。

图 2－10 地下仓库

（三）根据保管形态分类

（1）普通仓库：常温下的一般仓库，用于存放一般物资，对于仓库没有特殊要求。
（2）冷藏仓库：具有冷却设备并隔热的仓库（10℃以下）。
（3）恒温仓库：能够调节温度、湿度的仓库（一般为 10℃～20℃）。
（4）露天仓库：露天堆码、保管货物的室外仓库。
（5）储藏仓库：保管散粒谷物、粉体的仓库，以筒仓为代表。
（6）危险品仓库：保管危险品、高压气体的仓库，以油罐仓库为代表。
（7）水上仓库：漂浮在水上的储藏货物的泵船、囤船、浮驳或其他水上建筑。
（8）简易仓库：没有正式建筑的仓库，如使用帐篷作为仓库。

（四）其他分类方式

（1）根据仓库用途分类：1）自用仓库，是指企业从事内部物流业务的仓库；2）营业仓库，是指按照相关管理条例许可和企业经营需要，向其他一般企业提供保管服务的仓库；3）公共仓库，是指国家和公共团体为了公共利益而建设的仓库，如车站货场仓库、港口码头仓库等。

（2）根据所用建筑材料分类：1）钢筋混凝土仓库；2）钢架金属质仓库；3）木架砂浆质仓库；4）轻质钢架仓库；5）其他仓库。

（3）根据库内形态分类：1）一般地面型仓库；2）货架型仓库；3）自动化立体仓库。

任务三 货架装备与技术

货架泛指存放货物的架子，是用于存放成件物品的设备。货架是提高仓储管理效率的重要工具。

一、货架的概念和功能

（一）货架的概念

货架（Goods Shelf）是指用支架、搁板或托架组成的立体储存货物的设施。如图

2-11所示。

图2-11　货架

（二）货架的功能

在现代物流活动中，货架起着相当重要的作用，货架的功能如下：

（1）货架是一种架式结构物，可充分利用仓库空间，提高库容利用率和存储能力。

（2）物品存取方便，便于清点及计量，可以满足先进先出和先进后出等要求。

（3）存入货架中的货物互不挤压，物资损耗小，可保障物资本身的功能，减少货物的损失。

（4）保证存取货物的质量，可以采取防潮、防尘、防盗、防破坏等保管措施，提高物资存储质量。

（5）新型的货架技术、结构及功能有利于实现仓储的机械化及自动化的管理。

二、货架的分类

货架的种类很多，分类的方法也不尽相同，常用的分类有以下几种：

（1）按货架的发展可分为：传统式货架和新型货架。传统式货架包括层架、层格式货架、抽屉式货架、橱柜式货架、U形架、悬臂架、栅架、鞍架、气罐钢筒架、轮胎专用货架等。新型货架包括旋转式货架、移动式货架、装配式货架、调节式货架、托盘货架、进车式货架、高层货架、阁楼式货架、重力式货架、屏挂式货架等。

（2）按货架的适用性可分为：通用货架和专用货架。

（3）按货架的制造材料可分为：钢货架、钢筋混凝土货架、钢与钢筋混凝土混合式货架、木制货架、钢木合制货架等。

（4）按货架的封闭程度可分为：敞开式货架、半封闭式货架、封闭式货架等。

（5）按货架的结构特点可分为：层架、层格架、橱架、抽屉架、悬臂架、三脚架、栅型架等。

（6）按货架的可动性可分为：固定式货架、移动式货架、旋转式货架、组合式货架、可调式货架、流动储存式货架等。

（7）按货架的用途可分为：药店货架、便利店货架等。

（8）按货架的结构可分为：整体结构式，货架直接支撑仓库屋顶和围棚；分体结构式，货架与建筑物分为两个独立系统。

(9) 按货架的载货方式可分为：悬臂式货架、橱柜式货架、棚板式货架。

(10) 按货架的构造可分为：组合可拆卸式货架、固定式货架。

(11) 按货架的高度可分为：低层货架，高度在 5 米以下；中层货架，高度为 5～15 米；高层货架，高度在 15 米以上。

(12) 按货架的重量可分为：重型货架，每层搁板载重量为 500 千克以上；中型货架，每层搁板载重量为 150～500 千克；轻型货架，每层搁板载重量为 150 千克以下。

三、常用货架

(一) 托盘式货架

托盘式货架是存放装有货物的托盘的货架，整体使用材质为钢材结构，如图 2－12 所示。

图 2－12 托盘式货架

在仓库中有单排连接和双排连接两种，即单、双向通廊式托盘式货架。使用插接组合式结构，层高和宽度可自由调节。货架的大小根据仓储量的大小及货物托盘的尺寸大小而定。

(二) 悬臂式货架

悬臂式货架是由立柱片、悬臂梁、连接杆等组成的货架，分为单面和双面两种，如图 2－13 所示。悬臂式货架整体一般由金属材料制造而成，悬臂上垫有木质衬垫或橡胶衬垫，以防材料的碰撞。悬臂式货架结构简单，载重能力强，适用于存放长物料、板材、环形物料和不规则的货物。

图 2－13 悬臂式货架

(三) 重力式货架

重力式货架是利用存储货物的重力运动而设计的货架，又称为流动式货架，可以实现批量货物的入库、存储和出库作业。重力货架有 2～4 层，每层货架装有滑道，滑道由左右辊轮、导轨和缓冲装置等组成，如图 2－14 所示。

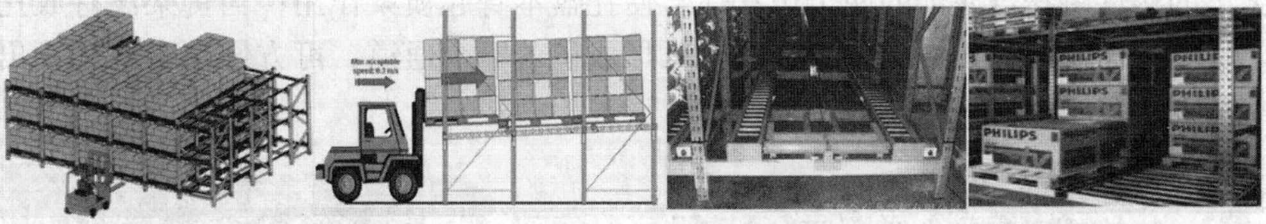

图 2-14 重力式货架

(四) 货格式货架

货格式货架是一种组合式货架，由薄钢板冲压或轧制而成的带孔立柱、横梁、搁板、防撞角以及相关附件构成，如图 2-15 所示。

图 2-15 货格式货架

立柱和横梁的连接通过挂片实现，挂片焊在横梁上且带有小钩，组装时将小钩挂到立柱的对应孔中，并配备安全插销。根据组成的结构不同，货格式货架又分为搁板式、横梁式和牛腿式三种；根据存储货物高度的不同，又分为低位式、中位式和高位式三种。

(五) 抽屉式货架

抽屉式货架又称模具货架，如图 2-16 所示。根据承载能力不同可分为轻量型、重量型两种。

图 2-16 抽屉式货架

抽屉式货架顶部选配手拉葫芦移动车，便于模具的起吊和存取，抽屉板底部设有滚轮轨道，可使重载后依然能用很小的力轻松拉动。

抽屉式货架具有找模、换模时间少，起落迅速，人力成本低，模具等物品便于存放，占据空间少等特点。

(六) 驶入式货架

驶入式货架采用钢质结构，钢柱上装有向外伸出的水平突出构件，当托盘货物送入时，突出的构件将托盘底部的两个边托住，使托盘本身起横梁作用；当货架没有放托盘货物时，货架正面便成了无横梁状态，这时就形成了若干个通道，可方便叉车等车辆出入行驶，如图 2-17 所示。

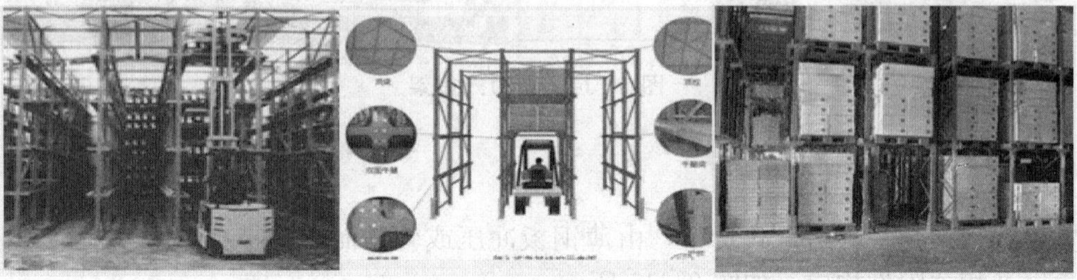

图 2-17　驶入式货架

（七）旋转式货架

旋转式货架是指通过货架的水平、垂直或立体方向的转动，将存储的货物转动到一定位置后出库的货架，又称为回转式货架，如图 2-18 所示。旋转式货架分为整体旋转式和分层旋转式，其中整体旋转式又分为垂直旋转式、水平旋转式、立体旋转式三种，如图 2-19、图 2-20、图 2-21 所示。

图 2-18　旋转式货架

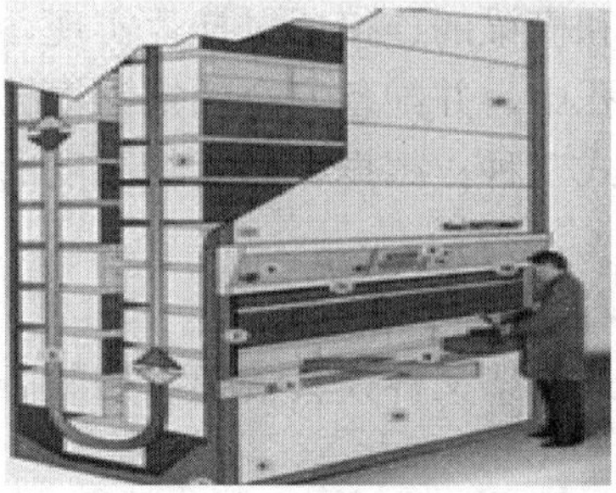

图 2-19　垂直旋转式货架

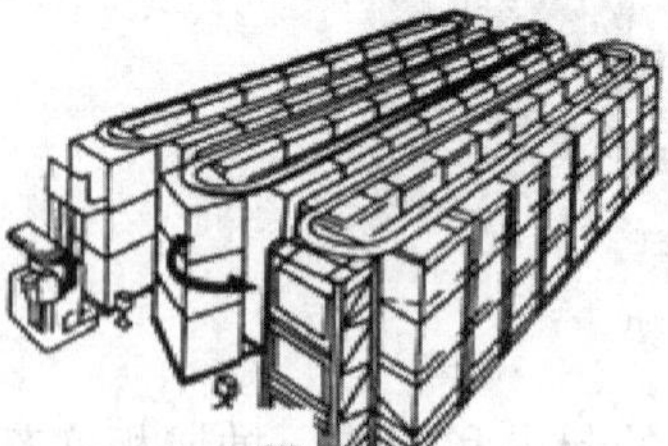

图 2-20　水平旋转式货架

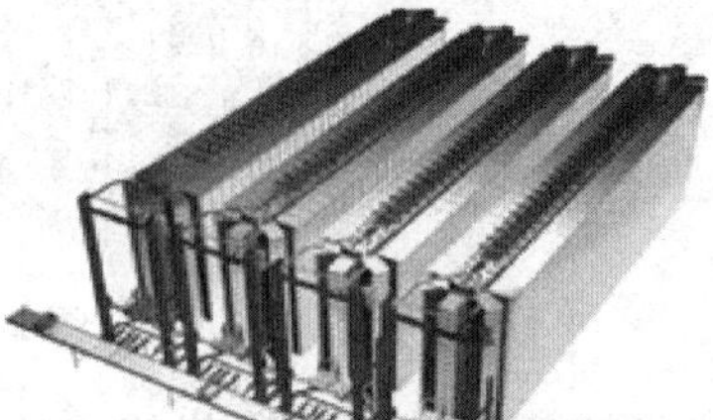

图 2-21　立体旋转式货架

（八）移动式货架

移动式货架是指在底部装有轮子或驱动装置，靠动力或人力沿轨道移动的货架，分为移动式普通货架和移动式托盘货架两种，如图 2-22 所示。移动式货架通过移动控制，一组货架只需一个通道进行出入库的操作。不需要出入库时，各货架之间没有通道相隔，紧密排列，全部封闭。

（九）阁楼式货架

阁楼式货架是指用货架作楼面支撑，将空间设计为多层，每层都可以存储货物的货架，如图 2－23 所示。阁楼式货架适用于库房较高、货物较轻、人工存取、储货量大的情况，如五金、汽配、电子元件等分类存储，也适用于现有旧仓库的改造，可提高仓库的空间利用率。

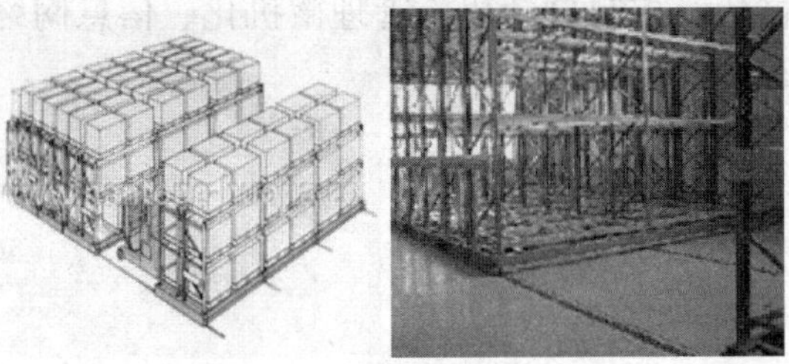

图 2－22　移动式货架

图 2－23　阁楼式货架

四、货架的选择

储存不同货物的仓库应选用不同的货架。在选择时，应根据库容量，存放货物的种类、数量、出入库频率、保管要求，以及费用水平等参数进行合理选择和设计。

（一）货架的选择原则

（1）实用性原则。
（2）低成本、高效益原则。
（3）安全可靠性原则。
（4）尽量采用先进技术原则。

（二）不同情况下货架的选择

（1）改造仓库货架的选择。有很多企业将原来的堆垛储存仓库改建成货架储存仓库，以提高仓库的利用率和作业效率。

（2）新建立体化仓库货架的选择。对于新建立体化仓库，应根据储存物品的品种、规格、载重、出入库的频率以及仓库的规模、高度进行合理选择。

（3）固定式货架和流动式货架的选择。对于固定式货架，由于技术比较成熟，可以借鉴的经验较多，投资相对小一些。流动式货架适用于所存储的物资品种多、数量少、以拣选作业为主的仓库。

任务四　自动化立体仓库装备与技术

随着科学技术和工业生产的飞速发展，现代物流技术领域内出现了一种新型仓储方式——自动化立体仓库（简称自动化仓库）。它集机械、电子、计算机、通信、网络、传感器和自动控制等多种技术于一体，以搬运机械化、控制自动化、管理微机化、信息网络化为特征，成为现代化物流设计中产品生产与存储的枢纽。

一、自动化立体仓库的定义和优缺点

（一）自动化立体仓库的定义

自动化立体仓库（Automatic Stereoscopic Warehouse）又称为自动化仓储系统（AS/RS），是一种利用高层立体货架（托盘系统）储存物资，应用电子计算机控制管理和应用自动堆垛机进行存取作业的仓库，由高层货架、巷道堆垛起重机（有轨堆垛机）、出入库输送机系统、自动化控制系统、计算机仓库管理系统及周边设备组成，如图 2-24 所示。

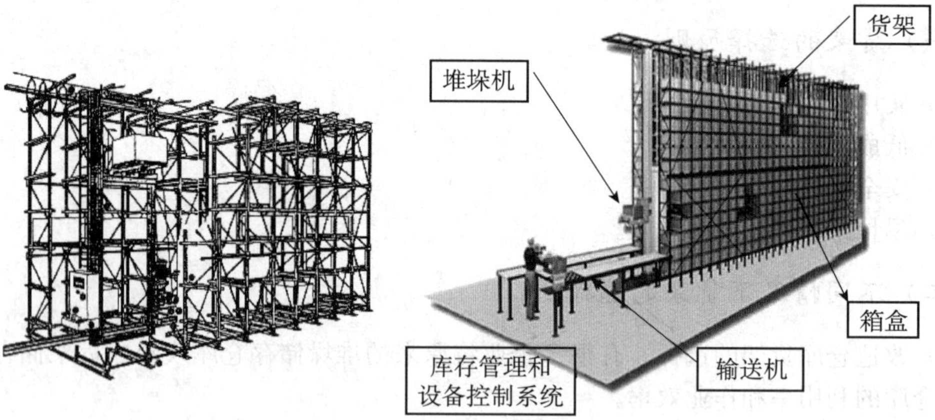

图 2-24　自动化立体仓库构造图

（二）自动化立体仓库的优缺点

1. 优点

自动化立体仓库的优点有：（1）高层货架存储；（2）提高仓储能力；（3）自动存取；（4）计算机控制；（5）存储信息管理及时、准确。

2. 缺点

自动化立体仓库的缺点有：（1）基建和设备投资高；（2）自动化立体仓库的操作、维护和保养要求高；（3）作业流程要求严格，弹性小，柔性差，整体配套要求高；（4）弹性较小，难以应付储存高峰的需求。

因此，在选择建设自动化立体仓库时，必须综合考虑自动化立体仓库在整个企业中的营运策略地位和设置自动化立体仓库的目的，并进行详细规划和综合测评，最终确定建设方案。

二、立体仓库的分类

（一）按立体仓库高度分类

按立体仓库高度可分为低层立体仓库、中层立体仓库和高层立体仓库。

（1）低层立体仓库高度在 5 米以下，主要是在原来老仓库的基础上改建的，提高了原有仓库的技术水平。

（2）中层立体仓库高度为 5～15 米，其对建筑以及仓储机械设备的要求适中，造价合理，是目前应用最多的一种仓库。

（3）高层立体仓库高度在 15 米以上，由于其对建筑及仓储机械设备的要求偏高，导致造价太高，同时安装难度大，所以应用较少。

（二）按立体仓库货架构造分类

按立体仓库货架构造可分为单元货格式立体仓库、贯通式立体仓库、自动化柜式立体仓库和条形货架立体仓库。

（1）单元货格式立体仓库。单元货格式立体仓库是一种标准格式的通用性较强的立体仓库，如图 2－25 所示。其特点是每层货架都由同一尺寸的货格组成，货格开口面向货架之间的通道，装取货机械在通道中行驶，并能对左、右两边的货架进行装取作业。每个货格中存放一个货物单元或组合货物单元。

（2）贯通式立体仓库。贯通式立体仓库又称流动型货架仓库，是一种密集型的仓库，如图 2－26 所示。这种仓库货架之间没有间隔，不留通道，货架紧靠在一起，实际上构成了一个货架组合整体。

图 2－25 单元货格式立体仓库

图 2－26 贯通式立体仓库

（3）自动化柜式立体仓库。自动化柜式立体仓库是一种小型可移动的封闭式立体仓库，由柜外壳、控制装置、操作盘、储物箱及传动机构组成，如图 2－27 所示。其主要特点是小型化、轻量化、智能化，尤其是封闭性强，有很强的保密性。

（4）条形货架立体仓库。条形货架立体仓库的每层货架都有伸出支臂，专门利用侧式叉车进出货，用于存放条形、筒形货物，如图 2－28 所示。

图 2-27 自动化柜式立体仓库

图 2-28 条形货架立体仓库

（三）按立体仓库建筑形式分类

按立体仓库建筑形式可分为整体式立体仓库和分离式立体仓库。

(1) 整体式立体仓库是指高层货架与建筑物是一体的，不能单独拆装，是一种永久性的设施，所以层数较高，采用钢筋混凝土结构，如图 2-29 所示。货架除了储存货物以外，还可以作为建筑物的支撑结构，就像是建筑物的一个部分，即库房与货架形成一体化结构。

(2) 分离式立体仓库的建筑物与货架是分别建造的，不是永久性的设施，可以根据需要进行重新安装和改造，所以层数较低，采用钢结构，如图 2-30 所示。分离式立体仓库的货架独立存在，建在建筑物的内部。

图 2-29 整体式立体仓库

图 2-30 分离式立体仓库

（四）按立体仓库自动化程度分类

按立体仓库自动化程度可分为半自动化立体仓库和全自动化立体仓库。

(1) 半自动化立体仓库是指货物的存取和搬运过程一部分由人工操作机械完成，另一部分由计算机启动控制完成。

(2) 全自动化立体仓库是指货物的存取和搬运过程都由计算机自动控制。

三、自动化立体仓库巷道式堆垛机

（一）巷道式堆垛机的组成

巷道式堆垛机是自动化立体仓库中最重要的运输设备，它由机架、运行机构、起升机构、载货台及存取货机构、电气设备和安全保护装置六部分组成，如图 2-31 所示。

(1) 机架。根据立柱的个数，机架可分为单立柱和双立柱两种类型。

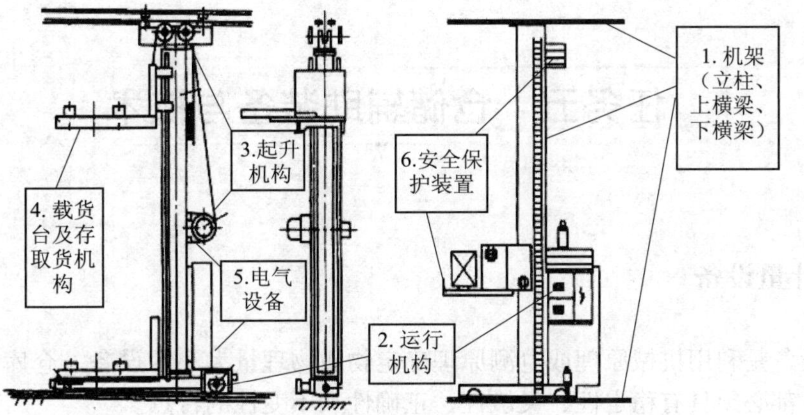

图 2-31 堆垛机结构示意图

（2）运行机构。驱动方式有地面驱动式、顶部驱动式和中部驱动式等，常用地面驱动方式。

（3）起升机构。堆垛机的起升机构由电动机、制动器、减速器、卷扬机或链轮以及钢丝绳、起重链等柔性件组成，负责载货台的上下运动。

（4）载货台及存取货机构。载货台是托盘单元货物的承载装置。对于需要搬运整个货物单元的堆垛机，载货台由货物和存取货装置构成。

（5）电气设备。电气设备主要包括电力拖动、检测控制和安全保护等装置。

（6）安全保护装置。堆垛机是一种起重机械，行驶在又高又窄的货架巷道中，为了保证人身及设备安全，必须配备完善的硬件及软件安全保护装置，并在电气控制上采取一系列连锁和保护措施。

（二）巷道式堆垛机的类型

（1）按立柱结构形式的不同，可分为单立柱堆垛机和双立柱堆垛机。单立柱堆垛机的金属结构由一根立柱和下横梁组成；双立柱堆垛机的金属结构由两根立柱和上下横梁组成。

（2）按支承方式不同，可分为悬挂型堆垛机和地面支承型堆垛机。

1）悬挂式堆垛机悬挂在巷道上方的轨道下翼缘上运行，运行机构安装在堆垛机门架的上部，同时利用地面上的导轨稳定堆垛机的摆动和倾斜，如图 2-32 所示。

2）地面支承式堆垛机的运行轨道铺设在地面上，堆垛机用下部的车轮支承和驱动，如图 2-33 所示。上部导轮用来防止堆垛机倾倒或摆动，在遥控时可兼作信号电缆吊架的导轨。

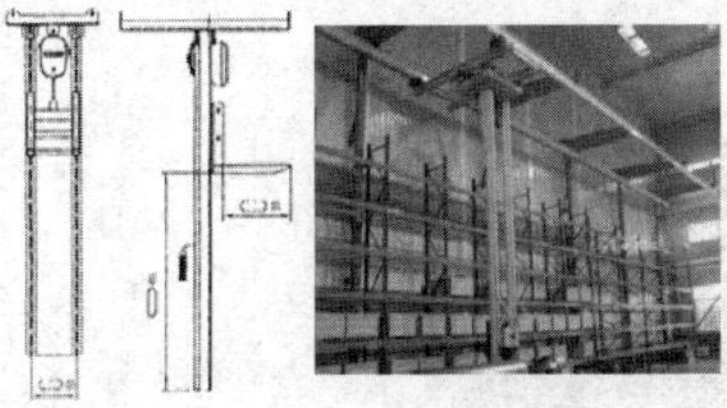

图 2-32 悬挂式堆垛机

图 2-33 地面支承式堆垛机

任务五　仓储辅助装备与技术

一、计量设备

计量设备是利用机械原理或电测原理确定物质物理量大小的设备。仓库中应用的各种计量设备，都必须具有稳定性、灵敏性、正确性和不变性的特点。

（一）电子秤

电子秤是进行质量计量的电子称重设备，如图 2－34 所示。与传统的机械秤不同，电子秤反应速度快，称重数据可以储存、远距离传输，以实现安全报警和作业自动化；精度高；称重值数码显示，避免了人为的读数误差等。电子秤主要由传力系统、称重传感器和称重显示仪表三部分组成。

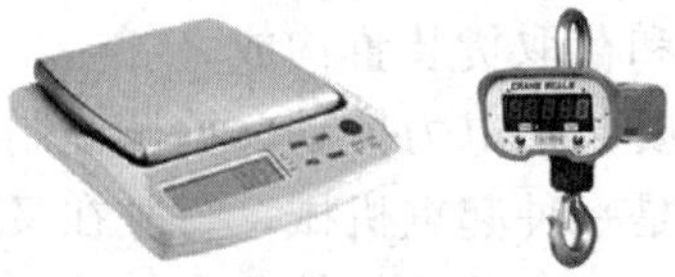

（a）电子台秤　　（b）电子吊秤

图 2－34　电子秤

（1）传力系统是将被称物品的重量准确无误地传递给称重传感器的整套机械装置，它主要包括称重平台、秤桥、吊挂等部件。

（2）称重传感器的作用是将物品重量的力信号转换成电信号。将力信号转换成电信号的装置很多，称重传感器按其转换原理可分为电阻应变式称重传感器、电容式称重传感器、压电式称重传感器、振频式称重传感器等。

（3）称重显示仪表是对称重传感器在承受载荷时的输出电压信号进行测量，并给出以重量为单位的载荷重量示值。

（二）地重衡和轨道衡

地重衡是一种地下磅秤，是将磅秤的台面安装在车辆行驶的路面上，使通过的车辆能够迅速称重，如图 2－35 所示。

图 2－35　地重衡

轨道衡是一种有轨式的地下磅秤，在有轨车辆通过时，称出车辆和货物的总重量，如图 2-36 所示。轨道衡通常可分为静态轨道衡、动态轨道衡和轻型轨道衡三种。

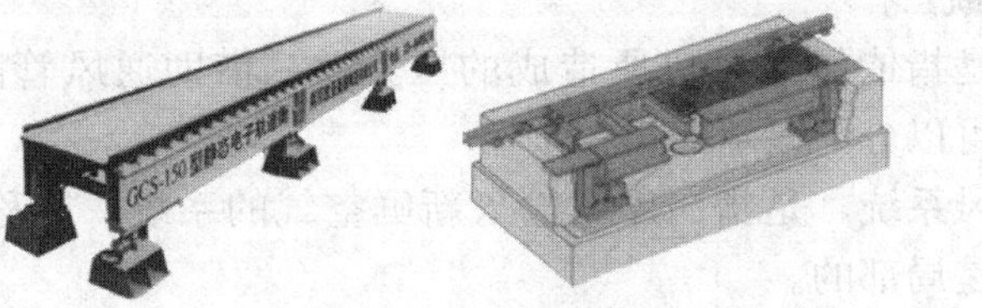

图 2-36　轨道衡

（三）自动检重秤

自动检重秤又称自动分选秤或动态秤，是一种对不连续成件载荷进行准确和高速自动称量、检测、选别的衡器，如图 2-37 所示。

自动检重秤主要由输送机、称重传感器和显示控制器组成。输送机由传送装置和称量装置组成，对瞬间通过输送机的物品进行称量。

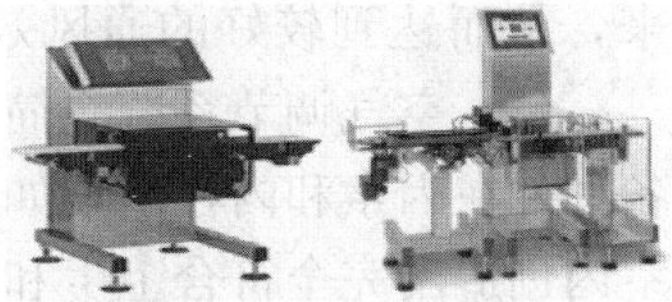

图 2-37　自动检重秤

（四）电子皮带秤

电子皮带秤主要由秤体、称重传感器、测速传感器和电脑计算仪（也称为显示控制器、仪表）四部分组成，如图 2-38 所示。它根据重力作用对皮带输送机所输送的松散物料进行自动连续计量，广泛应用于电力、矿山、冶金、建材、轻工、港口及交通运输部门的动态计量和配料控制。

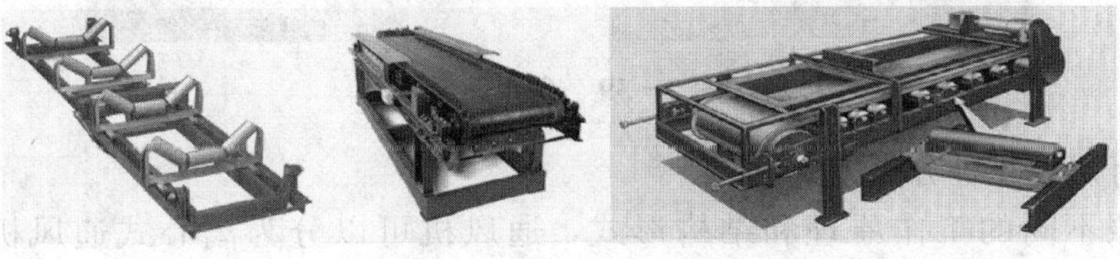

图 2-38　电子皮带秤

二、养护装备

影响库存物资储存质量的因素有多种，而仓库温、湿度条件是其中两个最重要的因素。为了使库内的温、湿度条件符合物资养护条件标准，有时需要对库内温、湿度进行控制，调节库内的储存环境。

（一）通风系统

按照通风系统的动力，其可以分为自然通风系统和机械通风系统两类。

1. 自然通风系统

自然通风系统是依靠室内和室外的温度差所造成的热压，或建筑物在风力作用下造成的风压，以及气体的扩散作用使室内和室外的空气进行交换的系统。自然通风系统通过定期开启门、窗等方法或者根据空气自然流动规律控制和调节空气的流入和排出。

2. 机械通风系统

机械通风系统是指依靠通风机所造成的压力差，借助通风管网来实现输送空气的系统。机械通风系统可以分为以下四类：

（1）进气式通风系统，是指向库内输入新鲜空气的系统，简称“送风系统”。它可以是全面的，也可以是局部的。

（2）排气式通风系统，是指将库内的污浊空气排出的通风系统，简称“排风系统”。同样，它也可以是局部的或全面的。

（3）联合式通风系统，是指进气和排气并用的联合式通风系统。如果单独设置进气式通风系统或排气式通风系统还不能满足通风要求，可采取联合式通风系统，即一方面通过排气式通风将污浊空气从库内排出，另一方面通过进气式通风将新鲜的空气补充进来，从而达到较好的通风效果。

（4）空气调节系统（简称空调系统），是一种比较先进和完善的机械通风系统。不论各种外在因素和内在因素如何变化以及对室内的气象条件如何影响，空气调节系统都能为室内创造出完全符合卫生和技术要求的人工气象条件。空气调节系统一般包括各种空气净化、除尘、加热、冷却、加湿和干燥类处理设备。

在机械通风系统中，迫使空气在通风管网中流动的机器称为通风机，如图 2－39 所示。

图 2－39 仓库通风机

通风机有以下几种分类方式：

（1）按照不同的工作原理和结构形式，通风机可以分为离心式通风机和轴流式通风机。

（2）按照不同的输送介质和要求，通风机可以分为：

1）普通通风机。这种通风机所输送的介质（空气）一般温度不高于 160℃，含尘量小，而且对设备的腐蚀性不大。

2）除尘通风机。这种通风机的叶片较少，而且呈流线型。它用来输送含尘浓度超过 150 毫克/米^{3}的含尘空气，或用来输送气体。

3）排风机。这种通风机装有冷却轴承，专门用来排除湿度很高的气体。

4）耐酸通风机。这种通风机用不锈钢、耐酸塑料或陶瓷等耐酸材料制成，专门用来输送腐蚀性很强的气体。

5）防爆式通风机。这种通风机的外壳和叶轮是用软金属（如铜或铝）制造的，它用来输送容易引起爆炸或燃烧的气体或含有某种可能引起爆炸的工业粉尘的空气。

（3）按照通风机所产生的压力大小，它又可分为：

1）低压通风机。如果通风机在通风管网中所造成的压力低于 100 毫米汞柱，称为低压通风机。这种通风机可以用来输送普通的空气、被有害气体或蒸汽污染了的空气。

2）中压通风机。如果通风机在通风管网中所造成的压力为100～300毫米汞柱，称为中压通风机。这种通风机一般可以用在管网较长、阻力较大的通风系统上，也可以用来输送含有沙子、金属屑、木屑、亚麻和棉纤维等工业粉尘的空气。

3）高压通风机。如果通风机在通风管网中所造成的压力高于300毫米汞柱，称为高压通风机。这种通风机可以用在极复杂的通风管网中输送空气或含有物料的气体。

（二）减湿设备与技术

目前，在仓库中常用的空气减湿方法主要有三种：吸湿剂减湿、通风减湿和冷却减湿，如图2-40所示。

（a）吸湿剂减湿　（b）通风减湿　（c）冷却减湿

图2-40　减湿设备

1. 吸湿剂减湿

常用的吸湿剂有成胶状的二氧化硅（SiO_2）、活性氧化铝（Al_2O_3）和氯化钙（$CaCl_2$）等。

成胶状的二氧化硅也即带孔隙的硅胶。硅胶是一种无毒、无臭、无腐蚀性的半透明结晶体，不溶于水。硅胶能吸收相当于自身重量25%～50%的水分。如果将这种吸满了水分的硅胶加热到150℃，其中水分就会迅速排出，但硅胶的性质不变，因而可以继续使用，这种去水过程称为“再生”。再生后的硅胶吸水能力有所下降，而且在再生过程中，总要有些损耗，所以应及时补充和更换新硅胶。

活性氧化铝也是一种带孔隙的固体物质，它能吸收相当于自身重量18%～24%的水分。

氯化钙是白色的多孔结晶体，略有苦咸味，吸湿能力较强，但吸湿后就潮解，最后变成氯化钙溶液。氯化钙对金属有强烈的腐蚀作用，使用起来不如硅胶方便，但因其价格低廉，加热后也能再生和重复使用，所以应用比较广泛。

2. 通风减湿

如果将室外湿度较低的空气送到室内，而将室内湿度较高的空气排出，就可以达到通风减湿的目的。我国大部分地区每年都有几个月室外空气湿度较低，在其他月份有时也会出现室外空气湿度较低的情况。所以，如能加强管理，掌握好时机，适时进行自然通风或机械通风，也可以达到减湿的目的。

通风减湿是一种较经济的方法，除机械通风外，如能大量利用自然通风，则更有利。

3. 冷却减湿

冷却减湿的原理是：用干式冷却或湿式冷却的方法，将空气的温度降低到相应的程度，即空气中所含水蒸气超过了它的饱和量而从空气中凝结出来；如果空气中有一部分水蒸气凝结成水而被排出，空气的含湿量就会降低，这样也就达到了对空气去湿的目的。

冷冻减湿机（又称除湿机或降湿机）由制冷系统和风机等组成。在这里，制冷剂的循环和一般制冷机一样。需要减湿的空气先经过蒸发器，由于制冷剂吸热蒸发，使蒸发器的表面温度降到了空气露点温度以下，因而空气被降温；离开蒸发器的空气又进入冷凝器，冷凝器里装有来自压缩机的高温气态制冷剂，它被低温空气冷却成了液态，而空气本身则升温。虽然通过这种方法得到的空气温度较高，但含湿量很低，这样就达到了减湿的目的。

（三）空气幕

1. 空气幕的作用

空气幕常称为风幕。它的作用如下：

（1）防止库外（室外）冷、热气流侵入。用于运输工具、货物出入的库房、工厂、车间或商店、剧场等公共建筑的大门。

（2）设置空气幕进行阻隔，可以保持库内一定的相对湿度不受库外气象条件的影响。

（3）防止尘埃、虫害等入侵。凡是开启频繁的主要通道库门，又不可能设置门斗或前室时，为维持库内一定的气象条件，可以设置空气幕装置。

2. 空气幕的分类

空气幕按照空气分布器的安装位置可以分为侧送式、下送式和上送式三种，如图 2-41 所示。

(a) 侧送式　　(b) 下送式　　(c) 上送式

图 2-41　空气分布器的安装位置

（1）侧送式空气幕。侧送式空气幕分为单侧和双侧面种，单侧空气幕适用于宽度小于 4 米的门洞和车辆通过门洞时间较短的场合。

（2）下送式空气幕。冬季冷空气往往都是从门洞下部侵入的，而下送式空气幕的射流最强区刚好在门洞下部，所以这种空气幕的挡风效率是最高的，而且它不受大门开启方向的影响。

（3）上送式空气幕。上送式空气幕适用于一般需要用空气幕进行阻隔的仓库大门和一般公共建筑，如剧院、宾馆、百货公司等。这类空气幕可用作隔绝夏天热气流侵入和室内降温。

三、安全装备

仓库是物资的集聚地，加强仓储安全，防止事故发生，确保人员、设备和物资的安全，对避免人民生命财产遭受损失，保证物资周转和供应工作的顺利进行，具有十分重要的意义。

（一）仓库防雷设备

1. 避雷针

（1）避雷针的避雷原理。由于避雷针的接闪器高出被保护物，其可将雷电引向自身，然后通过引下线的接地装置，将雷电流泄入大地，以使被保护物免遭雷击。

（2）避雷针的构造与计数要求。避雷针的构造，由接闪器、引下线、接地装置和支持物四部分组成，如图 2－42 所示。

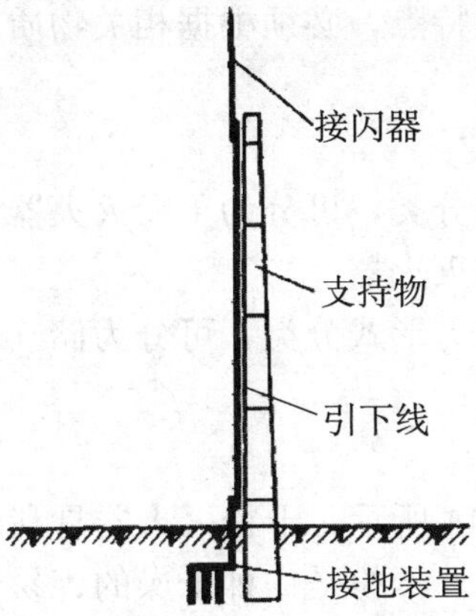

图 2－42 避雷针结构示意图

1）接闪器。接闪器可将雷电引向自身。

2）引下线。引下线是连接接闪器和接地体的金属导体，以使雷电流泄入大地。

3）接地装置。接地装置通常是指接地体和接地线的总称。因为已经把引下线单独作为防雷装置的一个组成部分，所以，接地装置主要是指接地体而言。

4）支持物。避雷针的接闪器固定在支持物的顶部，通过支持物将接闪器伸向一定高度的空间，从而构成避雷针的保护范围。

2. 避雷器

避雷器是并联在被保护的电力设备或设施上的防雷装置。避雷器有保护间隙避雷器、管型避雷器、普通阀型避雷器、磁吹阀型避雷器、压敏阀型避雷器等多种形式。仓库用电设备常用普通低压阀型避雷器。阀型避雷器在线路上的接线方式如图 2－43 所示。

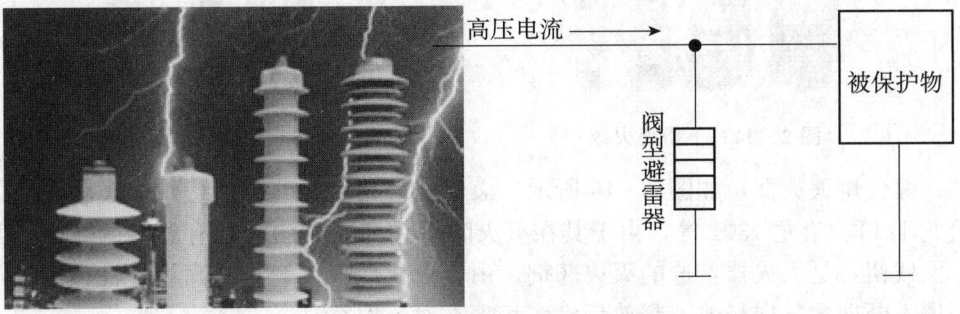

图 2－43 阀型避雷器的接线方式

3. **避雷线、避雷网和避雷带**

仓库除常用到的避雷针、避雷器两种避雷装置外，根据需要还可采用避雷线、避雷网和避雷带等避雷装置。

避雷线、避雷网、避雷带是以其线、网、带为接闪器的避雷装置，避雷原理和避雷针相同，在构造上也是由接闪器、引下线、接地装置和支持物四部分组成。其与避雷针相比，仅接闪器的形式不同，构造和工作原理与避雷针一致。

（二）仓库常用灭火器

不同物质的燃烧具有不同的特点，必须根据相关物质的燃烧特点，有针对性地选择灭火器。

1. **灭火器的种类**

（1）按灭火器充填的灭火剂分类，可分为干粉灭火器、二氧化碳灭火器、卤代烷（哈龙）灭火器、水型灭火器、泡沫灭火器。

（2）按驱动灭火剂喷出的压力形式分类，可分为储气瓶式灭火器、储压式灭火器、化学反应式灭火器。

2. **几种常用灭火器的性能**

（1）干粉灭火器，如图 2-44 所示。干粉灭火器是利用二氧化碳气体或氮气气体作为动力，将筒内的干粉喷出灭火的。干粉是一种干燥的、易于流动的微细固体粉末，由能灭火的基料和防潮剂、流动促进剂、结块防止剂等添加剂组成。主要用于扑救石油、有机溶剂等易燃液体、可燃气体和电气设备的初起火灾。干粉灭火器按移动方式分为手提式、背负式和推车式三种。

（2）二氧化碳灭火器，如图 2-45 所示。二氧化碳灭火器是充装液态二氧化碳，利用气化的二氧化碳气体能够降低燃烧区温度、隔绝空气并降低局部空气氧含量来进行灭火的。主要用于扑救贵重设备、档案资料、仪器仪表、600 伏以下的电气设备及油类初起火灾，不能扑救钾、钠等轻金属火灾。二氧化碳灭火器主要由钢瓶、启闭阀、虹吸管和喷嘴等组成。常用的有 MT 型手轮式和 MTZ 型鸭嘴式两种。

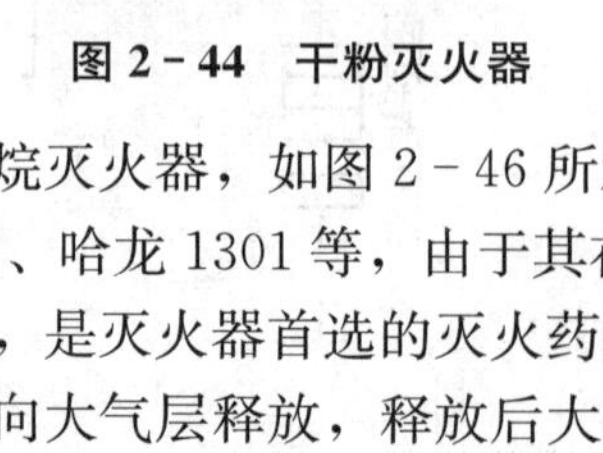

图 2-44 干粉灭火器

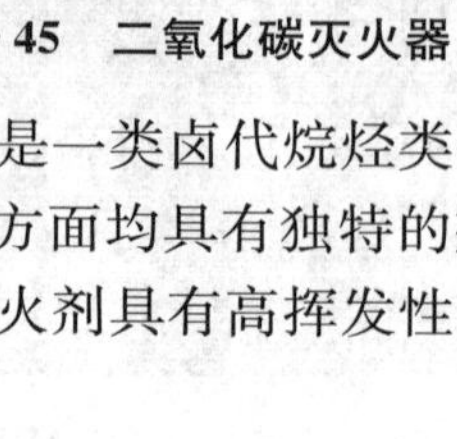

图 2-45 二氧化碳灭火器

（3）卤代烷灭火器，如图 2-46 所示。卤代烷灭火剂是一类卤代烷烃类化合物，主要包括哈龙 1211、哈龙 1301 等，由于其在灭火防爆和抑爆方面均具有独特的效果，并且不导电、无残留，是灭火器首选的灭火药剂。由于卤代烷灭火剂具有高挥发性，因而可通过各种渠道不断向大气层释放，释放后大多积聚在对流层。

（4）水型和泡沫灭火器。水型灭火器和泡沫灭火器的构造原理基本一样。水型灭火器

（a）哈龙1211灭火器　　（b）哈龙1301灭火器

图 2－46　卤代烷灭火器

装的是清水或混有各种添加剂的水，主要是将水喷射到燃烧物上，使其冷却从而达到灭火效果。水型灭火器和泡沫灭火器都不能扑救带电物体火灾。水型灭火器的使用温度范围一般为 4℃～55℃，冬季注意防冻。如图 2－47 所示。

图 2－47　水型灭火器

泡沫灭火器有化学泡沫和机械泡沫两种灭火器，如图 2－48 所示。化学泡沫灭火器是一种化学反应式灭火器，它由装在灭火器筒体的碳酸氢钠水溶液和少量的泡沫添加剂（外药），与装在内胆里的硫酸铝水溶液（内药）组成。机械泡沫灭火器是将机械泡沫液和水的混合液装在灭火器筒体内，再充装进一定压力的氮气（储压式）或另外装有一定量二氧化碳的储气瓶。

（a）化学泡沫灭火器　　（b）机械泡沫灭火器

图 2－48　泡沫灭火器

化学泡沫灭火器灭火时将灭火器倒置，内药和外药相混合发生化学反应产生泡沫和二氧化碳气体，靠内部产生的二氧化碳气体压力将泡沫喷出，覆盖在燃烧物表面，既可降低燃烧物的温度，又隔绝空气，从而达到灭火的效果（属于物理灭火）。

机械泡沫灭火器灭火时首先要打开释放阀，泡沫混合液在筒内气压作用下喷出，在喷管的出口处，混合液体和空气混合便会产生大量的泡沫覆盖在燃烧物上，从而达到灭火效果。

学习能力测试

学习测试1：名词解释

仓储　仓库　保管　库存　仓库管理

学习测试2：单项选择

1. 仓库管理过程是从（　　）作业开始的。

A. 出库　B. 搬运　C. 入库　D. 盘点

2. （　　）不能实现先进先出。

A. 重力式货架　B. 驶入式货架　C. 托盘式货架　D. 阁楼式货架

3. 自动存储取货系统由高层货架、（　　）、出入库输送机系统、自动化控制系统、计算机仓库管理系统及周边设备组成，可对集装单元物品实现自动化存取和控制。

A. 叉车　B. 巷道堆垛起重机

C. 无轨堆垛机　D. 升降机

4. 二氧化碳是一种惰性气体，具有不导电、不腐蚀、无余渣、不会损坏物品、可长期保存不会变质、随时可用的特点，最适宜扑灭（　　）火灾。

A. 电气　B. 铝粉　C. 铝镁合金　D. 硝酸纤维

5. 既可以防潮、防热、防干裂、防冻，又可以防霉、防虫、防锈蚀、防老化的商品养护措施是（　　）。

A. 密封　B. 通风　C. 吸潮　D. 药物防治

学习测试3：不定项选择

1. 在仓库中可增加空间利用率的设备是（　　）。

A. 叉车　B. 货架　C. 托盘　D. 起重机

2. 仓库中使用最广泛的计量设备是（　　）。

A. 重量计量设备　B. 流体容积计量设备

C. 长度计量设备　D. 个数计量设备

3. 目前，在仓库中常用的空气减湿方法主要有（　　）。

A. 吸湿剂减湿　B. 洒水减湿

C. 通风减湿　D. 密封减湿

E. 冷却减湿

4. 适于扑救贵重设备、档案资料、仪器仪表、600V以下的电气设备及油类初起火灾的灭火器是（　　）。

A. 干粉灭火器　B. CO_2 灭火器

C. 卤代烷灭火器　D. 泡沫灭火器

5.（　　）主要用于扑救石油、有机溶剂等易燃液体、可燃气体和电气设备的初起火灾。

A. 干粉灭火器　　B. CO_2 灭火器　　C. 卤代烷灭火器　　D. 泡沫灭火器

6.（　　）在灭火防爆和抑爆方面均具有独特的效果，并且不导电、无残留，是灭火器中的首选。

A. 干粉灭火器　　B. CO_2 灭火器　　C. 卤代烷灭火器　　D. 泡沫灭火器

项目三 运输机械装备与技术

问题引入

十年配货两茫茫，物价涨，收益降。万千“黄牛”，发货找车忙。纵使电话数百个，声已哑，钱却荒。

今夜忽闻互联网，挣万两，翘首望。百家模式，助推您提档。物流应用普及时，业务涨，票鼓囊。

任务导读

- 运输机械装备与技术
  - 公路运输装备与技术
    - 汽车是公路运输的主要装备
    - 汽车货运站（场）
  - 水路运输装备与技术
    - 港口
    - 货船
    - 船舶设备
  - 铁路运输装备与技术
    - 铁路运输的概念和特点
    - 铁路运输的主要设施设备
    - 铁路机车的种类
    - 铁路车辆的种类
  - 航空运输装备与技术
    - 航空货物运输的方式
    - 航空运输体系的主要组成
    - 航空港
  - 管道运输装备与技术
    - 管道运输概述
    - 管道运输装备组成
    - 管道运输装备管理

学习目标

知识目标：

1. 了解汽车的定义和分类，掌握物流专用运输车辆的特点和汽车产品型号编码规则。
2. 了解港口的种类、船舶的种类及设备，掌握各种货船的特点及使用范围。
3. 了解铁路机车的特点，掌握铁路车辆的类型及标记内容。
4. 掌握航空货物运输的方式及航空港的组成。
5. 掌握管道运输装备的组成，了解管道运输装备的原理。

能力目标：

1. 能够根据功能要求正确区别物流企业货运车辆的类型及其类别代号。
2. 能够分析港口、码头布局，正确识别港口设备与设施。
3. 能够根据货物的不同类别正确选用铁路车辆。
4. 能够正确识别各种航空运输装备，并能根据物流业务选定航线。
5. 能够分析管道运输原理，正确识别各种管道运输装备。

案例导入

家乐福中国及其运输决策

成立于1959年的法国家乐福集团是大型超级市场概念的提出者，是全球国际化程度很高的零售企业。家乐福于1995年进入中国市场，最早在北京和上海开设了当时规模最大的卖场。家乐福中国公司经营的商品95%来自本地，因此家乐福的供货很及时，这也是家乐福在中国经营很成功的原因之一。家乐福实行的是“店长责任制”，各店长被赋予极大的权力，所以各个店之间并不受太多的制约，店长能灵活决定所管理店的货物来源和销售模式等。家乐福采用的是各生产商缴纳入场费，商品也主要由各零售商自行配送，家乐福中国公司不怎么干涉，所以各店能根据具体情况灵活决定货物的配送情况。事实证明，这样做的效果很好。

家乐福中国公司在物流网络设计方面主要体现为运输网络分散度高，一般流通企业都是自己建立仓库及配送中心，而家乐福的供应商直送模式决定了它的大量仓库及配送中心事实上都是由供应商自己解决的，家乐福集中配送的货物极少。这种经营模式不但可以节省大量建设仓库和管理的费用，商品运送也较集中配送更方便，而且能及时供应商品或下架滞销商品，对家乐福的销售以及对供货商了解商品销售情况都是极有利的。在运输方式上，除了较少数需要进口或长途运送的货物使用集装箱挂车及大型货运卡车外，大多数商品均来自本地生产商，故较多采用送货车。这些送货车中有一部分是家乐福租的车，而绝大部分则是供应商自己长期为家乐福各店送货的车，家乐福自身需要车的数量并不多，所以它没有自己的运输车队，这省去了大量的运输费用，提高了效益。在配送方面，在供应商直送模式下，商品来自多条线路，而无论各供应商还是家乐福自己的车辆都采用了“轻重配载”的策略，有效利用了车辆的各级空间，单位货物的运输成本得以降低，进而在价格上取得了主动。而先进的信息管理系统也能让供应商在最短时间内掌握货架上可供销售的各种商品的数量以及每天的销售情况，补货和退货因此变得更加方便，也有助于供应商与家乐福之间建立长期的合作关系。

? 问题与思考

1. 请试着分析该案例中家乐福物流运输中的运输决策是怎样体现“开源”与“节流”这一理念的。
2. 通过该案例，说一说家乐福的配送模式和运输模式有什么特点。

知识探究

运输是整个物流活动的核心和基础。2016 年全国社会物流总费用为 11.1 万亿元，其中运输费用 6 万亿元，占 54%，交通运输当之无愧是经济发展的“先行官”。

任务一　公路运输装备与技术

公路运输是主要使用汽车或其他车辆（如人力车、畜力车）在公路上进行货客运输的一种方式。公路运输主要承担近距离、小批量的货运，水运、铁路运输难以到达地区的长途、大批量货运，以及铁路、水运优势难以发挥的短途运输。由于公路运输有很强的灵活性，近年来，在有铁路、水运的地区，较长途的大批量运输也开始使用公路运输。

公路运输的主要优点是灵活性强。公路建设周期短，投资较低，易于因地制宜，可以采取“门到门”的运输形式，即从发货者门口直到收货者门口，而不需转运或反复装卸搬运。公路运输也可作为其他运输方式的衔接手段。公路运输的经济半径一般在 200 千米以内。

一、汽车是公路运输的主要装备

（一）汽车概述

汽车是有自主动力源，主要在公路上行驶的陆上运输工具，是公路运输装备的核心。

汽车原称“自动车”，因多使用汽油，故简称汽车。汽车有四个或四个以上的车轮，不依靠轨道和架线，就能在陆地上自行驱动行驶，具有高速、机动、使用方便等优点，主要供人乘用或载运货物，经改装也可用于起重、消防、救护等特殊用途。虽然人们对谁是第一位汽车发明者有不同看法，但大部分学者皆将德国工程师卡尔·本茨视为“汽车的鼻祖”。

汽车自 19 世纪末诞生以来，已经走过了一百多年。从卡尔·本茨造出的每小时跑 18 千米的三轮汽车，到速度从零加速至 100 千米/小时只需要 3 秒钟多一点的超级跑车，汽车发展的速度惊人。同时汽车工业也造就了多位巨人，他们一手创建了通用、福特、丰田、本田等著名汽车公司。

（二）汽车的分类

汽车可分为轿车、客车、专用运输车辆和载货汽车等。在物流运输中，物流企业用到的主要是专用运输车辆和载货汽车。其中专用运输车辆主要包括货厢封闭的标准挂车或货车，即厢式车；带有液压卸车机构的自卸车；带有进、卸粮口的散粮车；顶部敞开的敞车；没有顶部和侧箱板的挂车，即平板车；罐式货车；冷藏车；能够增大车厢容积的栏板式货车；设计独特、具有特殊用途的特种车，如集装箱牵引车和挂车。

1. 厢式车

厢式车由于结构简单，运力利用率高，适应性强，所以是物流领域应用前景最广泛的货车。厢式车的主要特点是车厢全封闭，车门便于装卸作业，能够实现“门到门”运输，如图 3-1 所示。

厢式车可以分为以下四类：

（1）普通厢式货车。厢式货车在普通货车的基础上，将货厢封闭，具有防尘、防雨、防盗、清洁卫生等特点。

（2）厢式保温车。厢式保温车是运输低温物品的专用车辆，具有防尘、防雨、防盗、隔热的特点。

（3）厢式冷藏车。在厢式保温车的基础上添加制冷设备而成，用于运输生鲜食品。

（4）厢式邮政车。在厢式运输车的基础上增添了邮政车特有部件而成。

2. 自卸车

通过液压或机械举升而自行卸载货物的车辆，又称翻斗车，如图 3-2 所示。这种货车动力大，通过能力强，可以自动后翻或侧翻，物品可以凭借本身的重力自行卸下。一般用于煤和矿石的运输。

图 3-1 厢式车

图 3-2 自卸式货车

3. 散粮车

散粮车的专用性很强，供承运粮食使用。

4. 敞车

因为顶部敞开，敞车可以装载高低不等的货物。

5. 平板车

这种车主要用于运输钢材和集装箱等货物，如图 3-3 所示。

6. 罐式货车

这种车具有密封性强的特点，适用于运输流体类物品（如石油）及易挥发、易燃等危险品，如图 3-4 所示。

图 3-3 平板车

图 3-4 罐式货车

7. 冷藏车

这种车主要用于运送需对温度进行控制的冷藏保鲜品、易腐易变质品及鲜活物品，如图 3-5 所示。

8. 拦板式货车

这种车的特点是整车重心低，载重量适中，主要用于装载百货和杂物，如图 3-6 所示。

图 3-5 冷藏车

图 3-6 拦板式货车

9. 集装箱牵引车和挂车

集装箱牵引车专门用于拖带集装箱挂车或半挂车，两者结合组成车组，是长距离集装箱运输的专用车辆，主要用于港口码头、铁路货场与集装箱堆场之间的运输，如图 3-7 所示。集装箱挂车按拖挂方式不同，分为半挂车和全挂车两种，其中半挂车最为常用，如图 3-8 所示。

图 3-7 集装箱牵引车

图 3-8 集装箱半挂车

二、汽车货运站（场）

汽车货运站（场）是道路交通运输的功能性设施之一。货运站是道路运输的节点，是联结运力和货源的纽带，如图 3-9 所示。其目标是促进公路运输向组织化、综合化、现代化方向发展。

图 3-9 汽车货运站（场）

（一）汽车货运站（场）的基本功能

货运站（场）的基本功能包括运输组织、中转和装卸储运、中介代理、通信信息服务及辅助服务。

1. **运输组织**

现代企业的组织管理很关键，组织管理跟不上，就意味着企业在激烈的竞争中不可能处于优势地位。货运站也一样，只有具有健全的组织管理功能，才能在市场竞争中立于不败之地。因此货运站应具有对运输市场和站（场）内部各机构、车辆、货流的组织管理功能，这样才能充分发挥货运站的各项功能，提高运输效率，真正为社会经济发展服务。

2. **中转和装卸储运**

中转换装功能是货运站的主要功能，而与这一功能紧密相连的是装卸储运功能，没有装卸功能的货运站，中转换装就成为空话。零担货物的运出和运进需要装车和卸车，集装箱需要装车和卸车，各种普通货物也离不开装卸，如钢材、粮食、蔬菜、小商品等。

通过各种运输方式到达货运站需要中转或配送的货物，一般情况下需要在货运站暂存、堆放，还有许多企业为了减少投资、降低成本、加快产品流通，自身不再设置仓库，而所需的原材料和半成品等物资全部委托货运站代为储存，因此货运站必须根据实际情况建造适合货物储存的各种仓库。

3. **中介代理**

中介代理是指汽车货运站为其服务区域内的各有关单位或个体代办各种货物运输业务，实行"一次承运，全程负责"的运行机制，为货主和车主提供双向服务，选择最佳运输线路，合理组织多式联运，最大限度地为顾客提供便利。因此，汽车货运站除了从事公路货物储运外，还应通过交通信息中心和自身的信息系统，与铁路运输、水运和空运等行业与部门建立密切的协作关系，有效地开展联运业务，充分利用各种运输方式的特点，发挥各自优势，逐步完善综合运输体系。

4. **通信信息服务**

信息作为生产力的因素之一，在现代社会中起着重要作用，道路运输对信息的依赖程度比其他任何行业都更为突出。因道路运输生产是在广泛的空间进行，车况、客货流量、流向、驾乘人员的状况等各方面的变化都影响运输的好坏，所以货运站应根据相应等级的要求建立一个反应灵敏、及时准确的信息系统。

5. **辅助服务**

汽车货运站除开展正常的货运生产外，还应提供与运输生产有关的服务。如为货主代办报关、报检、保险等业务；提供商情信息服务；开展商品的包装、加工处理等服务；代货主办理货物的销售、运输、结算等服务。另外，还应为货运车辆提供停放、清洗、加油、检测和维修服务；为货主和相关人员提供食、宿、娱乐服务等。

（二）货运站设施的构成和设备配置

1. **汽车货运站设施的构成**

汽车货运站设施包括生产设施、生产辅助设施和生活服务设施。具体设施的构成应根据货运站的等级、业务范围和规模来确定。

（1）主要生产设施。

1）业务办公设施。业务办公设施主要包括货运站站房、生产调度办公室和信息管理中心。有国际运输业务的货运站，可设置由海关、检疫、商检、商务等部门组成的国际联运代理业务办公室。

2）库（棚）设施。仓库一般包括中转库、零担库、集装箱拆装箱库、仓储库等，分别用作货物的短期存放、集装箱拆装作业和货主待收或待发货物的储存。

中转库是中转货物集中、分拣、换装、发货的场所。仓储库可分为单层和多层仓储库。零担库和集装箱拆装箱库应建成高站台仓库，站台宽度不少于3米，高度为1.2～1.3米，两端设置斜坡，并设置货物装卸升降平台。

货棚用于堆放不便进库但又不宜露天存放的零担或仓储货物。

3）场地设施。场地设施主要包括集装箱堆场、装卸场或作业区、货场和停车场。

4）道路设施。道路设施包括铁路专用线和站内道路。

5）危险货物运输设施。危险货物运输设施的建设，既要适应危险货物运输的技术条件、生产安全要求，又必须符合环境保护、消防安全、劳动保护、交通管理等方面的规定。

（2）生产辅助设施和生活服务设施。生产辅助设施主要包括维修设施、动力设施、供水供热设施、环保设施等。生活服务设施主要包括食宿设施和其他服务设施。

2. 汽车货运站设备配置

（1）运输车辆。货运站应根据需要配置用于货物配送和装卸搬运工作的运输车辆，其车辆类型应根据运输方式、货物种类合理选择。

（2）装卸机械。汽车货运站在货场、仓库、集装箱堆场和作业区进行装卸作业时均需要不同结构类型的装卸机械，应按作业要求合理选择和配置。

（3）计量器具或设备。一、二级货运站应设置电子自动计量设备，各种电子自动计量设备均应并入货运站计算机网络或预留接口。

（4）管理信息系统。一、二级货运站应设置管理信息系统，包括计算机监控系统，无线、有线通信系统，站内和站间计算机网络系统，信息显示系统等。

（5）清洁和维修设备。一、二级货运站还应根据车辆、装卸机械和集装箱的维修工作量配备符合其工艺要求的清洁和维修设备。

（6）安全、消防设备。汽车货运站安全、消防设备的配备应符合国家有关标准、规范的规定。

任务二　水路运输装备与技术

水路运输（Waterway Transport）是使用船舶或其他水运工具，在江、河、湖、海等水域运送货物的一种运输方式，是交通运输的重要组成部分。水路运输可以分为江河运输和海洋运输两大类。其基础设施是港口和巷道，运输工具和装备是船舶和装卸机械。

水路运输是国际货物运输的主要方式，它把自然上四分五裂的世界陆地连为一体，增进了各国交往，促进了国际贸易的发展。放眼未来，水路运输的发展趋势将体现在船舶、港口、海上导航等诸多方面，新型船舶不断涌现，港口信息化、自动化程度不断提高，使水路运输这一古老的运输方式焕发出新的活力。

一、港口

国际航运业务是在港口之间进行的，了解和认识港口是从事国际航运业务的基本条件之一。港口码头如图 3－10 所示。

图 3－10　港口码头

（一）港口相关概念

（1）港口：具有船舶进出、停泊、靠泊，旅客上下船，货物装卸、驳运、储存等功能，具有相应的码头设施，由一定范围的水域或陆域组成的区域。

港口是运输网络中水陆运输的枢纽，是货物的集散地、船舶与其他运输工具的衔接点。

（2）港界：港口范围的边界线，根据地理环境、航道情况、港口设备以及港内工矿企业的需要等进行规定。一般利用海岛、山角、河岸突出部分，岸上显著建筑物，或者设置灯标、灯桩、浮筒等，作为规定港界的标志，也有按经纬度划分的。

（3）港区：港口范围是由经当地政府机关划定的港务部门管理的区域（包括陆域和水域）。一般不包括所属小港、站、点。一个港口可以仅由一个港区构成，也可以由多个各自独立的水域和陆域范围的港区组合而成。如上海港，就是由黄浦江沿岸港区、外高桥港区和洋山港区等多个港区组成。

（4）港口作业区：一个港口，为了便于生产管理，一般根据货物种类、吞吐量、货物流向、船型和港口布局等因素，将港口划分为几个相对独立的装卸生产单位，称为港口作业区。划分作业区可使同一货种最大限度地集中到一个作业区内进行装卸，因而可以提高机械化、自动化程度，提高装卸效率，还可避免不同货物的相互影响，防止污染，保证货物的质量和安全，充分利用仓库能力等。

（5）码头：供船舶靠泊、货物装卸和旅客上下的水上建筑物。

（6）泊位：供一艘船舶靠泊的一定长度的码头。

（7）港口腹地：港口吞吐货物和旅客集散所涉及的地区范围。腹地内的货物经由该港进（出）在运输上是比较经济合理的，其范围一般通过调查分析确定。港口腹地分为直接腹地和中转腹地。通过各种运输工具可以直达的地区范围称为直接腹地；经过港口中转的货物和旅客所到达的地区范围称为中转腹地。

（二）港口的种类

按使用目的可分为以下几类：

（1）商港：纯供商船出入，为国内外贸易商务和客货运输服务的港口。如汉堡、纽约、神户、上海、大连等港。

(2) 产业港：为工厂企业设立的港口，输入多为原材料，输出多为产品。如秦皇岛煤码头、大连鲇鱼湾油港、美国诺福克煤港、菲律宾的木材输出港均属此类。

(3) 军港：专供停泊海军舰艇、训练海军和修理军舰的港口。如我国的旅顺港、日本的横须贺港。

(4) 渔港：专供渔船出海作业和回航停泊、鱼货储转、油水补充和渔船修理等的港口。如我国的沈家门渔港、南非开普敦港。

(5) 避风港：海湾天然形成的具有躲避巨大风浪条件，专供航路上的船舶避难用的港口，无商业价值。如琉球的奄美大岛。

(6) 多用途港：世界各大港口兼有两种以上功能和用途的港口。如大连港、高雄港。

按国家贸易政策可分为以下几类：

(1) 国际贸易港：是政府指定对外开放的航运贸易港，有外交关系国家的船舶可自由进出，无外交关系的，经批准也可通行。进出该港须经海关、边防、商检、卫检办理有关手续。我国现实行对外开放政策，大部分的港口都是国际贸易港。

(2) 国内贸易港：专供本国商船出入的港口，外轮原则上不得驶入。但有的国家允许外轮去装货，先到附近的国际港办妥手续后才可驶入。如日本下松港装货，必须先到德山港结关。

(3) 自由港：可在港内自由装船和卸船，不用交纳关税。如新加坡、桑坦德、斯德哥尔摩，以及中国的香港、澳门等。有的国家港口开辟部分港区为自由贸易区，在区内不设海关，如我国的保税区、意大利的那不勒斯、德国汉堡港等。

(三) 港口的设施

港口应具备地理上经济合理的条件，要配备各种设备，以方便船舶作业。主要的设施有以下几类。

(1) 水面设施。

航道：供船舶通行的水道，有一定宽度和深度，并配有航标以便安全航行。

锚地：供船舶抛锚停泊之处。可分为外锚地、内锚地及其他特殊用途地，如检疫锚地、危险品锚地、驳船锚地等。

泊位：有足够水深，使船舶安全泊靠并能从事货物装卸的场所。

防波堤：防止风浪和海流，使港内水面平静。

(2) 码头设施。

码头：供船舶靠泊、装卸货物、上下旅客的设备，包括岸壁、护舷木、系船桩以及灯、水、电话、起重设备等。分为直码头、横码头等。

系船浮筒：封闭浮筒装有系环，下装锚定系统，供船舶装卸转驳之用。

(3) 交通设施。

交通设施包括集装箱牵引车、底盘车、拖车等。

(4) 导航设施。

航道标志：立标、发光标、灯塔、航道浮标等。

信号设备：信号台、海岸边信号、夜间信号等。

照明设备：照明灯、导航灯、船灯。

港务通信：海岸电台、无线电通话。

（5）装卸设备。

装卸设备包括岸壁集装箱装卸桥、门座起重机、轮胎起重机、浮式起重机、驳船、港内运送货物的无动力船。

（6）库场设施。

码头库：码头第一线仓库，供临时存放货物。

仓库：储藏货物的建筑场所。

特殊仓库：存放特殊货物的仓库。

露天堆场：卸船后或装船前临时存放货物的露天场地，以方便整理和办理报送手续。

另有其他设备，如给油、给水、救生、消防及船舶修理设备等。

二、货船

货船是运送货物的船舶的统称。货船的船型很多，大小悬殊，排水量从数百吨至数十万吨不等。根据所运输货物的种类不同，货船可分为以下几种。

（一）干散货船

干散货船又称散装货船，是用以装载无包装的大宗货物的船舶，如图 3-11 所示。干散货船专用于运送煤炭、矿砂、谷物、化肥、水泥、钢铁等散装物资，目前其数量仅次于油船。

按载运的货物不同，又可分为矿砂船、运煤船、散粮船、散装水泥船、运木船等。这种船大都为单甲板，特点是舱口围板高而大，驾驶室和机舱布置在尾部，货舱口宽大；内底板与舷侧以向上倾斜的边板连接，便于货物向货舱中央集中，甲板下两舷与舱口处有倾斜的顶边舱以限制货物移动；有较多的压载水舱用于压载航行。

（二）液货船

液货船是专门载运液体货物的船舶，如图 3-12 所示。液体货物主要有油、液化气、淡水和化学药液等，其中运量最大的是石油及其制品。按载运的货物不同，又可分为液化天然气船、液化石油气船、液体化学品船等。

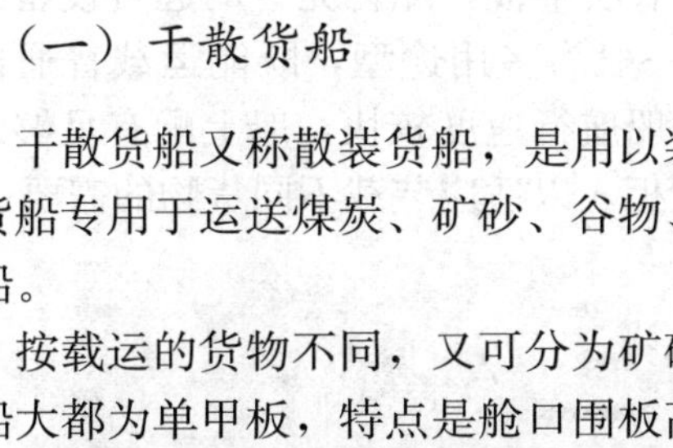

图 3-11　干散货船

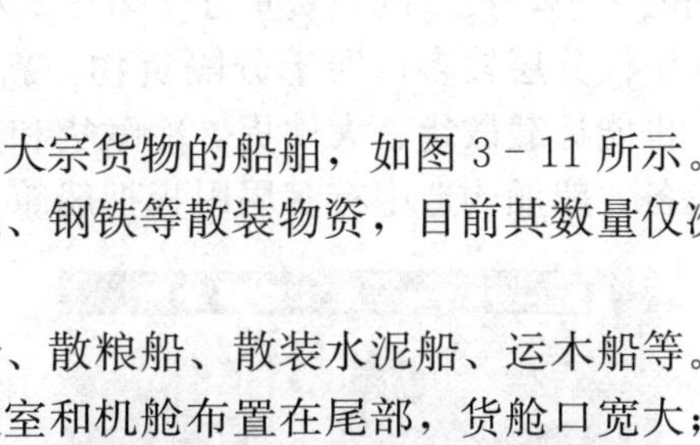

图 3-12　液货船

液化天然气船（LNG Carrier）：液化天然气主要是甲烷，在常压下极低温

(−165℃) 冷冻才能使天然气液化，液化后的体积只有气态时的1/600，因而便于运输。液化天然气船的液舱有严格的隔热结构，形状有球场形和矩形。

液化石油气船（LPG Carrier）：分为全加压式液化石油气船、全冷冻式液化石油气船和半加压半冷冻式液化石油气船三种。

液体化学品船：液体化学品品种多，多数有毒、易燃、腐蚀性强。因此，船舶多为双层底，货舱多且小。

（三）原油船

原油船是专门用于载运原油的船舶，简称油船。由于原油运量巨大，油船载重量可达60多万吨，是船舶中的最大者。我国第一艘30万吨超大原油船德尔瓦号如图3－13所示。

原油船的特点是机舱都设在船尾，船壳本身被分隔成数个贮油舱，有油管贯通各油舱。油舱大多采用纵向式结构，并设有纵向舱壁，在未装满货时也能保持船舶的平稳性。

（四）杂货船

杂货船又称普通货船、通用干货船或统货船，主要用于装载一般包装、袋装、箱装和桶装的件杂货物，如图3－14所示。由于件杂货物的批量较小，杂货船的吨位亦较散货船和油船为小，典型的载货量在1万～2万吨，一般为双层甲板，配备完善的起货设备。货舱和甲板分层较多，便于分隔货物。新型的杂货船一般为多用途型，既能运载普通件杂货，也能运载散货、大件货、冷藏货和集装箱。这种船航行速度较快，船上配有足够的起吊设备，船舶构造中有多层甲板把船舱分隔成多层货柜，以适应装载不同货物的需要。

图3－13 德尔瓦号原油船

图3－14 杂货船

（五）集装箱船

集装箱船又称箱装船、货柜船或货箱船，是一种专门载运集装箱的船舶，如图3－15所示。其全部或大部分船舱用来装载集装箱，往往在甲板或舱盖上也可堆放集装箱。集装箱船的货舱口宽而长，货舱的尺寸按载箱的要求规格化。为获得更好的经济性，其航速一般高于其他载货船舶，最高可达30节以上，经济航速为19～24节。货舱多为单层甲板，双船壳，可堆放3～9层集装箱。事先将货物装入集装箱内，再把集装箱装上船。这种运输方式的优点是装卸效率高、降低劳动强度、减少货损货差和便于开展多式联运。目前，集装箱运输发展很快，已成为件杂货物的主要运输方式。

（六）液体化学品船

液体化学品船是专门用于运输有毒、易挥发、属于危险品的液体化学品，如甲醇、硫酸、苯等的船舶，如图 3－16 所示。货舱区域均为双层壳结构，以减小船舶受损时货品溢出的危险。货舱与船员起居处所、饮水和机舱等处用空舱隔离。货舱容积按其装运的货物的危险程度受到一定的限制。

图 3－15　集装箱船

图 3－16　液体化学品船

（七）液化气运输船

液化气运输船是专门运输液化气体的船舶，如图 3－17 所示。所运输的液化气体有液化石油气、液化天然气、氨水、乙烯、液氯等，这些液化气体的沸点低，多为易燃、易爆的危险品，有的还有剧毒和强腐蚀性。因此液化气运输船货舱结构复杂，造价高昂。

液化气运输船按液化气的贮存方式分为三类：压力式、冷压式和冷却式。在压力式液化气运输船中，货物在常温下装载于球型或圆筒型的耐压液罐内。冷压式和冷却式液化气运输船对货物的温度和压力都进行控制，因此需要液罐的隔热和货物的冷却装置。

（八）冷藏船

冷藏船是运送肉、鱼、蔬菜和水果等易腐货物的专用船舶，如图 3－18 所示。往往设多层甲板，货舱内通常分隔成若干独立的封闭空间。船上具有大功率的制冷装置，可以在比较恶劣的环境中，使各冷藏货舱内保持货物所需的温度。其船舶结构与杂货船相近，但货舱口较小，货舱具有良好的隔热功能。由于受货源批量的限制，冷藏船的吨位一般在万吨以下。目前，用于装运冷藏货物的冷藏集装箱发展迅速。

图 3－17　液化气运输船

图 3－18　冷藏船

（九）载驳船

载驳船是专门载运货驳的船舶，又称母子船，也就是说在大船上搭载驳船，驳船内装载货物的船舶，如图 3－19 所示。其运输方式与集装箱运输方式相仿，因为货驳亦可视为能够浮于水面的集装箱。其运输过程是：将货物先装载于统一规格的方形货驳（子船）上，再将货驳装上载驳船（母船）上，载驳船将货驳运抵目的港后，将货驳卸至水面，再由拖船分送各自目的地。载驳船的特点是不需码头和堆场，装卸效率高，便于海河联运。但由于造价高，货驳的集散组织复杂，其发展也受到了限制。

（十）滚装船

滚装船又称开上开下船或滚上滚下船，是利用运货车辆来载运货物的多用途船舶，如图3－20所示。滚装船将装有集装箱等大件货物的挂车和装有货物的带轮的托盘作为货运单位，由牵引车或叉车直接进出货舱进行装卸。滚装船通常在船尾设有货门和跳板，车辆可通过跳板、货门和各层甲板间的活动的斜坡道或升降平台，直接驶入各层甲板。因此滚装船不需要利用船上或码头上传统的起货设备便可获得很高的装卸效率。

图3－19 载驳船

图3－20 滚装船

三、船舶设备

（一）船舶组成

船舶被强力甲板划分成主体和上层建筑两部分。

1. 船舶主体

船舶主体是船体的主要部分，通常是指强力甲板（主甲板）以下的船体。船体内部空间，沿船深方向由甲板来划分，沿船长及船宽方向则分别由横舱壁及纵舱壁来划分，由此形成船舶的各个舱室。

海船的舱室可分为船员舱室、工作舱室和营业舱室三大类。船员舱室包括卧室、卫生用室、餐室、会议室等，一般应布置在干舷甲板以上；工作舱室包括驾驶室、海图室、无线电报室、灭火器间、机炉舱、车间、锚链舱、压载水舱、给养储备间、隔离舱和其他工作舱等；营业舱室包括货舱和客舱。

2. 上层建筑

上层建筑又称为船楼，是指在船舶上甲板以上，自一舷伸至另一舷或其侧壁自外板内缩不大于4%船宽的围蔽建筑物。位于船首、船中、船尾的船楼，分别称为艏楼、桥楼和艉楼，船楼以外的上层建筑，称为甲板室。

（二）船舶设备

船舶为了从事正常的营运，除安装推进主机外，还必须具备其他各种设备。对于一般运输船舶来说，其主要设备包括舵设备、锚设备、系泊设备、起货设备、救生设备等。

1. 舵设备

舵设备是用于控制船舶方向的装置。它主要由舵、舵机、传动装置及操纵装置等部分组成。驾驶人员操纵舵轮或手柄，或由自动舵发出信号，通过传动装置带动舵机，由舵机带动舵的转动来控制船艏方向，使船舶保持航向或回转。舵的设计原则是使舵产生的转船力矩最大，而转舵所需要的力矩最小。通常舵装在船艉螺旋桨后，远离船舶转动中心，使舵产生转船力矩的力臂最大，而且使螺旋桨排出的水流作用于舵上，增加舵效。

舵通常按以下两种方法分类：一是按舵面积在舵杆轴线两侧的分布，分为平衡舵、不平衡舵和半平衡舵；二是按照剖面形状分为平板舵与流线型舵。流线型舵因舵效高而被广泛采用。舵的数量对单螺旋桨船而言为一个，对双螺旋桨船而言为两个。

2. 锚设备

锚设备是船舶锚泊时所用装置和机构的总称，由锚、锚链、锚链制动装置、锚机和锚链舵等组成。锚利用它在海底的抓力（一般为锚重的 4～5 倍）以及锚链与海底表面的摩擦力来制动船舶，主要用于船舶在海上锚地固定船位，同时也可作为协助船舶制动、控制船身和调头的辅助手段。常见的锚分为档锚、无档锚及大抓力锚。商船常用的锚为无档锚中的霍尔锚。一般在船艏左右各布置一只锚，称为主锚。较大船舶还有备锚和装在尾部的艉锚。锚链用于连接锚与船体，当锚链在海底时，也可增加固定船舶的拉力。它由链环、卸扣、旋转链环和连接环组成。锚链的大小用链环的断面直径表示。锚链的长度以节为单位，每节为 27.5 米，一般左右舷锚链各为 12 节。锚机主要用于收锚或缓慢放锚。目前商船上采用卧式锚机，两边通常还带动两个系缆绞盘用于收绞系缆。

3. 系泊设备

系泊是船舶的主要停泊方式，系泊设备就是用分布在舷侧的缆绳将船舶固定于码头、浮筒、船坞或邻船用的设备，它主要包括系缆索、带缆桩（如图 3－21 所示）、导缆器、绞缆机卷缆车和系缆机械。较先进的船上卷缆车本身有动力，用于收绞缆绳。缆绳有尼龙缆、钢丝绳与棕绳，目前用得最多的是尼龙缆。

(a) 直式　(b) 斜式　(c) 单十字　(d) 双十字　(e) 羊角桩

图 3－21　带缆桩

4. 起货设备

起货设备是船舶自备的、用于装卸货物的装置和机械，主要包括吊杆装置、甲板起重机和其他装卸机械。如液货用输送泵与管路，散货用传送带或抓斗，件货则用吊杆或吊车。吊杆或起重吊车由吊杆、起重柱（或桅）、起货机、钢丝绳、滑车、吊钩等组成。吊杆负荷一般不超过 10 吨，重吊杆负荷最大几百吨。起重吊车则是将起货设备与起货机械合为一体。目前船上一般使用的是单臂吊车，通常布置在船艏艉线上，也有全部布置在船舷一侧的。负荷小的为几十吨，大的可达 500 吨。

5. 救生设备

救生设备是装在船上供船舶失事时船上人员自救和营救落水人员的设备。常用的救生设备有救生艇、救生筏、救生圈和救生衣等。此外，船舶还配备消防和堵漏设备等以保证船舶安全航行。

任务三 铁路运输装备与技术

一、铁路运输的概念和特点

（一）铁路运输概念

铁路运输（Rail Transport）狭义上通常是指一种以具有轮对的车辆沿铁路轨道运行，以达到运送旅客或货物目的的陆上运输方式。而广义的铁路运输则包括磁悬浮列车、缆车、索道等并非使用车轮形式，但仍然沿特定轨道运行的运输方式，通称轨道运输或轨道交通。

（二）铁路运输的特点

铁路运输作为我国运输业中的主要运输方式，其特点如下：

（1）运输能力大，运输成本较低。目前我国铁路的一列货运列车，一般可以运送数千吨货物，重载单元列车可运送近 8 000 吨的货物。从运输成本来看，铁路运输比公路运输和航空运输的成本低得多，因此，铁路运输适合于大批量低值商品的长距离运输。

（2）速度比较快。从北京到上海全程 1 463 千米，货运列车不到 24 小时就可到达，平均的运营速度已达到每小时 60 多千米。作为长途运输的主要方式，其运行速度比水路运输速度快得多。

（3）安全可靠。铁路运输基本上不受气候条件的影响，可一年四季不分昼夜地进行，有可靠的安全行车设施和运行制度。

（4）货损货差率高。由于装卸次数多，货损货差率通常比其他运输方式高。

（5）通常需要依靠其他运输装备的配合，才能实现门到门的运输。

（6）对铁路路线的依赖性强，一旦某一路段发生故障，将影响其在全线上的正常运行。

（7）建设周期长，初期投资大。修建铁路时，需要开凿隧道、修建桥梁和大量的土石方工程，需要大量钢材、水泥、木材等材料及设备。

二、铁路运输的主要设施设备

铁路运输一般适于大宗货物的中、长距离的运输。同时铁路运输业也是一个庞大的物流生产部门，拥有上千亿元的固定资产。铁路运输的基本设施设备有以下几类。

（一）线路

线路是机车、车辆和列车运行的基础，起着承受列车巨大质量、引导列车运行方向等作用。线路是由路基、桥隧建筑物和轨道三大部分组成的一个整体工程结构物。其各组成部分既有自己的特性和功能，又互相依存、影响，共同工作。线路是铁路运输的主要设施，为了保证列车按规定速度安全、平稳和不间断地运行，保证铁路运输部门高质量地完成客货运输任务，必须保证线路处于完好状态。

（二）铁路车辆

铁路车辆是装运货物、运送旅客的运载工具。它没有动力装置，需要把车辆连挂在一起由机车牵引，才能完成客货运输任务。在铁路运输设备中，车辆不仅数量多、投资大，而且大部分在全路流通使用。由于客货运输任务繁重，要求铁路必须经常保有数量充足和技术状态良好的车辆，以保证安全、顺利地完成国家的运输生产任务，满足国民经济持续发展的需要。

（三）铁路机车

铁路机车是牵引客、货列车和在车站上进行调车作业的基本动力设备。

铁路机车按用途可分为速度较高的客运机车、牵引力较大的货运机车和机动灵活的调车机车。按原动力的不同可分为蒸汽机车、内燃机车和电力机车。

（四）铁路枢纽场站

一般把供列车到发、会让或越行的具有配线的分界点，称为场站。场站一般经常办理客、货运输业务，是客货运输的起始、中转和终到地点。因此，铁路场站是铁路运输的生产基地。为了完成上述作业，铁路场站上设有客、货运输设备及与列车运行有关的各项技术设备，还配备了客运、货运和运转等方面的工作人员。做好铁路场站管理工作，对于充分利用设备能力，提高运输效率和降低运输成本，保证列车运行安全正点等，都具有十分重要的作用。

（五）信号与通信设备

通信、信号设备也是铁路运输的重要设备之一，人们通常把它们比作铁路运输的“耳目”。铁路信号设备可以分为车站联锁设备、区间闭塞设备、调度监督和调度集中设备及道口信号设备等。它是保证铁路行车安全和运输效率所必需的主要技术装备之一。铁路信号系统的发展水平是铁路现代化的主要内容之一。铁路通信设备的作用是保证迅速正确地组织运输、指挥列车运行，同时又确保各单位、各部门的密切联系，使全国铁路构成一体。

三、铁路机车的种类

由于铁路车辆大都不具备动力装置，列车的运行和车辆在车站内有目的的移动均需机车牵引或推送，因此，铁路机车是铁路运输的基本动力。铁路上使用的机车种类很多，按照机车原动力，可分为蒸汽机车、内燃机车和电力机车三种，如图 3-22 所示。

(a) 蒸汽机车　　(b) 内燃机车　　(c) 电力机车

图 3-22　机车类型

(一) 蒸汽机车

蒸汽机车是以蒸汽为原动力的机车。其优点是结构比较简单，制造成本低，使用年限长，驾驶和维修技术较易掌握，对燃料的要求不高。蒸汽机车的主要缺点是：热效率太低，总效率一般只有 5%～9%，这使机车的功率和速度进一步提高受到了限制；煤、水的消耗量大，沿线需要设置许多供煤和给水设施；在运输中产生的大量煤烟污染环境；机车乘务员的劳动条件差。因此，在现代铁路运输中，随着铁路运量的增加和行车速度的提高，蒸汽机车已不适应现代运输的要求。

(二) 内燃机车

内燃机车是以内燃机为原动力的机车。与蒸汽机车相比，它的热效率高，一般可以达到 20%～30%；内燃机车加足一次燃料后，持续工作时间长，机车利用效率高，特别适用于在缺水或水质不良的地区运行，便于多机牵引；乘务员的劳动条件较好。其缺点是机车构造复杂，制造、维修和运营费用都较大，对环境有较大的污染。

(三) 电力机车

电力机车是从铁路沿线的接触网获取电能产生牵引动力的机车，所以电力机车是非自带能源的机车。它的热效率比蒸汽机车高一倍以上；它起动快、速度高、善于爬坡；可以制成大功率机车，运输能力强、运营费用低，当利用水力发电时，更为经济；电力机车不用水，不污染空气，劳动条件好，运行中噪声也小，便于多机牵引。但电气化铁路需要建设一套完整的供电系统，在基建投资上要比采用蒸汽机车或内燃机车大得多。

从世界各国铁路牵引动力的发展来看，电力机车被公认为最有发展前途的一种机车，它在运营上有良好的经济效果。

四、铁路车辆的种类

铁路车辆是运送旅客和货物的工具，它本身没有动力装置，需要把车辆连挂在一起由机车牵引才能在线路上运行。铁路车辆可分为客车和货车两大类。按照不同的标准，又可分为不同的种类。

（一）按照用途/车型分

可分为通用货车和专用货车两大类。

1. 通用货车

通用货车又可分为棚车、敞车和平车三类，如图 3－23 所示。

(a) 棚车　　(b) 敞车　　(c) 平车

图 3－23　通用货车

(1) 棚车（Covered Cars）。棚车车体由端墙、侧墙、棚顶、地板、门窗等部分组成，用于运送比较贵重和怕潮湿的货物。

(2) 敞车（Open Cars）。敞车仅有端、侧墙和地板，主要装运不怕湿损的散装或包装货物。必要时也可以加盖篷布装运怕潮湿的货物。所以，敞车是一种通用性较大的货车，灵活性较大。

(3) 平车（Flat Cars）。大部分平车车体只有一平底板。部分平车装有很低的侧墙和端墙，并且能够翻倒，适合于装载较重的、较长的或体积较大的货物。也有将车体做成下弯的凹底平车或一部分不装地板的落下孔车，供装运特殊长、大、重型货物，因而也称作长大货物车。

2. 专用货车

专用货车是专供装运某些指定种类货物的车辆，包括保温车、罐车和家畜车，如图 3－24 所示。

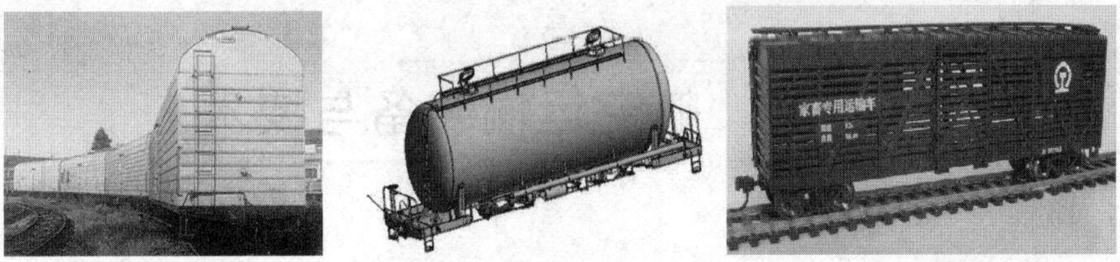

(a) 保温车　　(b) 罐车　　(c) 家畜车

图 3－24　专用货车

(1) 保温车（Cold Storage Cars）。车体与棚车相似，但其墙板由两层壁板构成，壁板间用绝缘材料填充，以减少外界气温的影响。目前我国以成列或成组使用的机械保温车为多，车内装有制冷设备，可自动控制车内温度。保温车主要用于运送新鲜蔬菜、鱼、肉等易腐货物。

(2) 罐车（Tank Cars）。车体为圆筒形，罐体上设有装卸口。为保证液体货物运送时的安全，还设有空气包和安全阀等设备。罐车主要用来运送液化石油气、汽油、盐酸、酒精等液态货物及散装水泥等。

(3) 家畜车。主要是运送活家禽、家畜等的专用车。车内有给水、饲料的储存装置，还有押运人乘坐的设施。

此外，专用车还有煤车、矿石车、矿砂车等。煤车如图 3-25 所示。

图 3-25　煤车

（二）按载重量分

我国的货车可分为 20 吨以下、25～40 吨、50 吨、60 吨、65 吨、75 吨、90 吨等各种不同的车辆。为适应我国货物运量大的客观需要，有利于多装货物和降低货运成本，我国目前以制造 60 吨车为主。

（三）按轴数分

可分为四轴车、六轴车和多轴车等。我国铁路以四轴车为主。

（四）按制作材料分

可分为：钢骨车，车底架及梁柱等主要受力部分用钢材，其他部分用木材制成，因而自重轻、成本低；全钢车，坚固耐用、检修费用低，适合于高速运行，低合金耐候钢材，更能满足重载、高速要求；铝合金、玻璃钢等材料制作的货车。

任务四　航空运输装备与技术

航空运输是交通运输体系的一个重要组成部分。航空运输促进了全球经济、文化的交流和发展，由于其突出的高速直达性，在整个交通运输体系中具有特殊的地位，并拥有很大的发展潜力。

一、航空货物运输的方式

目前航空货物运输的主要方式有班机运输、包机运输、集中托运、联合运输及航空快递业务方式。

（一）班机运输

班机运输方式是指定期开航的定航线、定始发站、定途经站和定目的站的飞机运输组织方式。它有两种具体情形：一是使用客货混合型飞机，既搭载旅客，又运送小批量的货物；二是使用全货机运输的定期货运航班。

（二）包机运输

包机运输方式是指航空公司按照包机合同约定的条件和费率，将整架飞机租给一个或若干个包机人（包机人指发货人或航空货运代理公司），从一个或几个航空站装运货物，然后送达指定目的地的运输方式。包机运输适合于大宗货物运输，费率低于班机运输。

（三）集中托运

集中托运方式是指航空货运代理公司把若干批单独发运的货物组成一整批货物，集中向航空公司托运，填写一份总运单发运到同一到达站，由航空货运代理公司委托到达站的当地代理人负责收货、报关并分拨给各收货人的运输方式。使用这种托运方式可争取到较零星托运低廉的运价，在国际航空运输中使用比较普遍，也是航空货运代理的主要业务之一。

（四）联合运输

联合运输方式主要是指陆空联运方式，即包括空运在内的两种以上的运输方式紧密结合的方式，主要有三种基本类型：（1）火车-飞机-卡车的联合运输方式；（2）火车-飞机的联合运输方式；（3）卡车-飞机的联合运输方式。我国空运出口货物经常采用陆空联运方式。

（五）航空快递业务

航空快递业务是由快递公司与航空公司合作，向货主提供的快递服务。其业务包括：由快递公司派专人从发货人处提取货物后以最快航班将货物发出，飞抵目的地后，由专人接机提货，办妥进关手续后直接送达收货人，称为“桌到桌服务”，是一种最为快捷的运输方式，但费用较高，只适用于各种急需物品和文件资料的传递。

二、航空运输体系的主要组成

航空运输一般适用于贵重货物和长距离的小件货物运输。航空运输业同样也是一个庞大的物流生产部门，航空运输体系包括飞机、机场、空中交通管理系统和飞行航线四个基本部分。这四个部分有机结合，在空中交通管理系统的统一协调控制下分工协作，共同完成航空运输的各项业务活动。

（一）飞机

飞机是航空运输的主要运载工具。按运输类型的不同，民用飞机可分为两大类：一类是由航空公司定期或不定期航班使用的各种运输机；另一类是为工农业生产作业、抢险救灾、教学训练等服务的通用航空飞机。按飞机的最大起飞重量，民用机可分为大型、中型和小型飞机三大类；按航程的远近，飞机可分为远程、中程和短程飞机。

（二）机场

机场是供飞机起飞、着陆、停驻、维护、补充给养及组织飞行保障活动的场所，也是旅客和货物运输的起点、终点或中转点。机场系统由两大部分组成：一是供飞机使用的部分，包括用于起飞降落的飞行区和用于地面服务的航站区；二是供旅客、接运货物使用的部分，包括办理手续和上下飞机的航站楼、地面交通设施及各种附属设施等。

（三）空中交通管理系统

空中交通管理系统是为了保证飞机飞行安全及提高空域、机场飞行区的利用效率而设置的各种助航设备和空中交通管制机构及规则。其助航设备分为仪表助航设备和目视助航设备。仪表助航设备包括通信、导航、监视（雷达）等装置，用于航路导向、与机场的通信联系等；目视助航设备是指用于引导飞机起降、滑行的装置，包括灯光、标志等。空中交通管制机构通常按区域、塔台等设置。空中交通管制规则包括飞行高度层配备，垂直间隔、水平间隔（侧向、纵向）的控制等。管制方式分程序管制和雷达管制。

（四）飞行航线

飞行航线是航空运输的线路，是由航空管理部门设定的飞机从一个机场飞抵另一个机场的通道。飞行航线分为航路、固定航线和非固定航线三种类型。航路是用于国与国之间、跨省市航空运输的飞行航线，规定其宽度为 20 千米。固定航线是用于省市之间和省内定期航班飞行，尚未建立航路的飞行航线。非固定航线是用于临时性的航空运输或通用航空飞行，在航路和固定航线以外的飞行航线。

航空运输体系除了上述四个基本组成部分外，还有商务运行、机务维护、航材供应、油料供应、地面辅助及保障系统等。

三、航空港

航空港为航空运输的经停点，又称航空站或机场，是供飞机起飞、着陆、停驻、维护、补充给养及组织飞行保障活动的场所，如图 3－26 所示。它是民航运输网络中的节点，是航空运输的起点、终点和经停点，机场可实现运输方式的转换，是空中运输和地面运输的转接点。近年来随着航空港功能的多样化，港内除了配有装卸客货的设施外，一般还配有商务、娱乐中心、货物集散中心，满足往来旅客的需要，同时吸引周边地区的生产、消费。

航空港按照所处的位置分为干线航空港和支线航空港。按业务范围分为国际航空港和国内航空港。其中国际航空港需经政府核准，可以用来供国际航线的航空器起降营运，空港内配有海关、移民、检疫和卫生机构。而国内航空港仅供国内航线的航空器使用，除特殊情况外不对外国航空器开放。

通常来讲，航空港内配有以下设施：

（1）跑道与滑行道，前者供航空器起降，后者是航空器在跑道与停机坪之间出入的通道。

（2）停机坪，供飞机停留的场所。

图 3-26　航空港俯瞰图

(3) 指挥塔或管制塔，是航空器进出航空港的指挥中心。其位置应有利于指挥与航空管制，维护飞行安全。

(4) 助航系统，是为辅助安全飞行的设施。包括通信、气象、雷达、电子及目视助航设备。

(5) 输油系统，为航空器补充油料。

(6) 维护修理基地，为航空器归航以后或起飞以前做例行检查、维护、保养和修理。

(7) 货栈。

(8) 其他各种公共设施，包括给水、给电、通信交通、消防系统等。

任务五　管道运输装备与技术

一、管道运输概述

(一) 管道运输的概念

管道运输（Pipeline Transport）是用管道作为运输工具的一种长距离输送液体和气体物资的运输方式，是统一运输网中干线运输的特殊组成部分。如图 3-27 所示。

管道运输不仅运输量大、连续、迅速、经济、安全、可靠、平稳以及投资少、占地少、费用低，而且可实现自动控制。除广泛用于石油、天然气的长距离运输外，还可运输矿石、煤炭、建材、化学品和粮食等。管道运输可省去水运或陆运的中转环节，缩短运输周期，降低运输成本，提高运输效率。

(a) 石油管道 (b) 天然气管道 (c) 化学品管道

图 3-27 管道运输

当前管道运输的发展趋势是：管道的口径不断增大，运输能力大幅度提高；管道的运距迅速增加；运输物资由石油、天然气、化工产品等流体逐渐扩展到煤炭、矿石等非流体。

（二）管道运输的种类

管道按货物性能可分为固体管道（固体粉碎后加水成浆状）、气体管道、液体管道；按货物种类可分为原油管道、成品油管道、天然气管道、二氧化碳气管道、液化气管道、煤浆和其他矿浆管道等。管道的直径有 273、377、426、529、720 毫米不等，管径是决定输送能力的重要因素之一。

（三）管道运输的特点

（1）运量大。一条输油管线可以源源不断地完成输送任务。根据其管径的大小不同，其每年的运输量可达数百万吨到几千万吨，甚至超过亿吨。

（2）占地少。运输管道通常埋于地下，其占用的土地很少；运输系统的建设实践证明，运输管道埋藏于地下的部分占管道总长度的 95%以上，因而对于土地的永久性占用很少，仅为公路的 3%、铁路的 10%左右。在交通运输规划系统中，优先考虑管道运输方案，对于节约土地资源意义重大。

（3）管道运输建设周期短、费用低。国内外交通运输系统建设的大量实践证明，管道运输系统的建设周期与相同运量的铁路建设周期相比，一般来说要短 1/3 以上。

（4）管道运输安全可靠、连续性强。由于石油天然气易燃、易爆、易挥发、易泄漏，采用管道运输方式既安全，又可以大大减少挥发损耗。

（5）管道运输耗能少、成本低、效益好。发达国家采用管道运输石油，每吨千米的能耗不足铁路的 1/7，大量运输时的运输成本与水运接近，因此在无水条件下，采用管道运输是最为节能的一种运输方式。管道运输是一种连续工程，运输系统不存在空载行程，因而系统的运输效率高。理论分析和实践经验已证明，管道口径越大，运输距离越远，运输量越大，运输成本就越低。以运输石油为例，管道运输、水路运输、铁路运输的运输成本之比为 1∶1∶1.7。

（6）灵活性差。管道运输不如其他运输方式（如汽车运输）灵活，除承运的货物比较单一外，它也不容随便扩展管线。对一般用户来说，管道运输常常要与铁路运输或汽车运输、水路运输配合才能完成全程输送。此外在运输量明显不足时，运输成本会显著提高。

管道运输的上述特点，使得管道运输主要担负单向、定点、量大的流体状货物（如石油、油气、煤浆、某些化学制品原料等）的运输。

另外，在管道中利用容器包装运送固态货物（如粮食、砂石、邮件等），也具有良好的发展前景。

二、管道运输装备组成

在管道运输中，管道是主要载体，此外，还必须配备相应的动力、计量、加工、处理、辅助设备等，下面介绍油料和天然气运输管道装备的主要组成。

（一）油料管道运输装备

不论是输送轻油还是重油，其输油管道系统均由首站输油站、中间输油站、中间加热站、末站输油站以及管道线路等设施组成，其中的主要装备如下：

（1）输油管。输油管分为原油管和成品油管两种，担当油料输送介质的功能。

（2）油罐。油罐设置在首站输油站、末站输油站中，用于对发、收的油品进行存储。在首站输油站中，油罐接受来自油田、海运、炼油厂等地的油品进行临时存储，等待用泵抽取，输往中下游输油站。在末站输油站中，油罐接受管道来油，等待用其他运输方式转运，油罐容量的大小要根据所采用的转运方式的转运周期、一次运量、运输条件及管道输量等综合考虑。

（3）泵机组。输油泵和带动它的原动机，以及相应的连接装置或变速装置组成泵机组，供给输油所需的压力能，是泵站的核心装备。选择机泵应满足工艺要求，排量、压力、功率及所能输送的液体与预定输送任务相适应。输油站若干台机组的总排量应等于或略大于规定的输油量，一般每站的机组数以 4 台为宜，其中 3 台工作，1 台备用。

（4）阀门组。应用各种阀门对输送路径、压力、流量、平稳性等进行调节和控制。

（5）清管器收发装置。是指连接在管道系统上的能发送和回收清管器的装置。清管即在输油前清除遗留在管内的机械杂质等堆积物，以及在输油过程中清除管内壁上的石蜡、油脂能凝聚物及盐类的沉积物等，以保证输油管能长期在高输量下安全运转。

（6）计量装备。计量装备主要由流量计、过滤器、温度及压力测量仪表、标定装置和通向污油系统的排污管五部分组成。其中，以流量计和标定装置最为关键。流量计是监视输油管运行的中枢，如根据流量计调整全线的最佳运行状态，校正输油压力和流速，发现泄漏。成品输油管上，计算隔离球的位置，油品的切换、进罐或隔离球的准时投放等操作，都是根据流量计的监视和辅以局部控制仪表的探测来进行的。

（7）加热装置。在输送含蜡多、黏度大、倾点高的原油时需要通过加热装置进行加热输送。加热装置有加热炉、换热器等。利用加热炉直接加热，设备简单，费用较省，应用较普遍，但热效率只有 70%，原油在炉管内直接加热存在结焦的可能，一旦断流，易造成事故。

（8）辅助装备。为了保证泵机组的正常运行，输油站内还要有一系列辅助装备。柴油机往复泵机组的辅助设备包括柴油供应装备、润滑油供应装备、冷却水装备、压缩空气供应装备、废热利用装备等。电动机离心泵机组的辅助装备包括电动机和离心泵的轴润滑装备、冷却水装备等。

（二）天然气管道运输装备

天然气管道输送的流程是天然气从气田的各井口装置采出后，经由矿场集气网汇集到集气站，再由各集气站输往天然气处理厂进行净化后，送入长距离输气管道，送往城市和工矿企业的配气站，在配气站上经过除尘、调压、计量和添味后，由配气管网送给用户。长距离输气管道由首站输气站、中间输气站和终点储气库组成，输气站起着为天然气加压、气体净化、混合、计量、压力调节和清管器发送等作用。输气管道系统主要有以下装备：

（1）输气管。输气管分为矿场输气管、干线输气管和城市输气管三大类型。矿场输气管用于将天然气井场采集的气体送往天然气处理厂。干线输气管是长距离供气用的动力系统，大型输气管的管径有 720、820、1020 和 1 420 毫米几种规格，长度有 1 000 千米、2 000千米和2 000千米以上。城市输气管是构成城市配气网的输气管，分为输气干线和配气管线。

（2）压缩机组。压缩机及与之配套的原动机统称为压缩机组。压缩机组是干线输气管道的主要工艺设备，同时也是压气站的核心部分，其功能是提高进入压气站的气体的压力，从而使管道沿线各管段的流量满足相应的任务输量的要求。

（3）燃气计量仪表。燃气的数量可以用它的标准体积、质量或能量值（热值）来度量，据此可将燃气计量方法分为体积流量计量、质量流量计量和能量流量计量三种。

（4）储气装备。储气装备包括储气罐和地下储气管束。储气罐通常为建在地面上的钢罐，根据储气压力的高低，储气罐分为低压罐和高压罐，低压罐又分为湿式与干式两种。低压罐又叫气柜，其储气压力恒定并接近气压，一般为 1～4 千帕，最高不超过 6 千帕。气柜的储气空间是可变的，因而可通过储气空间的容积变化改变储气量。高压罐的储气压力一般为 0.8～2 兆帕，其储气空间是固定的，可通过储气压力的变化改变储气量。大型高压罐一般为球罐。除了气柜和高压罐外，还有一种特殊的储存天然气的高压容器——地下储气管束，其储气压力可以达到干线输气压力或更高的水平。

（5）辅助装备。辅助装备通常包括压缩机组的能源装备、气缸冷却装备、密封油装备、润滑油装备、润滑油冷却装备以及整个压气站的仪表监控装备、通信装备、给排水装备、通风装备、消防装备、放空装备等。

三、管道运输装备管理

（一）管道防腐

尽管管道运输装备具有便于管理、运行安全的特点，但由于其输送管道大多深埋于地下，受到来自大气、细菌、土壤、杂散电流的腐蚀等威胁，据统计有 28%的管道泄漏事故都是由于腐蚀穿孔所造成的。因此应根据具体情况，采取防腐措施。

（1）选用耐蚀材料，如聚氯乙烯管、含铅和含钛的合金钢管等。

（2）采用内外壁防腐绝缘层，将钢管与腐蚀介质隔离。现在国内外常采用熔结环氧粉末、煤焦油磁漆、二层结构聚乙烯、三层结构聚乙烯作为防腐层。

(3) 埋地管线的阴极保护，通常有两种方法：一种是给埋地管线施加外电流以抑制其原来存在的腐蚀电流；另一种是在待保护的金属管线上连接一种电位更负的金属材料，形成一个新的腐蚀电池，通过牺牲这一金属材料的腐蚀来保护管线。

(4) 杂散电流腐蚀的保护，根据判断管道杂散电流强度的大小（我国规定管道上任意点的管地电位较自然电位正向偏移大于 100 毫伏，或管道附近土壤的电位梯度大于 2.5 毫伏/米），采取相应保护措施，如采取直流排流保护，即将导线连接管线与电气铁路的回归线，将杂散电流送回。当被干扰的管道上的管地电位正负交变时，可采用极性排流措施，即在回路上加装极性控制设施，使电流只能流回铁轨。当极性排流也不能解决问题时，可采用在连接回路上外加直流电源的强制排流措施，类似于对管道采取阴极保护。

(5) 在输送或储存介质中加入缓蚀剂抑制内壁腐蚀。

(6) 根据不同情况，对上述几种方法进行组合应用，达到综合防腐的作用，如常采用防腐绝缘层加阴极保护。

（二）管道清洗

为了清除管道运输所产生的各种盐类、杂质、硫化物、细菌等，需要对管道进行清洗、修复，主要方法有：

(1) 物理清洗。包括高压水射流清洗、机械法清洗、喷砂清洗、电子跟踪清洗、爆炸法清洗等。

(2) 化学清洗。即向管道内投入含有化学试剂的清洗液，与污垢进行化学反应，然后用水或蒸汽吹洗干净，多用于金属管道、不锈钢管道和管道脱脂。为了防止在化学清洗中损坏金属管道的基底材料以及提高清洗后的防锈能力，常需要在清洗液里加入缓蚀剂、钝化剂等。

(3) 物理和化学结合清洗。将物理方法和化学方法进行结合，开发出多种实用的复合清洗方法，实现两种方法的取长补短、相辅相成，能够达到很好的清洗效果。

学习能力测试

学习测试 1：我国物流企业常用到的汽车有哪些种类？各有什么特点？

学习测试 2：货船主要有哪些类型？各用于何种货物运输？

学习测试 3：不定项选择

1. 铁路上使用的机车种类很多，按照原动力不同，可分为（　　）。

A. 蒸汽机车　　B. 内燃机车　　C. 柴油机车　　D. 电力机车

2. 下列属于船舶设备的是（　　）。

A. 舵设备　　B. 锚设备　　C. 系泊设备　　D. 起货设备

E. 救生设备　　F. 码头

3. 管道运输装备管理主要包括（　　）。

A. 管道防腐　　B. 管道清洗　　C. 管道修理　　D. 管道风险管理

项目四 装卸搬运装备与技术

问题引入

在整个物流过程中，现代物流运输、仓储、配送、包装、流通加工、装卸搬运、物流信息处理等七项服务活动中，有一项服务活动出现频率最高，但是最没被重视，它就是装卸搬运。装卸搬运是其他物流活动开始及结束时必然发生的活动。

任务导读

- 装卸搬运装备与技术
  - 装卸搬运管理概述
    - 装卸搬运的概念
    - 装卸搬运的方法
    - 装卸搬运机械的选择及其原则
  - 起重设备与技术
    - 起重设备的定义和原理
    - 起重设备的分类
    - 常见的起重机
    - 起重设备的性能指标
  - 输送设备与技术
    - 输送设备的概念和技术性能指标
    - 物流中的常见输送机
    - 连续输送设备的选型与管理
  - 叉车设备与技术
    - 叉车的概念和特点
    - 叉车的分类
    - 常见叉车的结构及工作特点
    - 叉车的选用
  - 搬运车辆与技术
    - 搬运车辆的概念和功能
    - 搬运车辆的分类
    - 常见机动搬运车辆
    - 搬运车的选择

学习目标

知识目标：

1. 了解装卸、搬运的定义，装卸搬运的基本方法，装卸搬运装备及其选择原则。
2. 了解起重设备按照用途和构造类型进行分类的方法。
3. 了解输送设备的主要技术性能指标；掌握物流中的常见输送机及工作特点。
4. 掌握叉车的分类、主要技术参数以及常见叉车的结构和工作特点。
5. 掌握其他机动搬运车辆的结构、类型及工作特点。

能力目标：

1. 能够根据作业对象、作业手段、作业特点、作业方式选择合适的装卸搬运方法。

2. 能够根据起重机主要性能特征的技术经济指标进行合理的维护保养。

3. 能够根据物料的输送量大小、输送距离和方向、工艺流程选用经济合理的输送机。

4. 能够根据物流工作的作业区中物资日吞吐量、作业高度、搬运距离与叉车的技术性能参数选择合适搬运叉车。

5. 能够根据物流工作的作业区中物资日吞吐量、作业高度、搬运距离确定是选择人力搬运车还是机动搬运车。

案例导入

云南省烟草烟叶公司降低装卸搬运成本

云南省烟草烟叶公司作为云南烟草行业的重点骨干企业，是云南省最大的云烟原料加工基地，是集收购、加工、储存、销售于一体的国有中型企业，公司总的仓储、复烤能力达到了150万担，承担着云南省烤烟15%的复烤加工任务，担负着云南省内烟厂以及全国40多家烟厂的烟叶调拨任务。1995年从国外引进了两条12 000千克/小时打叶复烤生产线，加速了资产流动，优化了资源配置，迅速实现了资产的保值增值。

多年来，公司倡导“服务、管理、质量、诚信”的经营管理观念，制定了有利于企业发展的“改革促发展、管理求效益、心中有客户、精诚铸信誉”的方针。注重企业信誉，“以一流的产品、一流的服务，获取良好的社会效益和经济效益”是公司始终不渝的追求。同时，公司依靠市场开拓、技术创新和广大员工的艰苦努力，使企业经济效益大幅度增长，成绩令人瞩目。云南省烟草烟叶公司已步入现代化复烤企业的行列，一个以原料为核心，以销售为龙头，以出口为纽带，以烤烟为主业，多种经营的新发展格局已经形成。

在烟草行业新的机遇与挑战面前，云南省烟草烟叶公司在继续发挥企业各种优势的同时，不断强化管理，采取行之有效的措施降低成本，提高企业利润。该公司为了降低物流成本，真正实现物流系统管理思路，改进了现有的生产物流系统。主要采取的措施包括以下几个方面：

(1) 取消、合并装卸搬运环节和减少装卸搬运次数。公司在生产物流系统设计中研究了各项装卸搬运作业的必要性，千方百计地取消、合并装卸搬运环节和减少装卸搬运次数。

(2) 实现生产物流作业的集中和集散分工。公司在安排存储保管物流系统的卸载点和装载点时尽量集中。在货场内部，同一等级、产地的烟叶尽可能集中在同一区域进行物流作业，如建立专业货区、专业卸载平台等。

(3) 进行托架单元化组合，充分利用机械进行物流作业。公司在实施物流系统作业过程中要充分利用和发挥机械作业，如叉车、平板货车等，增大操作单位，提高作业效率和生产物流“活性”，实现物流作业标准化。

(4) 合理分解装卸搬运程序，改进装卸搬运各项作业，提高装卸搬运效率，力争在最短时间内完成烟叶加工的所有工艺流程。

(5) 提高生产物流的快速反应能力。公司通过烟叶数据库的建设，促进网络信息的发展，将物流的各个环节连成一个整体，按照统一的生产计划准时实现烟叶物资的流动。

通过物流体系管理的建立，公司逐渐加强了现场管理，简化了生产工艺流程，从而达到降低综合损耗以及物流相关成本的目的。

? 问题与思考

1. 结合案例分析说明云南省烟草烟叶公司真正实现物流系统管理的思路。
2. 针对该案例阐述装卸搬运作业对降低物流成本的直接作用。

知识探究

任务一　装卸搬运管理概述

一、装卸搬运的概念

在同一地域范围内（如车站、工厂、仓库内部等）改变“物”的存放、支承状态的活动称为装卸，改变“物”的空间位置的活动称为搬运。

一般来说，搬运是指物体横向或斜向的移动，装卸指上下方向的移动。广义的装卸包括了搬运活动。在特定场合下，单称“装卸”或单称“搬运”也包含了“装卸搬运”的完整含义。

搬运的“运”与运输的“运”区别在于物体的活动范围不同，运输活动是在物流节点间进行，而搬运则是在物流节点内进行，而且是短距离的移动。

二、装卸搬运的方法

装卸搬运的基本方法，可以分别从作业对象、作业手段和组织水平、作业特点、作业方式的角度进行划分。

（一）按装卸作业对象分类

1. 单件作业法

单件作业法是指将货物单件、逐件进行装卸搬运的方法，这是人工装卸搬运阶段的主要方法。

2. 集装作业法

集装作业法是指先将货物集零为整（集装化）后，再对集装件（箱、网、袋等）进行装卸搬运的方法。主要包括集装箱作业法、托盘作业法、货捆作业法、滑板作业法。

3. 散装作业法

散装作业法是指对煤炭、建材、矿石等大宗货物以及谷物、水泥、化肥、食粮、原盐等货物采用的散装、散卸的方法。包括以下四种方法，分别为：

（1）重力法作业，是利用货物的势能来完成装卸作业的方法。

（2）倾翻法作业，是将运载工具的载货部分倾翻，从而将货物卸出的方法。

（3）机械作业法，是指采用各种装卸搬运机械（如带式输送机、链斗装车机、单斗装载机、抓斗机、挖掘机等），通过舀、抓、铲等作业方式，达到装卸搬运的目的。

（4）气力输送法，是利用风机在气力输送机的管内形成单向气流，依靠气体的流动或气压差来输送货物的方法。

（二）按装卸作业手段和组织水平分类

1. 人工作业法

人工作业法是一种完全依靠人力，使用无动力器械来完成装卸搬运的方法。

2. 机械化作业法

机械化作业法是指以各种装卸搬运机械，采用多种操作方法来完成货物的装卸搬运作业的方法。机械化作业法是目前装卸搬运作业的主流方法。

3. 综合机械化作业法

综合机械化作业法要求作业机械设备和作业设施、作业环境的理想配合，要求对装卸搬运系统进行全面的组织、管理、协调，并采用自动化控制手段（如电子计算机控制与信息传递），以完成高效率、高水平的装卸搬运作业。

（三）按装卸作业特点分类

1. 间歇作业法

间歇作业法是指以间歇运动完成对货物装卸搬运的作业方法，即在两次作业中存在一个空程准备过程的作业方法，如门式和桥式起重机作业。

2. 连续作业法

连续作业法是指在装卸搬运过程中，通过连续输送机械，进行连续不断的装卸作业的方法，如带式输送机、链斗装车机作业。

（四）按装卸作业方式分类

1. 垂直装卸法

垂直装卸法（也称为吊装吊卸法）是指采取提升和降落的方式对货物进行装卸搬运的方法，是采用比较多的一种装卸方法。

2. 水平装卸法

水平装卸法（也称为滚装滚卸法）是指采取平移的方式对货物进行装卸搬运的方法。

三、装卸搬运机械的选择及其原则

装卸搬运机械是指用来搬移、升降、装卸和短距离输送物料和货物的各种装备。装卸搬运机械的选择应该本着经济合理、提高效率、降低费用的总要求，具体应遵循以下几个基本原则。

（一）根据货物的特性进行选择

货物的特性是指货物的种类，如散货、包装货物等。货物种类不同，或者货物性质不同，则装卸搬运这些货物的机械设备也有所不同。一些不同货类所使用的装卸搬运机械如表 4－1 所示。

表 4－1　一些不同货类所使用的装卸搬运机械

货类	在装卸搬运作业中可使用的典型机械
件杂货	门式起重机、运输工具吊杆
木材	门式起重机、堆场龙门吊、木材抓斗
集装箱	岸臂式装卸搬运桥、堆场轮胎式龙门吊
干散货	移动式卸船机、堆场斗轮式堆取料机
散粮	吸粮机、夹皮带机、斗式提升机
液体货	输送管道

（二）根据作业的特性进行选择

作业的特性包括作业的性质、作业的场合、作业的运动形式、作业量、作业搬运距离等，装卸搬运机械的选择应注意如下几点：

（1）明确作业的性质是单纯的装卸、单纯的搬运还是装卸、搬运兼顾，从而可选择更合适的装卸搬运机械。

（2）不同的作业场合需要选择不同的装卸搬运机械。如在铁路专用线、仓库等场合，可选择门式起重机。而在集装箱港口码头，则可选择岸臂集装箱装卸桥、集装箱跨运车等。

（3）针对水平、垂直、斜向三种典型的装卸搬运作业运动形式，也需要选择不同的装卸搬运机械。如水平运动，可选择卡车、牵引车等；垂直运动，可选择提升机、起重机等；而斜向运动，则可选择连续运输机、提升机等。

（4）作业量的大小，也影响到所需要选择的装卸搬运机械的类型和数量。如对作业量大的，应选择作业能力较强的大型专用机械；而对作业量小的，则可选择中小型通用机械。

（5）对长距离搬运，一般选择火车、船舶、载货汽车、动力牵引车等设备；而对较短距离搬运，则可选择叉车、跨运车、连续运输机械等机械设备。

（三）根据综合经济性进行选择

选择装卸搬运机械还必须考虑机械设备的质量、价格、安全、能耗、装配拆卸、维护保养、通用性、利用率等因素。

除了考虑以上因素，最终还要从经济性的角度综合考虑各方面的因素，权衡利益得失，进行全面分析比较，在多个适用方案中选择出最经济、先进、优质的装卸搬运机械。

同时，因为装卸搬运机械属于企业的设备投资，资金、规模、影响都比较大，所以投资必须在一定的经营规模下，取得最好的经济效果。它们之间的逻辑关系可由图 4-1 表达。

最恰当的投资 → 高效率的作业 → 最低的成本 → 企业成功

图 4-1　装卸搬运机械设备投资对企业的影响

任务二　起重设备与技术

一、起重设备的定义和原理

起重设备是一种以间歇作业方式对物料进行起升、下降和水平移动的装卸搬运机械。

起重设备的工作原理为：承载物料的取物装置借助庞大金属结构的支撑，通过多个工作机构的单独运动或组合运动把物料提升，并在一定空间范围内运移，然后按需要将物料安放到指定位置，空载回到原处，准备再次作业，从而完成一个物料装卸搬运的工作循环。

二、起重设备的分类

起重设备的种类很多，通常按照主要用途和构造类型对其进行分类。按主要用途可分为通用起重设备、建筑起重设备、冶金起重设备等；按构造类型可分为轻小型起重设备、起重机和升降机三大类。以下介绍按照构造类型的分类。

（一）轻小型起重设备

轻小型起重设备一般只有一个升降机构，常见的有千斤顶、电动或手拉葫芦、绞车、滑车等，如图 4-2 所示。其特点是结构紧凑、自重轻、操作方便。

(a) 千斤顶　(b) 电动或手拉葫芦　(c) 绞车　(d) 滑车

图 4-2　轻小型起重设备

（二）起重机

当起重设备除了具有起升机构之外，还有其他运动机构时，其结构组成必然比单机构的轻小型起重设备复杂得多，我们称这类起重设备为起重机，又称吊车。

（三）升降机

常见的升降机有货物升降机、电梯等，如图 4-3 所示。升降机类起重设备只有一个升降机构，出于安全性考虑，电梯往往配有完善的安全装置及其他附属装置，其复杂程度是轻小型起重设备不能相比的。

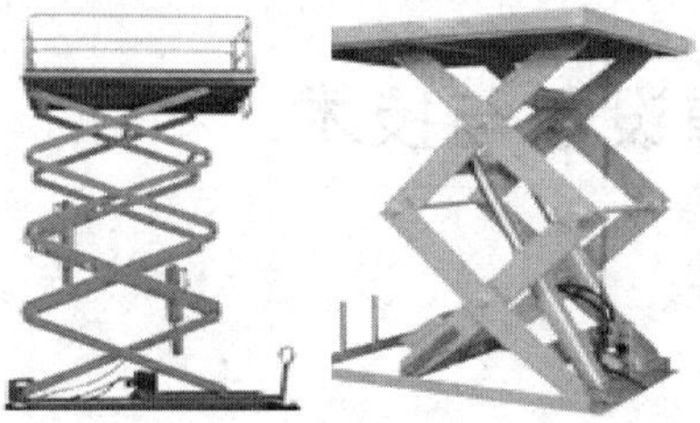

（a）货物升降机

（b）电梯（货梯）

图 4-3 常见的升降机

三、常见的起重机

起重机在许多重要国民经济部门得到广泛使用，成为现代物流和制造业组织生产的基础装备之一。

（一）桥架类型起重机

桥架类型起重机根据结构形式不同还可以进一步分为桥式起重机（俗称为天车、行车）、门式起重机（也被称为带支腿的桥式起重机，包括装卸桥和集装箱门式起重机）和缆索起重机（由于跨度太大，用缆索取代了桥形主梁）等。下面重点介绍桥式起重机和门式起重机。

1. 桥式起重机

桥式起重机是桥架在高架轨道上运行的一种桥架型起重机，最常见最典型的是通用桥式起重机，如图 4-4 所示。

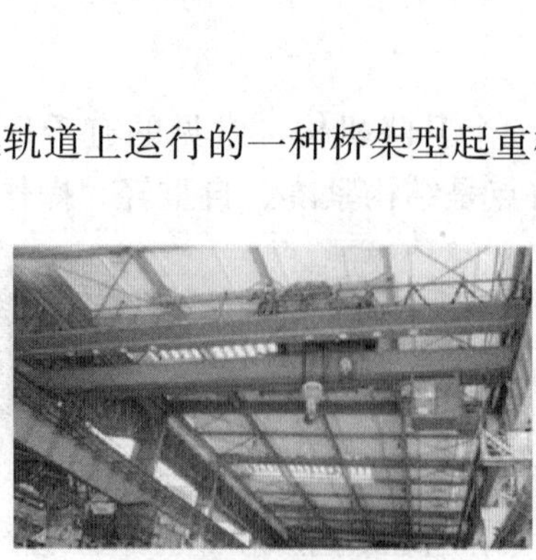

图 4-4 通用桥式起重机

2. **门式起重机**

门式起重机（又称龙门起重机）是桥架通过两侧支腿支撑在地面轨道上的起重机。其外结构如图 4－5 所示。

图 4－5　门式起重机外形结构

门式起重机的类型很多，常见的是按主梁形式分类，可分为单主梁门式起重机和双主梁门式起重机（如图 4－6 所示），按主梁结构分类，又有箱形和桁架（如图 4－7 所示）两种结构。

图 4－6　双主梁门式起重机

图 4－7　桁架结构门式起重机

门式起重机具有场地利用率高、作业范围大、适应面广、通过性强等特点，在仓库、货场、车站、港口、码头等场所，担负着生产、装卸、安装等作业过程中的货物装卸搬运任务，是企业生产经营活动中实现机械化、自动化的重要生产力。

（二）臂架类型起重机

臂架类型起重机主要包括门座起重机、桅杆起重机、甲板起重机、浮式起重机和流动式起重机等。

1. **门座起重机**

门座起重机是指可转动的起重装置安装在门形座架上的一种臂架型起重机，因具有能让运输车辆顺利通过的门架结构而得名。门形座架的 4 条腿构成 4 个“门洞”，可供铁路车辆和其他车辆通过，如图 4－8 所示。门座起重机大多沿地面或建筑物上的起重机轨道运行，进行装卸作业。

（a）铁路门座起重机　（b）港口门座起重机　（c）变幅式门座起重机

图 4－8　门座起重机类型

2. 桅杆起重机

桅杆起重机是以桅杆为机身的动臂旋转起重机。由桅杆、动臂、支撑装置和起升、变幅、回转机构组成。桅杆起重机按支撑方式分为斜撑式桅杆起重机和纤缆式桅杆起重机。斜撑式桅杆起重机用两根钢性斜撑支持桅杆，动臂比桅杆长，只能在270°以内回转，但起重机占地面积小，如图4-9（a）所示。纤缆式桅杆起重机用多根缆绳稳定桅杆，即在桅杆底部装上转盘，动臂比桅杆短，能作360°回转，如图4-9（b）所示。

（a）斜撑式桅杆起重机

（b）纤缆式桅杆起重机

图4-9 桅杆起重机

3. 甲板起重机

甲板起重机是电液式重载型油缸变幅起重机，是专门为普通货船和其他运输船有效和安全地装卸货物而设计制造的，如吊装大型件货、船舱盖等。起重机通过其转柱安装在船体的上甲板上，能防风、防雨、防浪。如图4-10所示。

图4-10 甲板起重机

4. 浮式起重机

浮式起重机也称为起重船或浮吊。内河港口使用非自航式起重船，通常在方形船甲板上，设置不同形式的起重机，再配置船舶系缆设备及生活设施等。浮式起重机按回转性能可分为回转式和非回转式两种。

（1）回转式浮式起重机又分为半回转式和全回转式，起重机部分可作360°回转的，称为全回转浮式起重机，如图4-11（a）所示。

（2）非回转式浮式起重机，一般臂架支承在甲板上，有臂架固定式（包括非工作性变幅）及臂架变幅式，如图4-11（b）所示。

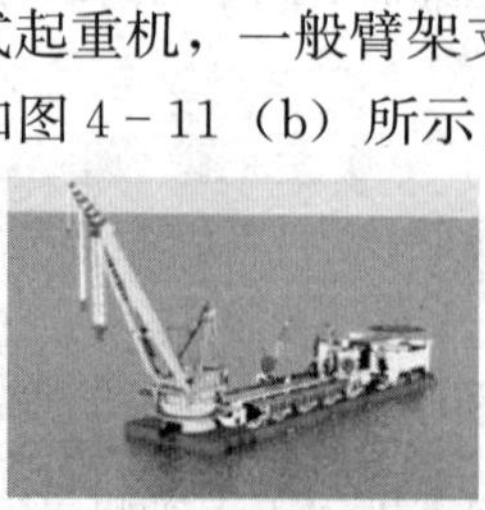
（a）回转式浮式起重机

（b）非回转式浮式起重机

图4-11 浮式起重机

5. **流动式起重机**

流动式起重机机动灵活，应用比较广泛，可以将其安装在地基上使用，也可以将其安装在可行走的车辆上，因此称为流动式起重机。这类起重机包括有汽车起重机、履带起重机和轮胎起重机。

(1) 汽车起重机。汽车起重机的起重装置安装在载重汽车底盘上，如图 4-12 (a) 所示。其动力由汽车发动机供应，有可伸缩、俯仰的箱形吊臂和可伸缩的支腿，均为液压操纵。

(2) 履带起重机。履带起重机是将起重回转台安装在履带行驶机构上的一种臂架型起重机，如图 4-12 (b) 所示。履带起重机操纵灵活，使用方便，可在一般道路上行驶和工作。履带起重机的缺点是稳定性较差，转移速度慢，对路面有一定的破坏作用。

(3) 轮胎起重机。轮胎起重机将起重回转台安装在一个由加重轮胎和轮轴组成的特制底盘上，车轮间距大，两侧装有可伸缩的支腿，操作方便，稳定性较好，行驶速度快，对路面破坏性小，一般在支腿状态下吊装，不负重行驶，如图 4-12 (c) 所示。

(a) 汽车起重机　(b) 履带起重机　(c) 轮胎起重机

图 4-12　流动式起重机

四、起重设备的性能指标

表现起重机主要性能特征的技术经济指标，是选用起重机的主要依据。主要有起重量、跨度、幅度、起升高度、机构工作速度、工作级别等。对于轮胎起重机，还包括最小转弯半径、最大爬坡度、最小离地间隔等指标。

(1) 起重量 (G)，是指被起升重物的质量，单位为千克或吨。

(2) 额定起重量 (Gn)，指起重机吊起物料连同可分吊具或属具（如抓斗、电磁吸盘、平衡梁等）质量的总和。

(3) 总起重量 (Gz)，指起重机能吊起的物料连同可分吊具和长期固定在起重机上的吊具或属具（包括吊钩、滑轮组、起重钢丝绳以及在起重小车以下的其他起吊物）质量的总和。

(4) 有效起重量 (Gp)，指起重机能吊起的物料的净质量。

(5) 起升高度 (H)，一般是指起重机工作场面或起重机运行轨道顶面到取物装置上极限位置（采用吊钩时取吊钩钩口中心计算，采用抓斗或其他吊具时取其最低点计算）之间的垂直距离。

(6) 幅度 (R)，指臂架类起重机旋转中心线到取物装置中心线之间的水平距离。

(7) 跨度 (L),指桥式类起重机大车运行轨道中心线之间的水平距离。

(8) 工作速度 (V),起重机的工作速度主要是指起升速度、变幅速度、旋转速度和运行速度四种。

(9) 轮压,指桥架自重和小车处在极限位置时,起重机自重和额定起重量作用下在大车车轮上的最大垂直压力。

任务三　输送设备与技术

一、输送设备的概念和技术性能指标

(一) 输送设备的概念

在物流活动中,输送设备是按照规定路线连续地或间歇地运送散料物料和成件物品的搬运设备。输送机系统是由两个以上输送机及其附件组成的一个比较复杂的工艺输送系统,完成物料的搬运、装卸、分拣等功能。

(二) 输送设备的主要技术性能指标

技术性能指标是表征输送设备工作性能的主要参数,是选用和管理连续输送设备的重要依据。

(1) 生产率,是指输送机在单位时间内输送货物的质量,用 Q 表示,以吨/小时为单位。

(2) 输送速度,是指被输送货物或物料沿输送方向的运行速度。

(3) 充填系数,是指输送机承载件被物料或货物填满程度的系数。

(4) 输送长度,是指输送机的装载点与卸载点之间的距离。

(5) 提升高度,是指货物或物料在垂直方向上的输送距离。

(6) 其他性能指标,如安全系数、制动时间、起动时间、电动机功率、轴功率、最大动张力、最大静张力等。

二、物流中的常见输送机

(一) 带式输送机

带式输送机是一种利用连续而具有挠性输送带的连续或间歇运动来输送各种轻重不同物品的输送机。如图 4-13 所示。

皮带输送机包括:90 度皮带转弯机、180 度皮带转弯机、45 度皮带转弯机、不锈钢皮带输送机、塑料喷嘴皮带输送机、报刊皮带输送机、皮带提升机、灯检皮带输送机、多层皮带输送机。

（a）90度皮带转弯机　（b）180度皮带转弯机　（c）45度皮带转弯机

图 4－13　带式输送机

（二）管链输送机

管链输送机是输送粉状、小颗粒状及小块状等散状物料的连续输送设备，可以水平、倾斜和垂直组合输送。管链输送机分为水平管链输送机和垂直管链输送机，如图 4－14 所示。

（a）水平管链输送机　（b）垂直管链输送机

图 4－14　管链输送机

（三）辊子输送机

辊子输送机是由一系列以一定间距排列的辊子组成的，用于输送成件物品或托盘货物的输送设备，如图 4－15 所示。

图 4－15　辊子输送机

辊子输送机与生产过程和装卸搬运系统能很好地衔接和配置，利用多种功能，组成流水作业，可并排组成大宽度的输送机，以运送大型成件物品。

（四）链条输送机

链条输送机有多种形式，使用最广的是最简单的链条输送机，由两根套筒辊子链条组成，如图 4－16 所示。链条由驱动链轮牵引，链条下面有导轨，支承着链节的套筒辊子。货物直接压在链条上，随着链条的运动而向前移动。

图 4-16　链条输送机及链条结构

另一种新颖的链条输送机是链板式垂直提升机，托住物品的是一串互相铰接的板条。提升机有两对链条，托板的第一根板条铰接在一对链条上，托板的最后一根板条铰接在另一对链条上。物品先在送货输送机上等待。如图 4-17 所示。

图 4-17　链板式垂直提升机

（五）螺旋输送机

螺旋输送机（俗称绞龙）是利用带有螺旋叶片的螺旋轴的旋转，使物料产生沿螺旋面的相对运动，物料受到料槽或输送管臂的摩擦力作用不与螺旋一起旋转，从而将物料沿轴向推进，实现物料输送的设备。其整体结构及内部结构由头节、中间节、尾节及驱动部分构成，如图 4-18 所示。

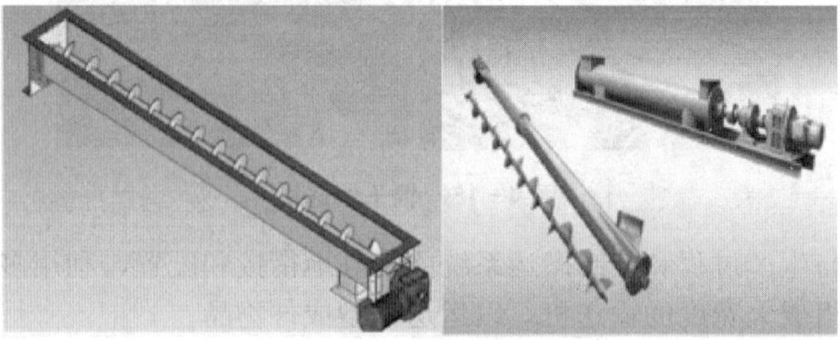

图 4-18　螺旋输送机

螺旋输送机分为固定式和移动式两种。固定式输送机一般属慢速输送机，可以进行距离不太远的水平输送或低倾角的输送，通常用于车间内。移动式输送机一般属于快速输送机，可以完成高倾角和垂直输送，通常用于物料出库、装卸、灌包等作业。

三、连续输送设备的选型与管理

正确配置和选择输送设备，加强设备管理，是充分发挥设备效能、完成输送任务的根本保证。

（一）选型

选用输送设备常按以下原则进行：

（1）根据被输送物料的性质选用。物料粒状大小、表面状态、容重、散落性、外摩擦系数、破碎性等特性，影响着输送设备的选用。

（2）根据被输送物料的输送量大小选用，通常输送速度大则物料的输送量大。

（3）根据物料的输送距离和方向选用。

（4）根据物料在输送中的工艺流程选用。

（5）根据安装场地选用。

（二）管理

对于输送设备的管理要注意以下几点：

（1）要突出输送设备选型、操作和维护。

（2）选型时，应认真进行调研和考察，确定备选方案，然后进行技术与经济评估，做出科学的购买决策。

（3）要严格执行输送设备操作规程，加强对有关人员的培训，并在使用中按要求检查，发现问题应马上解决。

（4）要科学保养，保证输送设备始终处于良好技术状态，使输送设备达到最佳输送效果。

正确选用输送设备，须综合考虑各方面因素，权衡利益得失，进行综合分析比较，选择经济合理的优质输送设备。

任务四　叉车设备与技术

一、叉车的概念和特点

（一）叉车的概念

叉车（Forklift Truck），又称铲车，是指对成件托盘货物进行装卸、堆垛和短距离运输作业的各种轮式搬运车辆。它以货叉作为主要的取货装置，是物流领域装卸搬运设备中应用最广泛的一种设备。

叉车的前部装置装有标准货叉，可以自由地插入托盘取货和放货，依靠液压起升机构升降货物，由轮胎式行驶系统实现货物的水平搬运。

（二）叉车的特点

（1）有很强的通用性。在物流的各个领域都有所应用，如仓库、车站、码头和港口都要应用叉车进行作业。

（2）具有装卸和搬运的双重功能。实际上，叉车是装卸和搬运一体化的设备，它将装卸和搬运两种作业合二为一，提升作业的效率。

（3）有很强的灵活性。叉车底盘与汽车相比较，它的轮距较小，这样叉车的转弯半径就很小，作业时灵活性增强。在许多机具难以使用的领域都可以采用叉车。

二、叉车的分类

（一）按照所使用的动力分类

叉车按其所使用的动力不同可分为汽油叉车、柴油叉车、蓄电池叉车和液态燃料叉车，如图 4－19 所示。

（a）汽油叉车　（b）柴油叉车　（c）蓄电池叉车　（d）液态燃料叉车

图 4－19　按照所使用的动力分类的类型

（二）按照性能和功用分类

叉车按照性能和功用分类，有平衡重式叉车、插腿式叉车、侧面式叉车、前移式叉车、集装箱式叉车、拣选式（低位、高位）叉车和重型叉车八种，如图 4－20 所示。其中平衡重式叉车的应用最为广泛。

（a）平衡重式叉车（b）插腿式叉车（c）侧面式叉车（d）前移式叉车

（e）集装箱式叉车（f）高位拣选式叉车（g）低位拣选式叉车（h）重型叉车

图 4－20　按照性能和功用分类的类型

（三）按照车型分类

叉车按照车型分类，通常可以分为三大类：内燃叉车、电动叉车和仓储叉车。

1. 内燃叉车

以汽油、柴油内燃为动力，又分为普通内燃叉车、重型叉车、集装箱叉车和侧面叉车，如图 4－21 所示。

(a) 普通内燃叉车　(b) 重型叉车　(c) 集装箱叉车　(d) 侧面叉车

图 4－21　内燃叉车类型

(1) 普通内燃叉车。一般采用柴油、汽油、液化石油气或天然气发动机作为动力，载荷能力 1.2～8.0 吨，作业通道宽度一般为 3.5～5.0 米，考虑到尾气排放和噪声问题，通常用在室外、车间或其他对尾气排放和噪声没有特殊要求的场所。

(2) 重型叉车。采用柴油发动机作为动力，承载能力 10.0～52.0 吨，一般用于货物较重的码头、钢铁等行业的户外作业。

(3) 集装箱叉车。采用柴油发动机作为动力，承载能力 8.0～45.0 吨，一般分为空箱堆高机、重箱堆高机和集装箱正面吊。应用于集装箱搬运，如集装箱堆场或港口码头作业。

(4) 侧面叉车。采用柴油发动机作为动力，承载能力 3.0～6.0 吨。在不转弯的情况下，具有直接从侧面叉取货物的能力，因此主要用来叉取长条形的货物，如木条、钢筋等。

2. 电动叉车

以电动机为动力、蓄电池为能源，承载能力 1.0～8.0 吨，作业通道宽度一般为 3.5～5.0 米，如图 4－22 所示。

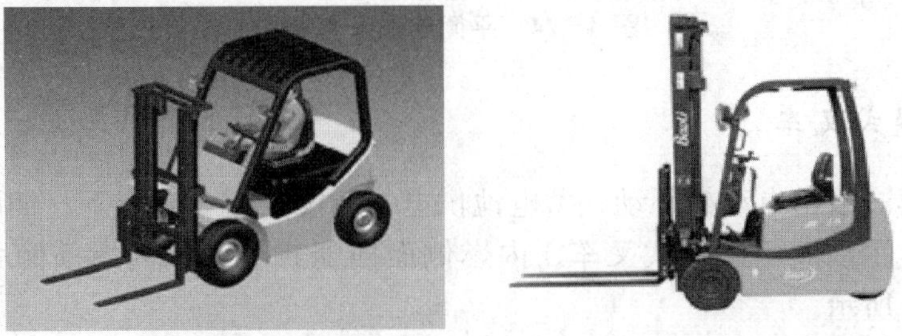

(a) 四轮电动叉车　(b) 三轮电动叉车

图 4－22　电动叉车类型

电动叉车由于没有污染、噪声小，因此广泛应用于室内操作和其他对环境要求较高的工况，如医药、食品等行业。随着人们对环境保护的重视，电动叉车正在逐步取代内燃叉车。由于每组电池一般在工作约 8 小时后需要充电，因此对于多班制的工况需要配备备用电池。

3. 仓储叉车

仓储叉车主要是为仓库内货物搬运而设计的叉车，如图 4－23 所示。

(a) 高位三向堆垛仓储叉车　　(b) 低位托盘仓储叉车

图 4－23　仓储叉车类型

除了少数仓储叉车（如手动托盘叉车）是采用人力驱动的，其他都是以电动机驱动的，因其车体紧凑、移动灵活、自重轻和环保性能好而在仓储业得到普遍应用。在多班作业时，电机驱动的仓储叉车需要有备用电池。

三、常见叉车的结构及工作特点

（一）平衡重式叉车

平衡重式叉车是叉车中应用最广泛的一种形式，约占叉车总数的 80%以上，其特点是工作前轮为驱动轮，后轮为转向轮。平衡重式叉车的外形如图 4－24 所示。平衡重式叉车主要由门架、货叉、起升油缸和倾斜油缸等组成。

图 4－24　平衡重式叉车结构

（二）插腿式叉车

插腿式叉车一般由电动机驱动、蓄电池供电，起重量在 2 吨以下。插腿式叉车分为电动插腿式叉车、手动液压插腿式叉车、内燃侧面插腿式叉车和内燃前倾式插腿式叉车四类，如图 4－25 所示。

(a) 电动插腿式叉车 (b) 手动液压插腿式叉车 (c) 内燃侧面插腿式叉车　(d) 内燃前倾式插腿式叉车

图 4－25　插腿式叉车类型

（三）侧面式叉车

侧面式叉车的门架、起升机构和货叉位于叉车的中部，可以沿着横向导轨移动，如图 4－26 所示。货叉在车体一侧。车体进入通道，货叉面向货架或货垛，装卸时不必先转弯再作业。因此这种叉车适合于窄通道作业，且有利于条形长尺寸物品的装卸和搬运。

图 4－26　侧面式叉车

（四）前移式叉车

前移式叉车与插腿式叉车一样，都是货物的重心落到车辆的支撑平面内，因此稳定性很好。设备外形如图 4－27 所示。前移式叉车有两条前伸的支腿，与插腿式叉车比较，前轮较大，支腿较高，作业时支腿不能插入货物的底部。前移式叉车一般由蓄电池作动力，起重量在 3 吨以下。

（五）集装箱式叉车

集装箱式叉车作为港口码头堆场常用的专用装卸机械，主要用于空集装箱堆垛作业，外形如图 4－28 所示。

图 4－27　前移式叉车

图 4－28　集装箱式叉车

（六）拣选式叉车

拣选叉车按照拣选货物的高度可分为：低货位拣选式叉车，2.5 米内，承载能力 2.0～2.5 吨；中高货位拣选式叉车，最高可达 10 米，承载能力 1.0～1.2 吨（中高位，带驾驶室提升）。如图 4－29 所示。

低货位拣选式叉车通常配备一个三向堆垛头，操作者可乘立在上下车便利的平台上，如图 4－29（a）所示。

高货位拣选式叉车的主要作用是高位拣货。操作台上的操作者可与装卸装置一起上下运动，并拣选存储在两侧货架内的货物，如图 4－29（b）所示。高位拣选叉车也配有一个三向堆垛头，通道宽度 1.5～2.0 米，提升高度可达 14.5 米。

四、叉车的选用

根据叉车的功用不同，选择某一种类型的叉车。

（1）平衡重式叉车。动力较大，底盘较高，具有较强的地面适应能力和爬坡能力，适

(a) 低货位拣选式叉车

(b) 高货位拣选式叉车

图 4-29　拣选式叉车

用于室外作业。

(2) 插腿式叉车。起重小、车速低、结构简单、外形小巧，适用于通道窄的仓库内作业。

(3) 侧面式叉车。适合于窄通道作业。

(4) 前移式叉车。具有操作灵活和高荷载的优点，同时体积和自重不会增加很多，可以节省空间，适用于通道较窄的室内仓库作业。

(5) 集装箱式叉车。搬运重量大，专门用于集装箱的装卸和搬运。

(6) 高货位拣选式叉车。主要作用是高位拣货，适用于多品种少量出库的特选式高层货架仓库。

不同类型的叉车具有不同的功用，适用于不同的场合。应根据仓库的实际情况，选择适用的叉车类型，实现资源的合理优化配置，提高利用率。

任务五　搬运车辆与技术

一、搬运车辆的概念和功能

(一) 搬运车辆的概念

搬运车辆是指依靠本身的运行和装卸机构的功能，实现货物的水平搬运和短距离运输、装卸的各种车辆。搬运车辆作业的目的是改变货物的存放状态和空间位置。

(二) 搬运车辆的功能

搬运车辆主要对成件货物或托盘货物进行装卸、堆垛、牵引或推顶，以及短距离运输作业，还可用于非铁路干线的搬运。搬运车辆机动性好，适应性强，已经广泛应用于港口、车站、机场、货场、工厂车间、仓库、流通中心和配送中心等场所。

二、搬运车辆的分类

（一）按照所采用的动力装置分类

搬运车辆是应用广泛的物料搬运机械，按照所采用的动力装置不同，一般分为人力和机动搬运车辆两种，具体包括手推车、牵引车和拖车、起升车辆、电动搬运车、内燃搬运车和无人驾驶搬运车等类型。

（二）按照作业方式分类

搬运车辆按照作业方式不同可分为牵引车、固定平台搬运车和起升车辆三大类。具体分类如图 4－30 所示。

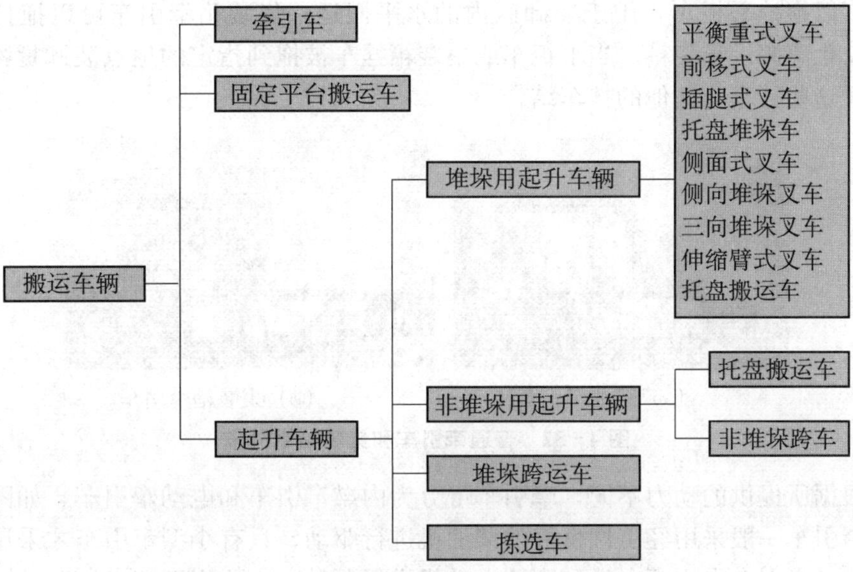

图 4－30　搬运车辆按照作业方式分类的类型

三、常见机动搬运车辆

（一）牵引车

1. 牵引车的概念

牵引车是指具有牵引装置，专门用于牵引载货挂车进行水平搬运的车辆。牵引车没有取物装置和载货平台，不能装卸货物，也不能单独搬运货物。

牵引车采用电动机驱动，利用其牵引能力（2.0～8.0 吨），后面拉动几个装载货物的小车，具有牵引一组无动力台车的能力。

2. 牵引车的分类

（1）根据作业场所的不同，牵引车可分为室内牵引车和室外牵引车，如图 4－31 所示。室内牵引车操作平台离地较低，实心车轮直径较小，适用于室内平坦路面；室外牵引车为充气轮胎，直径较大，可在室外不平的路面上行驶。

(a) 室内牵引车　　(b) 室外牵引车

图 4-31　室内牵引车和室外牵引车

(2) 根据动力大小，牵引车可分为普通牵引车和集装箱牵引车，如图 4-32 所示。普通牵引车可以拖挂平板车，用于装卸区内的水平搬运；集装箱牵引车可以拖挂集装箱挂车，用于长距离搬运集装箱。当平板车或集装箱挂车被拖到指定的地点装卸货物后，牵引车就会脱开这些挂车与其他的挂车结合。

(a) 普通牵引车　　(b) 集装箱牵引车

图 4-32　普通牵引车和集装箱牵引车

(3) 根据所提供的动力不同，牵引车可分为内燃牵引车和电动牵引车，如图 4-33 所示。内燃牵引车一般采用经济性良好的柴油机进行驱动，只有小型牵引车才采用汽油机进行驱动。电动牵引车采用蓄电池和直流电动机进行驱动，主要用于室内的牵引作业。

(a) 内燃牵引车　　(b) 电动牵引车

图 4-33　内燃牵引车和电动牵引车

(二) 固定平台搬运车

固定平台搬运车是具有较大承载物料平台的搬运车。固定平台搬运车根据动力不同可分为内燃型和电瓶型，如图 4-34 所示。固定平台搬运车采用电机平行布置的两级减速后轮驱动技术以及严谨、科学的人机工程设计，有效地保证了整机的可靠性、稳定性和作业效率。

(a) 内燃型　　(b) 电瓶型

图 4－34　内燃型与电瓶型固定平台搬运车

（三）集装箱跨运车

集装箱跨运车是用于集装箱码头前沿和库场之间短途水平搬运和堆码集装箱的专用机械。集装箱跨运车按基本结构形式可分为三类。

（1）无平台的跨运和装卸共用结构的集装箱跨运车，如图 4－35（a）所示。

（2）有平台的跨运和装卸共用结构的集装箱跨运车，如图 4－35（b）所示。

（3）有平台的跨运和装卸专用结构的集装箱跨运车，如图 4－35（c）所示。

(a) 无平台的跨运和装卸共用结构的集装箱跨运车

(b) 有平台的跨运和装卸共用结构的集装箱跨运车

(c) 有平台的跨运和装卸专用结构的集装箱跨运车

图 4－35　集装箱跨运车

（四）人力搬运车

人力搬运车是一种以人力为主，在路面上从事水平运输的搬运车。这是最古老但至今仍应用最广泛的搬运设备之一。它具有轻巧灵活、易操作、回转半径小、价格低等优点，广泛使用于车间、仓库、站台、货场等处，是最常见的搬运方式。主要包括以下五种。

1. 二轮杠杆式手推车

二轮杠杆式手推车是最古老、最实用的人力搬运车，如图 4－36 所示。它轻巧、灵活、转向方便，但因靠体力装卸、保持平衡和移动，所以仅适合装载较轻、搬运距离较短的场合。

图 4－36　二轮杠杆式手推车

2. 手推台车

手推台车是一种以人力为主的搬运车，如图 4－37 所示。它轻巧灵活、易操作、回转半径小，广泛应用于车间、仓库、超市、办公室等，一般每次搬运量为 5～500 千克，水平移动距离为 30 米以下，搬运速度为 30 米/分以下。

3. 手动托盘搬运车

手动托盘搬运车在使用时将其承载的货叉插入托盘孔内，由人力驱动液压系统来实现托盘货物的起升和下降，并由人力拉动完成搬运作业，它是托盘运输中最简便、最有效、最常见的装卸、搬运工具，如图 4－38 所示。

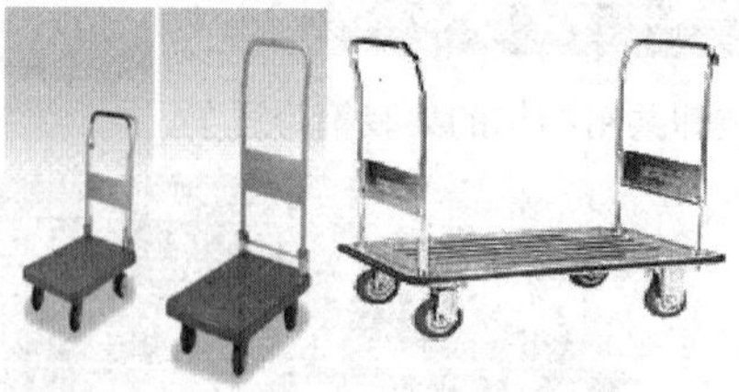

图 4－37　手推台车

图 4－38　手动托盘搬运车

4. 手推液压堆高车

手推液压堆高车是利用人力推拉运行的简易式插腿式叉车，其起升机构有手摇机械式、手动液压式和电动液压式三种，如图 4－39 所示。适用于工厂车间、仓库内效率要求不高，但需要有一定堆垛、装卸高度的场合。

(a) 手摇机械式　　(b) 手动液压式　　(c) 电动液压式

图 4-39　手推液压堆高车

5. 手动液压升降平台车

手动液压升降平台车是采用手压或脚踏为动力，通过液压驱动使载重平台做升降运动的手推平台车，可调整货物作业时的高度差，减轻操作人员的劳动强度，如图 4-40 所示。

图 4-40　手动液压升降平台车

四、搬运车的选择

搬运车常用于物流、堆栈、车间、宿舍、机场等。根据其用于提升、定位、装配、堆叠、卸垛、运输的场所的功能，货品在搬运时可分为水平搬运和垂直搬运。但是很多时候，搬运车的选择会根据工作环境来慎重考虑，这就需要工作人员进行正确的选择，下面就手动搬运车不同的产品类型进行简单介绍。

（一）手动液压搬运车

手动液压搬运车依靠液压动力源提供动力来进行货物搬运，液压装置体积较小，而且操作简单，使用更加灵活方便。一般适用于机场、车站或者小型加工厂。

（二）手动托盘搬运车

手动托盘搬运车采用人力驱动液压系统来实现货物托运，在工作时只需掌握控制开关，将货叉插入托盘孔内，并由人力拉动完成搬运作业。在升降过程中要注意平衡性与稳定性。

（三）手动电子秤搬运车

这种搬运车具有前两者共有的优势，只不过电子系统具有承载预警功能，在货物托运上有严格要求，对此需要注意操作安全。

手动搬运车性能优势极佳，可以满足小型货物托运要求，更加适用于生活领域，同时在选择的时候要善于根据环境要求来选择适宜的搬运车，这样才能为生产带来实际帮助。

学习能力测试

学习测试 1：名词解释

装卸　搬运　集装单元化

学习测试 2：填空

1. 搬运是在同一场所内（通常是指在某一个物流节点，如仓库、车站或码头等），对物品进行以＿＿＿＿＿＿为主的物流作业。

2. 装卸搬运技术很多，目前的装卸搬运技术主要表现在＿＿＿＿＿＿技术上。

学习测试 3：单项选择

1. 物流过程中，运输、仓储、包装和装卸搬运各环境的改善，不能仅从单方面考虑，应将各环节作为一个系统来看待，考虑综合效益。在物料搬运中体现了（　　）。

A. 集装化原则　　B. 系统化原则

C. 提高搬运灵活性原则　　D. 无效搬运原则

2. 以下四个选项中，（　　）是既属于搬运的原则，又属于搬运的目标。

A. 利用重力的影响和作用　　B. 提高搬运灵活性

C. 消除无效搬运　　D. 人身和财产安全

3. 在搬运过程中，要尽量做到（　　），力求避免入库货物在搬运途中的停顿和重复劳动，这对于准确计数、缩短卸车时间、加速货物入库都十分有利。

A. 数量准、批次清　　B. 分类搬运

C. 一次连续搬运到位　　D. 少量多次搬运

4. 用于垂直移动货物作业的车辆有（　　）。

A. 牵引车　　B. 平板车　　C. 搬运车　　D. 装卸叉车

5. 装卸搬运技术装备应用特点是：适应性强、设备能力强和（　　）。

A. 机动性较差　　B. 作业范围广泛　　C. 作业成本低　　D. 作业环境较差

学习测试 4：不定项选择

1. 装卸搬运合理化的主要目标是（　　）。

A. 节约时间　　B. 节约劳动力　　C. 作业自动化

D. 节约资金　　E. 降低装卸成本

2. 不合理的装卸搬运具体表现在（　　）几个方面。

A. 过多的装卸搬运次数　　B. 过大包装的装卸搬运

C. 过长的装卸搬运时间　　D. 无效物质的装卸搬运

E. 过多的人力投入装卸搬运

3. 下列不属于起重机主要性能指标的是（　　）。

A. 起重量　　B. 额定起重量　　C. 幅度　　D. 跨度

4. 用于垂直和水平移动货物作业的车辆有（　　）。

A. 牵引车　　B. 平板车　　C. 搬运车

D. 装卸叉车　　E. 手动托盘搬运车

5. 下列属于专用的高效率装卸搬运机有（　　）。

A. 吊车　　B. 电子小车　　C. 电动叉车

D. 夹抱车　　E. 手推台车

6. 下列属于臂架类起重机械的有（　　）。

A. 桅杆起重机　　B. 甲板起重机　　C. 门式起重机

D. 门座起重机　　E. 流动起重机

项目五 包装装备与技术

问题引入

一流的产品离不开一流的包装，茶叶作为一种特殊的饮品更是如此。茶叶是世界三大饮品之一，历来就受到人们的喜爱，它已与中国的传统文化元素连接在一起，茶叶的包装始终离不开中国的传统文化元素和精神。我国茶叶的包装已经从过去的散装纸包、塑料袋包、罐装发展到现在的高档精美礼品纸质盒（罐）装、铝箔精致小包装。

任务导读

- 包装装备与技术
  - 包装管理概述
    - 包装概述
    - 包装的分类及功能
    - 常用包装容器与器具
  - 常见的包装机械
    - 包装机械的分类、作用及特点
    - 各类包装机械
  - 常见的包装技术
    - 防湿、防水包装技术
    - 防霉包装技术
    - 防震包装技术
    - 危险品包装技术

学习目标

知识目标：

1. 了解国家标准中包装的概念、包装的形式，包装的分类及功能，常用包装容器与器具。

2. 了解灌装机械、封口机械、裹包机械、捆扎机械等几种机械的类型、结构及使用特点。

3. 掌握防霉包装技术的包装材料、包装技术要求和包装方法。

4. 掌握防震包装材料及防震包装方法。

能力目标：

1. 能够根据物品的商业目的，选择合适的包装容器，使用合适的包装材料，采用合适的包装机械。

2. 能够根据包装机械的功能特点，在实际使用过程中选择合适的包装机械，从而提高产品销售的竞争力，使企业获得较好的经济效益。

3. 能够随着科学技术的进步、市场的需求以及新型包装材料的不断出现而逐渐形成和发展相关技能，熟练使用常用的包装技术。

案例导入

包装容器之王

20 世纪 30 年代，罐装啤酒在美国被成功研发并生产。那时的啤酒罐是由马口铁制成的三片罐——罐身、顶盖和底罐三片马口铁材料。目前我们常用的由铝制材料制作而成的二片罐——只有罐身片材和罐盖片的深冲拉罐诞生于 20 世纪 60 年代初。

随着科学技术的发展，易拉罐被广泛运用于各类商品包装中，啤酒、饮料、罐头目前大多以易拉罐进行包装。据悉，全世界每年生产的铝制易拉罐已经超过 2 000 亿个。目前，易拉罐已经成为市场上应用范围最广、消费者接触使用最多、最频繁的包装容器，是名副其实的包装容器之王。易拉罐消费量的快速增长，使得制造易拉罐的铝材消耗量也大幅增长，目前制作易拉罐的铝材已经占世界各类铝材总用量的 15%。

随着易拉罐使用量的增加，世界各国为了节省资源和降低包装成本，纷纷研发更轻、更薄的新型易拉罐。铝制易拉罐也从最开始的每 1 000 罐 25 千克，缩减到 20 世纪 70 年代中期的 20 千克。现在每 1 000 罐的重量只有 15 千克，比 20 世纪 60 年代的平均重量减轻了大约 40%。

除了推出更轻、更薄的铝制易拉罐以外，目前各国对易拉罐的回收利用率也在不断提高。早在 20 世纪 80 年代，美国铝制易拉罐的回收利用率就已经超过了 50%，在 2000 年时达到了 62.1%。日本的回收利用率更高，目前已超过 83%。

? 问题与思考

1. 易拉罐为什么被称为包装容器之王？
2. 易拉罐技术发展的驱动力是什么？

知识探究

产品是企业实现各种利益的载体，产品包装是代表企业与消费者接触最多、成本最低的一种媒介，传递着品牌与产品的价值。

任务一 包装管理概述

一、包装概述

（一）包装的概念

包装，在中华人民共和国国家标准包装通用术语（GB/T 4122.1—2008）中的定义为："为在流通过程中保护产品、方便储运、促进销售、按一定技术方法而采用的容器、材料及辅助物等的总体名称。也指为了达到上述目的而采用容器、材料和辅助物的过程中施加一定技术方法等的操作活动。"这说明在流通和消费过程中，包装对保护产品、方便储运、促进销售、保证产品在实现价值和使用价值方面起着非常重要的作用。

（二）包装的形式

包装主要包括包装生产和配送中心的包装。值得说明的是，这两种包装形式除了运用的场合不同以外，在设备类型等方面并没有严格的区分。常见的包装形式如下。

1. 防潮包装

防潮包装是采用具有一定隔绝水蒸气能力的材料对物品进行包封，隔绝外界潮气对产品的影响，或在包装容器内加干燥剂，以吸收包装内残留潮气和由外界透入的潮气的包装。

2. 防水包装

防水包装是为防止因水浸入包装容器而导致内容物发生质变、损坏而采取了一定防护措施的包装。

3. 防锈包装

防锈包装是为防止包装内金属物品的锈蚀损坏而采取了一定防护措施的包装。

4. 防霉包装

防霉包装是为防止包装内有机物物品在受真菌作用时发生霉变和腐败，使物品质量受到损害而采取了一定防护措施的包装。

5. 防尘包装

防尘包装也称密封包装，是为防止粉尘进入包装容器内影响产品质量的一种包装。

6. 收缩包装

收缩包装是用热收缩薄膜裹包物品或包装件，然后加热使薄膜收缩，从而包紧物品或包装件的一种包装。

7. 拉伸包装

拉伸包装是用弹性薄膜在拉伸时缠绕裹包物品，当外力撤销，薄膜自身的回弹力即可包紧物品的一种包装。

8. 充气包装

充气包装是将物品装入完全密闭的包装容器，再用氮、二氧化碳等气体置换容器中原有空气的一种包装。

9. 真空包装

真空包装是将物品装入气密性包装容器，在密封之前抽真空，使密封后的容器达到预定真空度的一种包装。

10. 透气包装

透气包装是具有空气在环境发生变化（如温度变化）时能够出入包装容器功能的一种包装。

11. 防震包装

防震包装又称缓冲包装，是指为减缓内容物受到的冲击和震动，保护其免受损坏而采取了一定防护措施的包装。

12. 防盗包装

防盗包装是为防止内容物被盗窃而设计的包装，在启封后会留下不可复原的痕迹。

13. 贴体包装

贴体包装是将物品置于能透气的、用纸板或塑料薄膜制成的底板上，上面覆盖加热软化的塑料薄片，通过底板抽真空，使薄片紧密地包贴物品，其四周封合在底板上的一种包装。

14. 泡罩包装

泡罩包装是将物品封合在用透明塑料薄片形成的泡罩与复合材料制成的底板之间的一种包装。

15. 无菌包装

无菌包装是对接触物品的包装材料、容器进行无菌处理，并在无菌环境中进行的物品包装。

16. 现场发泡包装

现场发泡包装是将能够立即发泡的塑料注入容器内的空隙处，从而将空隙处填满泡沫塑料，使内容物得到固定的一种包装。

17. 防虫包装

防虫包装是在包装材料或包装容器中加入杀虫剂，以保护内容物免受虫害的一种包装。

18. 冷冻包装

冷冻包装是使冷冻内装物在冷冻、运输、贮存过程中不受损失，不干、不变味的一种包装。

19. 保鲜包装

保鲜包装是使新鲜水果、蔬菜在一定时间和条件下能保持原有产品色、香、味的一种包装。

20. 隔热包装

隔热包装是为减少储运过程中被包装物品与外界环境的热交换而采取了防护措施的包装。

二、包装的分类及功能

（一）商业包装和运输包装

包装一般可分为商业包装和运输包装。

（1）商业包装是指以促进销售为主要目的的包装（见图 5-1）。在流通过程中，商品越接近顾客，越要求包装有促进销售的功能。

（2）运输包装是指以强化输送、保护产品为目的的包装（见图 5-2）。运输包装要在满足物流要求的基础上使包装费用越低越好。

图 5-1　商业包装

图 5-2　运输包装

（二）逐个包装、内包装和外包装

根据形态分类，包装可分为逐个包装、内包装和外包装三种。

（1）逐个包装是指交到使用者手里的最小包装，即把物品全部或一部分装进袋子或其他容器里并予以密封的状态或技术。

（2）内部包装是指将逐个包装的物品归并为 1 个或 2 个以上的较大单位放进中间容器里的状态和技术，包括为保护里面的物品在容器里放入其他材料的状态和技术。

（3）外部包装是指从运输作业的角度考虑，为了加以保护并方便搬运，将物品放入箱子、袋子等容器里的状态和技术，包括缓冲、固定、防湿、防水等措施。

（三）工业包装和商业包装

按功能进行分类，包装可分为工业包装和商业包装。

（1）工业包装是以运输、保管为主要目的的包装，也就是从物流需要出发的包装，亦称运输包装，是一种外部包装（包含内部包装）。工业包装的功能如图 5-3 所示。

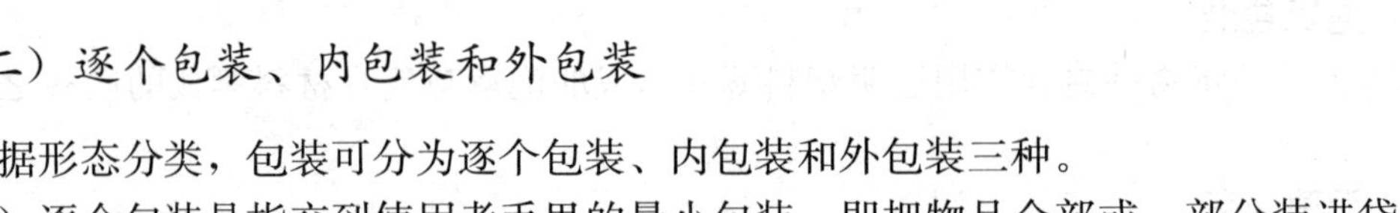

（a）保护功能　（b）定量功能　（c）便利功能　（d）效率功能

图 5-3　工业包装的功能

（2）商业包装也称零售包装（Retail Packaging）或消费性包装（Commercial Packing），主要是指根据零售业的需要，作为商品的一部分或为方便携带所作的包装，即所谓的逐个包装。

三、常用包装容器与器具

（一）包装桶

包装桶主要是钢桶、纤维桶、塑料储运桶三种，并以三者的相互组合来满足多种产品的流通要求。

1. 钢桶

钢桶广泛用于石油、油脂和化工产品的储运。常见的钢桶有顶封式（闭口）钢桶和顶开式（开口）钢桶，如图 5－4 所示。

（a）顶封式（闭口）钢桶　　（b）顶开式（开口）钢桶

图 5－4　常见的钢桶

钢桶的优点有：钢桶是用薄钢板制成的，强度高，刚性好，即使桶身凹陷也不会破裂，货物在储运中不会流失；钢板不透气、不透湿，适于包装储运挥发性强或对氧气、温度敏感的货物。

钢桶的缺点有：桶身自重大，造价高，且运输及回收空桶费用高；桶身易被腐蚀，并可与某些化工产品发生化学反应；钢桶开盖、卸料麻烦，有时需要使用专用工具；钢板导热性好，不宜包装对温度敏感的货物；钢板撞击易起火花，不宜包装易爆的货物。

2. 纤维桶

纤维桶是以植物纤维材料加工成纸张或纤维板作为坯料，进而制成人型桶状的包装容器。纤维桶有多种类型，具体如图 5－5 所示。

（a）纸板纤维桶　　（b）玻璃钢纤维桶　　（c）纤维缠绕桶

图 5－5　纤维桶的类型

纤维桶的优点有：桶身自重轻，且强度较好；成本低，资源丰富，制作工艺与设备简单；可用于某些级别较低的危险品包装，并且十分安全可靠；可烧毁，且对大气环境污染小。

纤维桶的缺点有：不宜在室外存放，怕水浸、雨淋；不宜横卧堆垛，更不能滚动与摔碰；密封性差，不宜用于高活性货物的包装；储运液态货物的包装成本高，且不大安全。

3. 塑料储运桶

塑料储运桶是20世纪70年代出现的一种大型刚性塑料包装容器，如图5-6所示。

图5-6 塑料储运桶

塑料储运桶的优点有：可储运液体、固体的化工产品、食品、药品及危险品；自重与纤维桶差不多，但比钢桶轻；不会凹陷，一般不会被腐蚀，比钢桶可多用1～5次；可防潮、防水，可回收再加工。

塑料储运桶的缺点有：存在渗透性，使用后难以清洗干净，回收复用桶不能再包装食品。

（二）包装袋

包装袋是一端开口的、可折叠的挠性包装容器，多用于盛装块、粒、粉状商品。

1. 纸质储运袋

纸质储运袋又称重包装纸袋、牛皮纸袋，主要用于水泥、化肥、农药、沥青等商品的包装。

2. 塑料薄膜重包装袋

塑料薄膜重包装袋是指作为运输包装的大型塑料薄膜袋。

3. 塑料编织袋

塑料编织袋是以塑料扁带为原料，在专用编织机上织成袋坯，再经缝合而制成的袋状包装容器。扁带是将结晶型塑料薄膜切成细窄条并经热拉伸后得到的。

（三）木箱

用于包装产品的木箱可分为以下两类：一类主要是用于集装轻小产品的木箱，如钉板箱、捆板箱等；另一类主要是用于包装单件大型机械设备的木箱，如底盘、框架木箱等。

（四）瓦楞纸箱

瓦楞纸箱是用瓦楞纸板制成的刚性纸质包装容器，如图5-7所示。

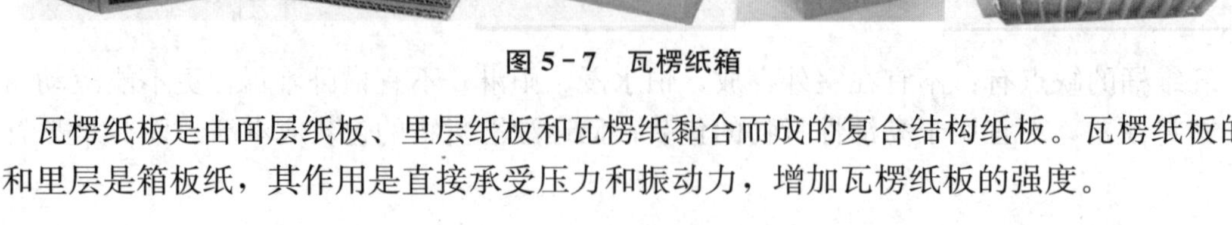

图5-7 瓦楞纸箱

瓦楞纸板是由面层纸板、里层纸板和瓦楞纸黏合而成的复合结构纸板。瓦楞纸板的面层和里层是箱板纸，其作用是直接承受压力和振动力，增加瓦楞纸板的强度。

任务二　常见的包装机械

一、包装机械的分类、作用及特点

包装机械是指完成全部或部分包装过程的一类机器。包装过程包括充填、裹包、封口等主要包装工序以及与其相关的前后工序，例如：清洗、干燥、杀菌、计量、成型、标记、紧固、多件集合、组装、拆卸及其他辅助工序。

（一）包装机械的分类

（1）根据自动化程度划分，包装机械可分为全自动包装机和半自动包装机。

（2）根据包装产品类型划分，包装机械可分为专用包装机、多用包装机和通用包装机。

（3）根据包装机械的功能划分，包装机械可分为充填机械、灌装机械、封口机械、裹包机械、清洗装备、干燥装备、杀菌装备、贴标机械、集装和拆卸装备、辅助包装设备、多功能包装机械等。

（二）包装机械的作用

现代工业生产主要包括以下三大基本环节：原料处理、中间加工和产品包装。包装机械是包装过程实现机械化、自动化的根本保证，因此包装机械在现代工业中起着相当重要的作用。具体如下：

（1）能够大幅度地提高生产效率。

（2）降低劳动强度，改善劳动条件。

（3）保护环境，节约原材料，降低产品成本。

（4）有利于被包装产品的卫生，提高产品包装质量，增强市场竞争力。

（5）延长产品的保质期，有利于产品的流通。

（6）可减少包装场地面积，节约基建投资。

（三）包装机械的特点

包装机械的主要特点如下：

（1）大多数包装机械结构复杂，运动速度快，动作精度高。

（2）用于食品和药品的包装机械要便于清洗，与食品和药品接触的部位要用不锈钢或经化学处理的无毒材料制成。

（3）进行包装时的作用力一般都较小，所以包装机械的电动机功率较小。

（4）包装机械一般都采用无级变速装置，以便灵活调整包装速度，调节包装机械的生产能力。

（5）包装机械是特殊类型的专业机械，种类繁多，生产数量有限。

二、各类包装机械

（一）计量充填机械

计量充填机械是指将待包装的物料按所需的精确量（质量、容量、数量）充填到包装容器内的机械。根据所采用的计量原理的不同，计量充填机械可分为容积式充填机、称重式充填机、计数式充填机三种类型。计量充填机械的分类及各自的工作原理、特点如表 5-1所示。

表 5-1　计量充填机械的分类、工作原理及特点

类别	工作原理	特点
容积式充填机	将产品按预定容量充填到包装容器中	结构简单，体积较小，计量速度高，计量精度低
称重式充填机	将产品按预定重量充填到包装容器中	结构复杂，体积较大，计量速度低，计量精度高
计数式充填机	将产品按预定数量充填到包装容器中	结构较复杂，计量速度较快

1. 容积式充填机

将产品按预定的容量填充至包装容器内的充填机称作容积式充填机。容积式充填机适合于干料或稠状流体物料的充填。它的特点是结构简单，计量速度快，造价低，但计量精度较低。因此，它适用于价格比较便宜的物品的包装作业。

2. 称重式充填机

称重式充填机又可分为单秤斗称量充填机、无秤斗称量充填机、多秤斗称量充填机、多称斗电子组合式称量充填机和连续式称量充填机五类。

（1）单秤斗称量充填机。单秤斗称量充填机工作时只有一个进料斗输入，如图 5-8所示。

（2）无秤斗称量充填机。无秤斗称量充填机直接将包装容器作为秤斗，因而省去了开斗机构，如图 5-9 所示。其工作原理与单秤斗称量充填机相同。

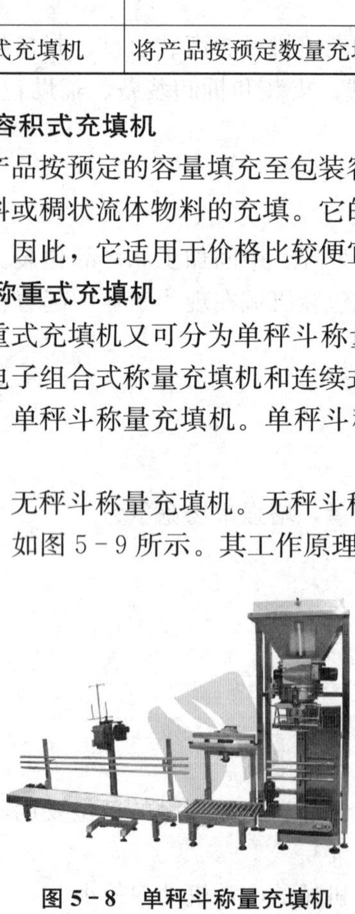

图 5-8　单秤斗称量充填机

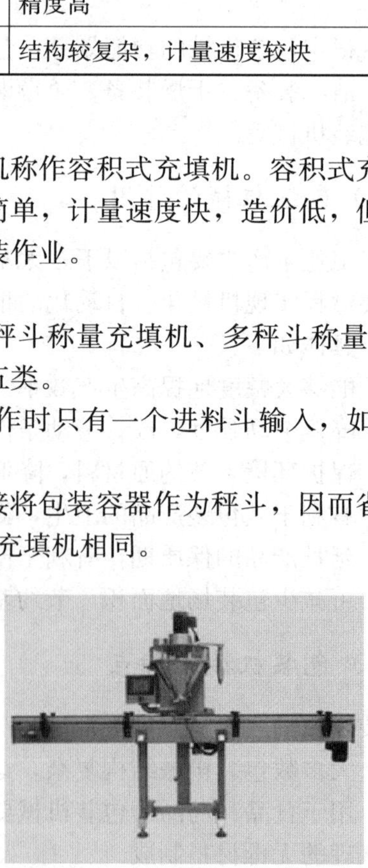

图 5-9　无秤斗称量充填机

（3）多秤斗称量充填机。多秤斗称量充填机一般由一个储料斗、多台供料器、多套称量系统、多个秤斗、多套开斗机构、一个漏斗等构成，图 5－10 所示为双秤斗称量充填机。

（4）多称斗电子组合式称量充填机。多称斗电子组合式称量充填机又称电子组合秤，如图 5－11 所示。

图 5－10　双秤斗称量充填机

图 5－11　多称斗电子组合式称量充填机

（5）连续式称量充填机。连续式称量充填机一般由称量检测装置、电子调节系统、物料输送装置、等分截取装置等构成，如图 5－12 所示。

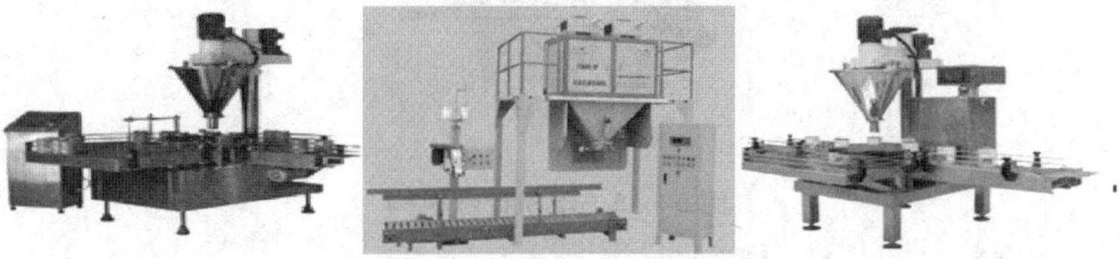

(a)　(b)　(c)

图 5－12　连续式称量充填机

3. 计数式充填机

计数定量的方法分为两大类：第一类是被包装物品具有一定规则的整齐排列，其中包括预先就具有规则而整齐的排列和经过整理的排列，然后再对这些排列进行计数；第二类是从混乱的被包装物品的集合体中直接取出一定个数。

（1）被包装物品呈有规则排列的计数机构有长度计数机构、容积计数机构和堆积计数机构。

长度计数机构如图 5－13 所示。

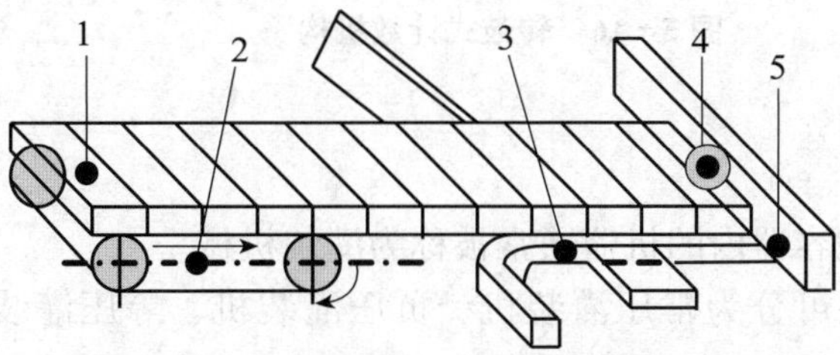

1—输送带　2—被包装物　3—横向推板　4—微动开关　5—挡板

图 5－13　长度计数机构示意图

容积计数机构如图 5－14 所示。

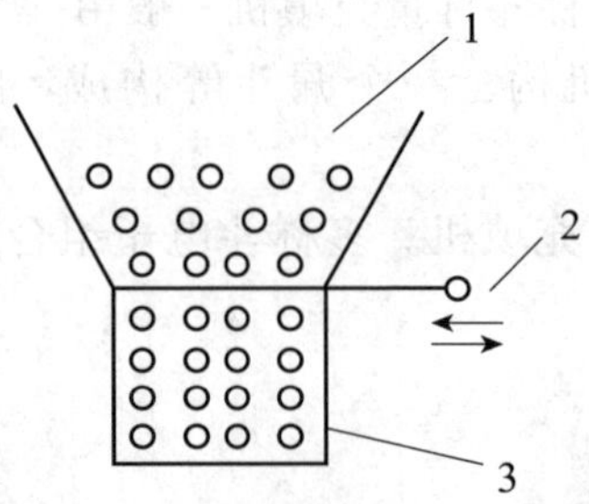

1—料斗　2—闸门　3—定容箱

图 5-14　容积计数机构示意图

堆积计数机构见图 5-15。包装时，计量托体与上下推头协同动作，完成取量及包装工作。

图 5-15　堆积计数机构

(2) 被包装物品呈杂乱形状的计数机构。

这类机构主要用于颗粒状、块状物品的计数，常用的有转盘式计数机构、转鼓式计数机构（见图 5-16)、推板式计数机构等。

图 5-16　转鼓式计数机构

（二）灌装机械

将液体产品充填到包装容器内的机器通常被称为灌装机械。

灌装机械根据灌装方法可分为常压灌装机、负压灌装机、等压灌装机和压力灌装机四类。

根据不同的液体产品，灌装机械有以下三种灌装模式：

(1) 桶口上灌装。该模式适用于黏度较大，不易产生飞溅的液体的灌装，如图 5-17 (a) 所示。

（2）桶口内灌装。该模式适用于黏度较小、易产生飞溅和少量泡沫的液体的灌装，如图 5－17（b）所示。

（3）液面下灌装。该模式适用于会产生大量泡沫和有毒挥发气体的液体的灌装，如图 5－17（c）所示。

（a）桶口上灌装　　（b）桶口内灌装　　（c）液面下灌装

图 5－17　不同液体产品的灌装模式

根据不同的产品使用功能，灌装机械可分为液体灌装机、膏体灌装机、立式灌装机、手动灌装机、蠕动泵灌装机和颗粒浆状灌装机六类。

（1）液体灌装机。该类灌装机可根据工作的需要分为多头、防爆式、溢流式灌装系统，是医药、日化、食品、农药及特殊行业的理想灌装机械，如图 5－18 所示。

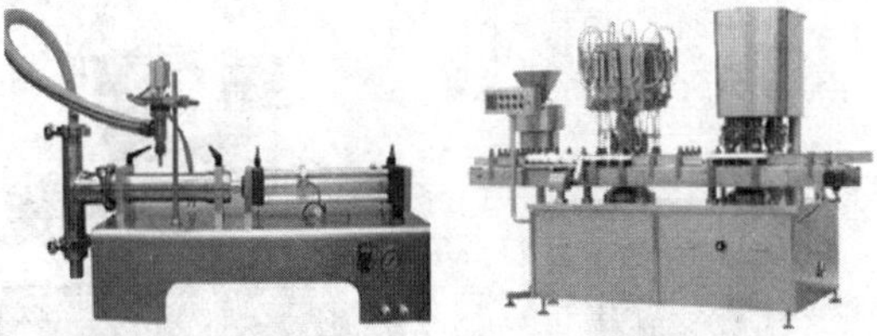

图 5－18　液体灌装机

（2）膏体灌装机。该类灌装机是针对中等黏度至高黏度的产品灌装需要而开发研制的，如图 5－19 所示。

图 5－19　膏体灌装机

（3）立式灌装机。该类灌装机出料时将膏体或液体通过出料单向阀压出，如图 5－20 所示。

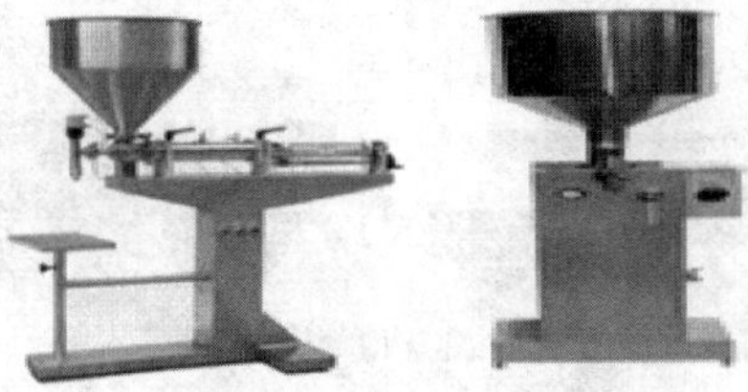

图 5－20　立式灌装机

(4) 手动灌装机。该类灌装机是耐用的膏液两用型灌装设备，如图 5-21 所示。

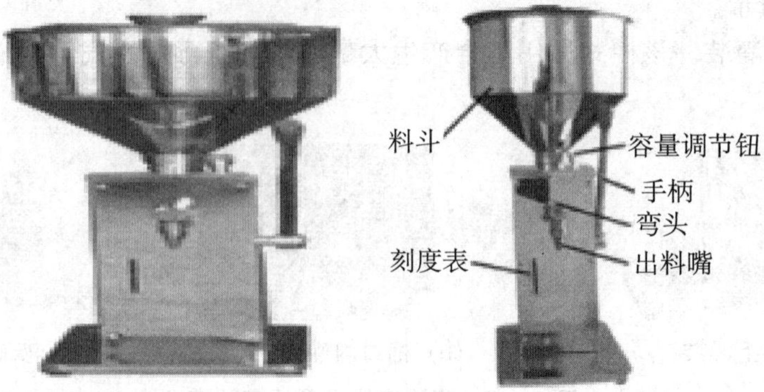

图 5-21 手动灌装机

(5) 蠕动泵灌装机。该类灌装机采用直流电机无级调速，动力强劲，可大流量输送，以实现灌装功能，如图 5-22 所示。

(6) 颗粒浆状灌装机。该类灌装机是在采用先进灌装机技术的基础上进行改造和创新设计的产品，其结构简单、精确度高、操作简便，如图 5-23 所示。

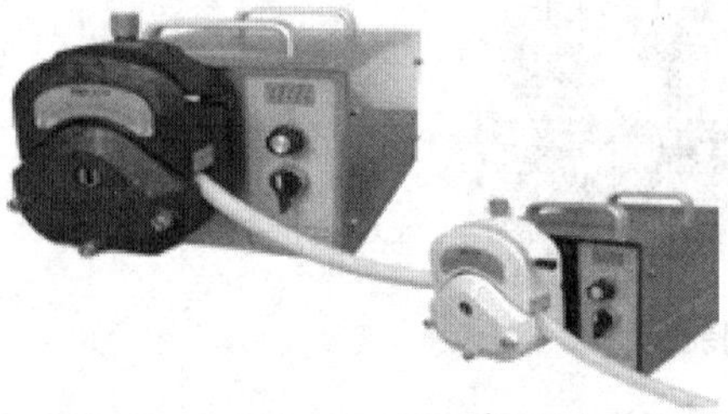

图 5-22 蠕动泵灌装机

图 5-23 颗粒浆状灌装机

(三) 封口机械

封口机械是指在包装容器内盛装产品后，对容器进行封口的机械。封口机械适合于用任意材料制成的包装容器的封口。

常见的封口机械有连续式塑料袋封口机、手持式铝箔封口机、手持式塑料封口机、塑料软管封口机和台式铝箔自动封口机等。

1. 连续式塑料袋封口机

该系列封口机采用电子恒温控制和无级调速传动系统，具有自动连续封口、印刷产品标签一次完成的功能，如图 5-24 所示。

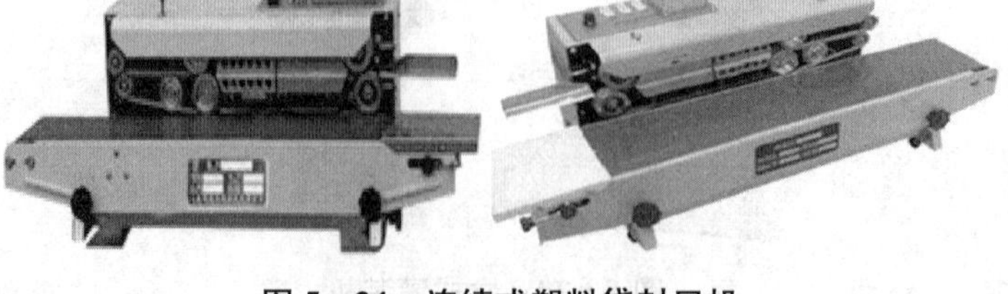

图 5-24 连续式塑料袋封口机

2. 手持式铝箔封口机

手持式铝箔封口机是利用电磁感应原理，使瓶口上的铝箔片瞬间产生高热，然后熔合在瓶口上，达到封口的功能，并具有良好的防潮、防霉、防伪作用，如图 5 - 25 所示。

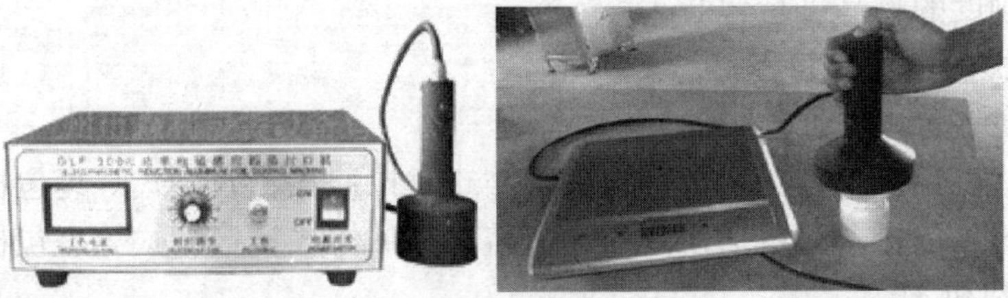

图 5 - 25　手持式铝箔封口机

3. 手持式塑料封口机

手持式塑料封口机主要用于以聚烯烃（如聚乙烯、聚丙烯等）为内层的复合薄膜材料封口和塑料袋封口，如图 5 - 26 所示。

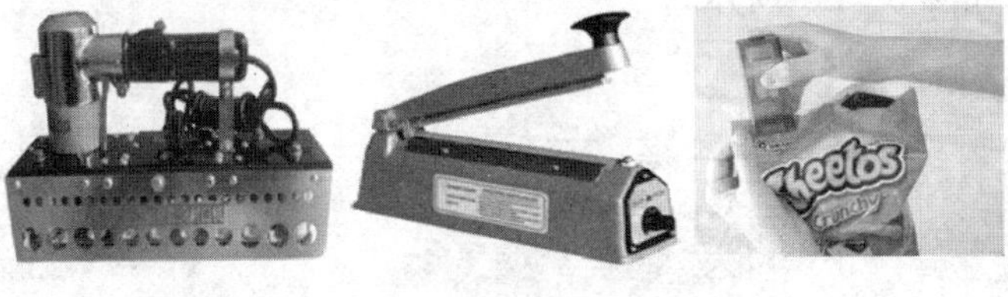

图 5 - 26　手持式塑料封口机

4. 塑料软管封口机

塑料软管封口机是利用加热技术及原理，通过给塑料软管的封口表面加热，将软管口两边通过高压熔合在一起，封口美观，如图 5 - 27 所示。

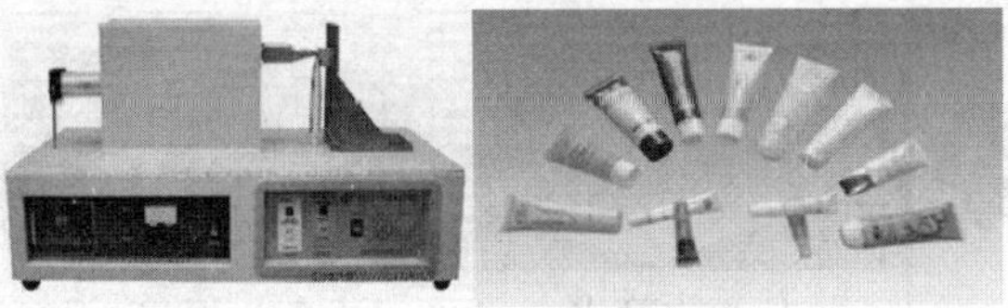

图 5 - 27　塑料软管封口机

5. 台式铝箔自动封口机

台式铝箔自动封口机的原理与手持式铝箔封口机的原理相同，其特点是：封口速度快，适合大批量产品生产；全不锈钢模具成型外壳美观大方；使用方便，封口质量好，可连续工作。台式铝箔自动封口机如图 5 - 28 所示。

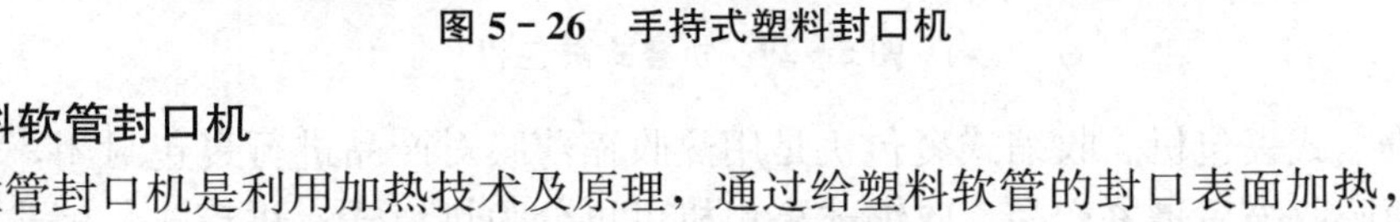

图 5 - 28　台式铝箔自动封口机

（四）裹包机械

裹包机械是指用挠性包装材料裹包产品局部或全部表面的机器。裹包机械适用于对块状且具有一定刚度的物品进行包装。

1. 裹包机械的分类及特点

裹包机械主要有以下种类：

（1）半裹式裹包机。它包括折叠式、收缩式、拉伸式、缠绕式等裹包机。

（2）全裹式裹包机。它包括扭结式、覆盖式、贴体式、接缝式等裹包机。

2. 常见裹包机

（1）折叠式裹包机。折叠式裹包机工作时，包装物堆放在加料器导槽中，供料推进器（链型）将最底部的包装物品（包件）推送出去，其余包件在自重的作用下填补到下一位置。被推出的包件在推进过程中与切下的包装材料相遇，在前方上下挡板的作用下，包装材料成右框形（［）包在包件的三个平面上，并一起被送入转塔的回转盒中，此时两端面的一角边被折叠。如图 5－29 所示。

图 5－29 折叠式裹包机

（2）收缩式裹包机。收缩式裹包机是用热收缩薄膜对产品进行裹包封闭，然后再进行加热，使薄膜收缩后裹紧产品。收缩式裹包机可再分为烘道式、烘箱式、柜式、枪式等类型，如图 5－30 所示。

（a）烘道式　（b）烘箱式　（c）柜式　（d）枪式

图 5－30 收缩式裹包机

（3）拉伸式裹包机。拉伸式裹包机是使用拉伸薄膜，在一定张力下对产品进行裹包，常用于需要把集积在托盘上的产品连同托盘或浅盘一起裹包的情形，如图 5－31 所示。

图 5－31 拉伸式裹包机

（4）缠绕式裹包机。缠绕式裹包机是用成卷的挠性包装材料对产品进行多圈缠绕裹包，如图 5－32 所示。

(a) 水平式　(b) 悬臂式　(c) 三角式　(d) 自走式　(e) 框式　(f) 折叠式

图 5-32　缠绕式裹包机

(五) 捆扎机械

捆扎机械即打包机械。捆扎通常是指直接将单个或数个包装物用绳、钢带、塑料带等捆紧扎牢以便于运输、保管和装卸的一种包装作业。捆扎机械按自动化程度可分为全自动捆扎机、半自动捆扎机和手提式捆扎机；按捆扎带材料可分为绳子捆扎机、钢带捆扎机、塑料带捆扎机。

由于包装物不同，捆扎要求不同，其捆扎的形式也多种多样，有单道、双道、交叉、"井"字等多种形式。常见的捆扎机械有自动捆扎机和高台捆扎机。

1. 自动捆扎机

自动捆扎机外形设计简单美观，适用于食品、医药、五金等行业纸箱捆扎、木箱捆扎、纸张捆扎等各种大小货物的自动打包捆扎，如图 5-33 所示。

2. 高台捆扎机

高台捆扎机使用范围广，不管大小包装，不用调整机器就可以打包，该机属机械式结构，有刀刃稳定可靠、调整方便等特点，适用于各种大小货物的打包，如图 5-34 所示。

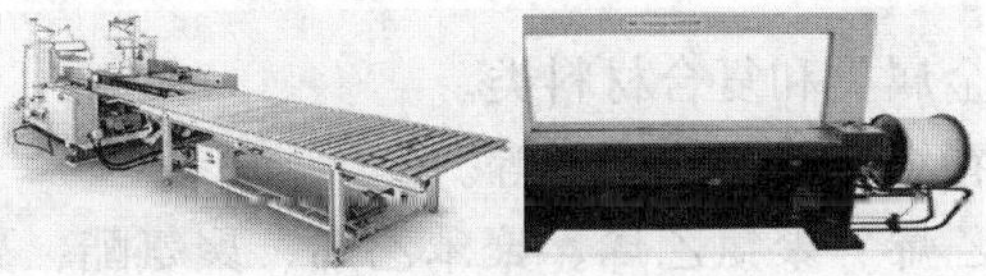

图 5-33　自动捆扎机

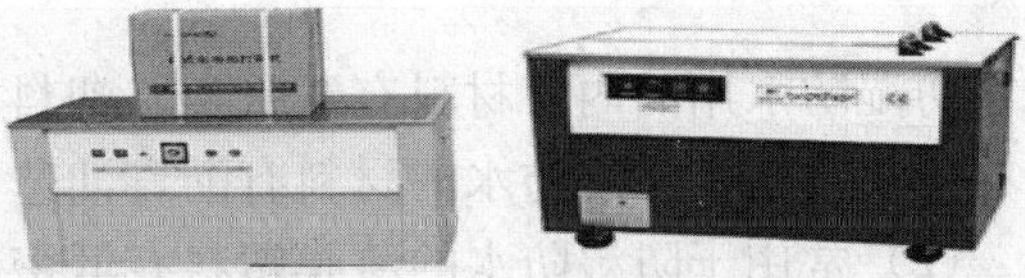

图 5-34　高台捆扎机

任务三　常见的包装技术

包装技术是指使用包装设备并运用一定的包装方法，将包装材料附着于物流对象，使其更便于物流作业。对包装技术的研究主要包括包装设备、包装方法和包装材料三部分。包装材料常常是包装改革的新内容，新材料往往导致新的包装形式与包装方法的出现。包装还涉及防震、防潮、防水、防锈、防虫和防鼠等技术。

一、防湿、防水包装技术

采用防湿、防水包装的目的，第一是为阻隔外界水分的侵入，第二是为减少、避免由于外界温度、湿度的变化而引起的包装内部产生反潮、结露和霉变现象。

防湿、防水包装的包装材料必须具有抵御外力作用和防止水分进入内部两种保护性能，因此要求防湿、防水包装应由两种材料构成：一种是用于抵御外力的框架外壁材料；另一种是具有防湿、防水性能的内衬材料。

（一）包装的外壁材料

包装的外壁材料必须具有一定的机械强度，既能承受内装物的重量，又能承受搬运、装卸和运输各环节所遇到的各种机械外力，特别是在外部浸水受潮的条件下，外壁材料仍能具有一定的机械强度，能保持其刚性不变而使内装物得到保护。

（1）用于抵御外力的框架外壁材料有木材板、金属板和瓦楞纸板等。

（2）木材板的材质必须符合有关标准中对制箱材质允许的缺陷要求，还可用胶合板、纤维板代替，但用于制箱的各种板材都需要预先进行防水处理。

（3）用作制箱的金属板材有铁板、铝合金板等，铁皮箱和铝合金箱均可作为防湿防水包装容器。

（4）用作制箱的瓦楞纸板的面纸应为牛皮纸的双面双瓦楞纸。瓦楞纸箱表面经过防水处理后，才能用作防湿防水的包装容器。

（二）包装的内衬材料

防湿防水用的内衬材料有纸张类、塑料类、金属类和复合材料类。

（1）常用于防湿防水的材料有沥青油毡、沥青纸、蜡剂浸渍纸等。

（2）常用于防湿防水的薄膜塑料有低密度聚乙烯、聚氯乙烯、聚苯乙烯、聚氨酯、聚乙烯醇、聚偏二乙烯等。

（3）常用于防湿防水的金属和复合材料有铝箔、铝型复合膜、布塑复合膜等。

（三）密封材料与防水涂料

防湿防水用的密封材料有压敏胶带、防水胶粘带、防水胶粘剂以及密封用橡胶皮等。压敏胶带等用于包装纸箱的封箱，而密封用橡胶皮用于金属箱、罐的密封。

（四）防湿防水包装方法

对防湿防水的包装容器，装填内装物后要严密封缄，要保证接合处不渗水，保证水不会透过而损害内装产品。

（1）对于在箱体内壁所衬的防水材料，要使其平整完好地紧贴于内壁，每侧内壁应尽量选用整张的防水材料，箱顶盖板内部必须用整张防水材料，四周应以上幅覆盖下幅。

（2）对于大型框架滑木箱顶板上的防水材料，应在中间加盖板，或将顶盖采用双层木板结构，将防水材料夹在其间，以防顶板积水渗入。为提高防水效果，可敷设双层防水材料，如一层为沥青油毡，一层为塑料薄膜。

（3）对于仅要求防雨保护的大型包装箱，一般要开通风孔，当箱外温度发生变化时可进行通风，避免在内包装物上产生凝露。通风孔应采用挡雨结构，以防雨水进入箱内。

（4）对于覆盖油毡等防水材料需要钉钉，或需要螺栓穿过防水材料时，在穿孔处均需要用密封垫和衬垫密封材料，以防止水分进入。

（5）对于纸箱，要用涂蜡或涂防水清漆的办法进行防水处理。对纸箱的摇盖或天地盖接缝处，应用防水胶带密封。

（五）防潮包装等级和有效期限

根据内装物的性质、储运期限和储运过程的温度、湿度等气候环境条件，防潮包装可分为3级。具体如表5－2所示。

表5－2　防潮包装等级表

等级	储运条件		
	储运年限	气候条件	内装物性质
1	1年以上 2年以下	A	贵重，精密，对湿度敏感，易生锈、长霉变质的产品
2	半年以上 1年以下	B	较贵重，较精密，对湿度轻度敏感的产品
3	半年以下	C	对湿度不甚敏感的产品

防潮包装的储运期限就是防潮包装的有效期限，是指在规定的储运条件下，防潮包装应保证内装物符合规定质量要求的时间。对防潮运输包装来说，有效期限是从生产厂家将产品封口时开始，经过流通环节的储存、装卸、中转、运输而到达收货单位首次启开包装时终止所允许的时间。

二、防霉包装技术

霉菌是一种真菌，具有分布广、繁殖快、对环境适应能力强、易变异等特点。一般来说，防霉包装是在流通过程中，为防止霉变侵袭包装及其内装物而采取的一种保护包装。防霉包装能使包装及其内装物处于霉菌被抑制的特定条件下，保持其质量完好和延长保存期限。

（一）防霉包装材料

根据抗霉能力的不同，可把包装材料划分为抗霉性材料、半抗霉性材料和不抗霉性材料三种。

抗霉性材料主要是指各种金属材料和部分非金属材料。金属材料主要是指钢铁、铝、铜等。非金属材料抗霉包装主要是指钙塑瓦楞箱。半抗霉性材料主要是指塑料及其复合材料。不抗霉性材料是指棉、麻、丝、毛、木材、芦苇、草秆等自然纤维及其纺品、纸张、纸板、绳索等。

（二）防霉包装技术要求

国家包装标准（GB/T 4768—2008）对防霉内装物及其包装的质量、材料和环境条件提出了具体要求。

（1）质量要求。要根据内装物的性质、储运和装卸条件，要求非密封包装要采取有效的防潮、防霉措施，使内装物出厂后两年内达到专业技术文件所规定的防霉技术要求。

（2）材料要求。直接接触内装物的包装材料，不允许对内装物有腐蚀作用，应按有关标准规定进行防潮、防霉处理；用硅胶作干燥剂时，应选择细孔硅胶，其吸水率应大于33%。

（三）防霉包装等级的选择

国家标准（GB/T 4768—2008）中规定了防霉包装等级，如表5-3所示。

表5-3　防霉包装等级

包装等级	要求
Ⅰ级包装	内外包装材料与包装件表面，按GB/T 4857.21的规定进行28天霉菌实验，均未发现霉菌生长。Ⅰ级包装是在两年内经常处于GB 4797.3中所规定B4区中或相应的环境条件（如海边、坑道等）下的包装件，在运输过程中常处于GB/T 4798.2中规定的aB2、aB3区域内，但包装件已采取防霉措施
Ⅱ级包装	经28天霉菌试验后，内包装密封完好，产品表面未见霉菌生长，内包装薄膜表面亦无霉菌生长。外包装局部区域有霉菌生长，生长面积不得超过整个包装件的10%，且不能因长霉而影响包装件的使用性能。Ⅱ级包装的产品是经常处于GB/T 4797.3中规定的B2、B3区的环境条件下的包装件
Ⅲ级包装	经28天人工加速霉菌试验后，产品及包装均出现局部长霉现象，长霉面积不得超过包装件全面积的25%。Ⅲ级包装适合于GB/T 4979.3规定的B1区与GB/T 4798.2中规定的aB1区或相应环境条件下的包装件。包装件本身未采取任何防霉措施
Ⅳ级包装	产品包装件进行28天霉菌实验后，局部或整件产生严重长霉现象，长霉面积占包装件全面积的25%以上。若实验延长至84天，试验期内包装材料机械性能下降，产生霉斑而影响外观。Ⅳ级包装的产品不适于湿热季节在GB/T 4797.3规定的B2、B3及B4区之间或相应环境条件下进行长时间的运输和储存

上表说明，对外观和性能均有要求的物品，如精密的光学或光电仪器等产品，不允许在流通中发生长霉现象，则选择Ⅰ级包装；对防霉性能要求较低的，或对霉菌不敏感、对外观要求不高的产品，就可以选Ⅱ级或Ⅲ级包装。

（四）防霉包装的有关技术要求

（1）对包装材料的要求。由于纸、纸板、油毛毡、木材、棉麻纤维织物、绳索等几大类材料都比较容易长霉，因此使用时需经防霉处理来提高其防霉性能。

（2）对包装环境的要求。包装环境应保持清洁、干燥，无积水和有害物质；包装过程中，应保持物品和包装容器的清洁。

（3）对储运、运输环境的要求。保持干燥，以免外包装吸潮长霉；仓库堆放的包装件之间及包装件与墙之间应留有通道，保持适当的距离，以便清洁和通风。

（五）防霉包装方法

从包装的结构上分类，防霉包装方法可分为密封性防霉包装方法和非密封性防霉包装方法两大类。

1. 密封性防霉包装方法

（1）干燥空气防霉包装方法。选用气密性好及透湿率低的各类容器或复合型材料进行密封包装，在密封容器内放干燥剂以降低包装容器内的相对湿度。如图 5－35 所示。

图 5－35　干燥空气防霉包装方法

（2）真空包装方法。选用金属、玻璃、陶瓷、硬质塑料等不透气的材料制成或透气性很低的复合塑料薄膜或铝塑复合膜等阻隔层材料制成的容器包装，抽去容器内的空气，使其达到规定的真空度后密封。如图 5－36 所示。

图 5－36　真空包装方法

（3）充气包装方法。用干燥的氮或二氧化碳等气体置换容器内的空气，使包装容器内的氧气和水蒸气的比例大大降低，同时又能够大致保持内外压力的平衡，在运输过程中不会引起损坏，因此较安全。充气包装的质量决定于所充气体的纯度和干燥程度。如图 5－37 所示。

图 5－37　充气包装方法

（4）脱氧包装方法。用透氧率低、透湿度低的金属、玻璃、塑料复合膜等材料或气密性良好的容器包装产品，并将脱氧剂封入包装内，通常还在包装内附上氧指示剂。脱氧包装比较方便，生产效率比较高。如图 5－38 所示。

图 5－38　脱氧包装方法

（5）挥发性防霉剂防霉包装方法。在常温下，将挥发性防霉剂（如多聚甲醛、甲醛、环氧乙烷、SF501、醋酸间甲酚、糖醛等）与产品一起放入具有良好气体阻隔性的包装容器内密封起来。挥发性防霉剂释放出气体，并与霉菌直接接触，杀死或抑制霉菌生长繁殖。如图 5－39 所示。

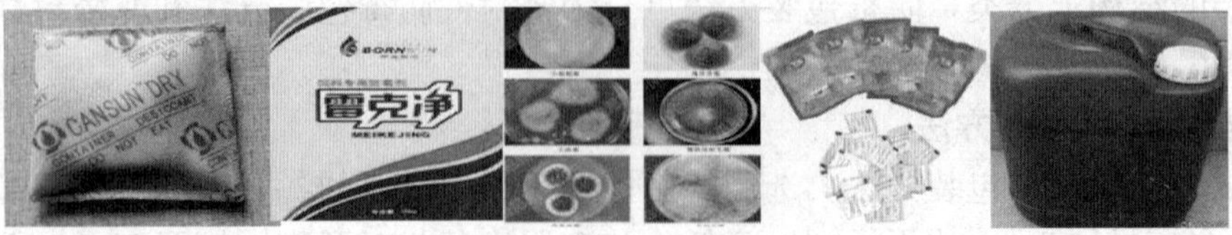

图 5－39　挥发性防霉剂防霉包装方法

2. 非密封性防霉包装方法

（1）低温和冷冻防霉包装方法。低温和冷冻防霉包装是通过控制商品本身的温度，使其低于霉腐微生物生长繁殖的最低界限，控制酶的活性。低温和冷冻防霉包装应使用耐低温包装材料。

（2）抗霉性材料包装方法。现在一般采用的抗霉性包装材料有抗霉性薄片、抗霉吸水薄板、抗霉薄膜等。采用抗霉包装材料包装产品，可达到比真空包装更好的紧凑性，降低成本。

（3）电离辐射防霉包装方法。电离辐射防霉包装是利用射线（X 射线、γ 射线）照射包装物品来达到杀菌的目的。操作时可以先辐射处理再包装或者先包装后再处理，该方法可以彻底杀菌，长期保存。

（4）紫外线、微波、远红外线和高频电场防霉包装方法。

三、防震包装技术

防震包装又称缓冲包装，是指为减缓内装物受到冲击和振动，保护其免受损坏而采取一定防护措施的包装。产品从生产出来到开始使用要经过运输、保管、堆码和装卸等过程，为了防止产品遭受损坏，就要设法减少外力的影响。

（一）防震包装材料

常见的防震包装材料有泡沫塑料、气泡塑料薄膜和兽毛填充橡胶防震材料。

1. 泡沫塑料

泡沫塑料是指具有细孔海绵状结构的发泡树脂材料。泡沫塑料有多种，如聚乙烯泡沫塑料、聚苯乙烯泡沫塑料、聚氨酯软泡沫塑料、聚氯乙烯软泡沫塑料等。几种主要泡沫塑料的性质比较见表 5－4。

表 5－4　几种主要泡沫塑料的性质比较

种类 / 性质 / 参数	聚乙烯泡沫塑料	聚苯乙烯泡沫塑料	聚氨酯软泡沫塑料	聚氯乙烯软泡沫塑料
复原性	好	差	好	差
冲击性	优	优	良	良

续前表

性质 种类 参数	聚乙烯泡沫塑料	聚苯乙烯 泡沫塑料	聚氨酯 软泡沫塑料	聚氯乙烯 软泡沫塑料
密度	低	低	低	低
腐蚀性	无	无	无	小
吸水性	无	无	大	无
含水性	无	无	有	无
耐燃性	易	易	易	自熄
耐候性	良	良	良	良
耐菌性	良	良	良	良
柔软性	优	差	优	优

2. 气泡塑料薄膜

气泡塑料薄膜是采用专门的加工方法，在两层塑料薄膜之间封入空气，在一面形成一个个突出的气泡。气泡塑料薄膜的材料一般为聚乙烯。气泡塑料薄膜适用于包装重量较轻的物件。

3. 兽毛填充橡胶防震材料

把猪毛、马毛、合成纤维等用天然橡胶为黏合剂黏合，制成防震胶垫，即兽毛填充橡胶防震材料。这种防震材料适用于包装仪器仪表和精密机械。

防震包装材料应具有以下特性：具有良好的吸收冲击能量和外力震动的性能，并能使其减弱或消除；具有良好的复原性；具有对温度和湿度的安定性；具有适中的酸碱性。

（二）防震包装技术方法

常见的防震包装技术方法有全面防震包装法、部分防震包装法、悬浮式防震包装法、联合方式的防震包装法等。

1. 全面防震包装法

所谓全面防震包装法，是指将内装物在其内外包装容器的所有空隙间，全部用缓冲材料填满固定，对内装物进行全面保护的防震包装方法。其缓冲材料一般采用丝状、粒状或薄片，以便对形状复杂的内装物能很好填塞。当发生冲击、震动时，缓冲材料能有效地吸收能量，分散外力作用来保护内装物。根据所用防震材料的不同，全面防震包装法又可分为以下几种：

（1）压缩包装法。用弹性材料把易碎物品填塞起来或进行加固，这样可以吸收振动或冲击的能量，并将其引导到内装物强度最高的部分。如图 5－40 所示。

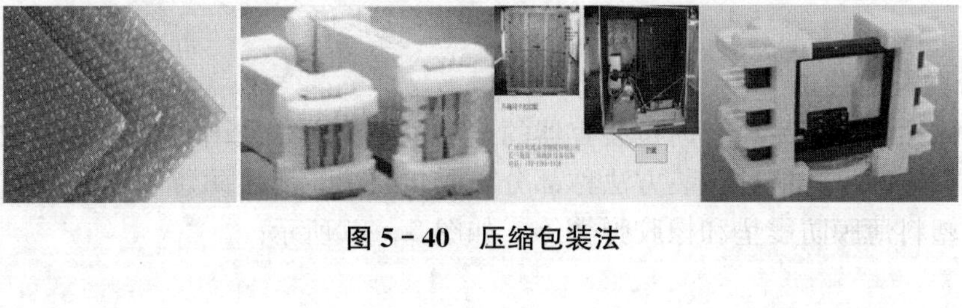

图 5－40　压缩包装法

（2）浮动包装法。它和压缩包装法基本相同，两者的区别在于所用弹性材料为小块衬垫，这些材料可以位移和流动，这样可以有效地充满直接受力部分的间隙，分散内装物所受的冲击力。如图 5-41 所示。

图 5-41　浮动包装法

（3）裹包包装法。该方法采用各种类型的片材把单件内装物裹包起来放入外包装箱盒内，多用于小件物品的防震包装。如图 5-42 所示。

图 5-42　裹包包装法

（4）模盒包装法。该方法利用模型将聚苯乙烯树脂等材料做成和制品形状一样的模盒，用模盒来包装制品达到防震目的。这种方法多用于小型、轻质制品的包装。如图 5-43 所示。

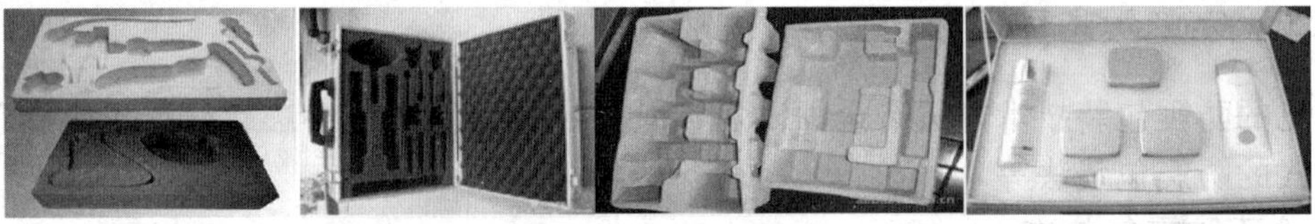

图 5-43　模盒包装法

（5）就地发泡包装法。该方法是在内装物和外包装箱之间充填发泡材料的一种防震包装技术。充填的泡沫体将使任何形状的物品都能被包住。如图 5-44 所示。

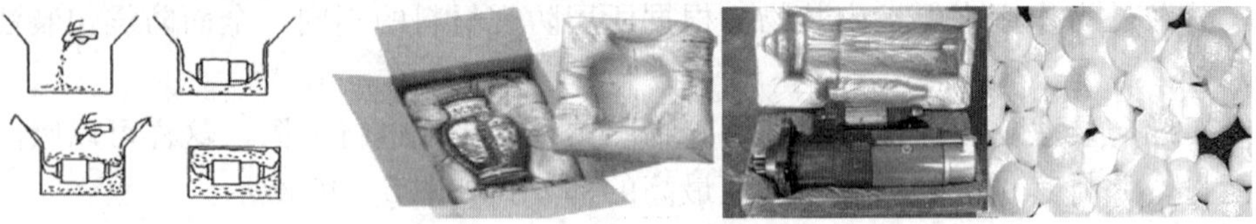

图 5-44　就地发泡包装法

2. 部分防震包装法

对于整体性好的产品和有内包装容器的产品，仅在产品或内包装的拐角或局部使用防震材料进行衬垫即可，这种包装方法称部分防震包装法。所用防震材料主要有泡沫塑料防震垫、充气塑料薄膜防震垫和橡胶弹簧等。如图 5-45 所示。

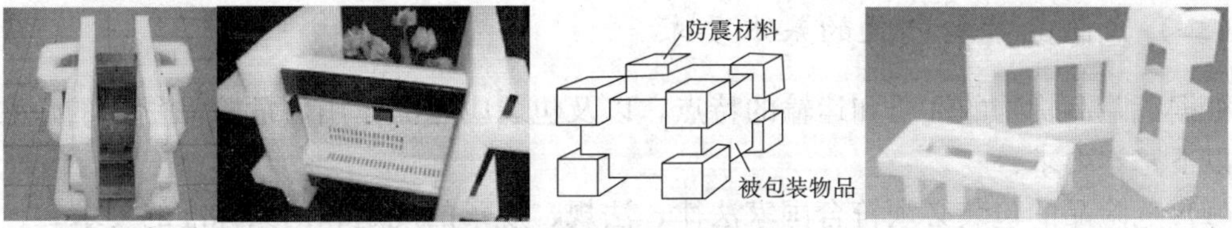

图 5-45　部分防震包装法

3. 悬浮式防震包装法

对于某些贵重易损的物品，为了有效地保证物品在流通过程中不受损害，往往采用坚固的外包装容器，把物品用带子、绳子、吊环、弹簧等吊在外包装中，使物品不与四壁接触。这些支撑件起着弹性阻尼器的作用。如图 5-46 所示。

图 5-46　悬浮式防震包装法

4. 联合方式的防震包装法

这是指多种方法联合运用的防震包装法。

四、危险品包装技术

（一）危险品包装种类

危险品有上千种，按其危险性质，根据交通运输及公安消防部门的规定，可将危险品分为十大类，即爆炸性物品、氧化剂、压缩气体和液化气体、自燃物品、遇水燃烧物品、易燃液体、易燃固体、毒害品、腐蚀性物品、放射性物品等，有些物品同时具有两种以上危险性能。

（1）对有毒商品的包装。对有毒商品的包装要有明显的表明有毒的标志，防毒的主要措施是包装严密不漏、不透气。

（2）对有腐蚀性的商品的包装。对有腐蚀性的商品，要注意商品和包装容器的材质发生化学反应，金属类的包装容器，要在容器壁涂上涂料，防止腐蚀性商品对容器的腐蚀。

（3）对黄磷等易自燃商品的包装。对黄磷等易自燃商品的包装宜将其装入壁厚不低于1毫米的铁桶中，桶内壁须涂耐酸保护层，桶内盛水，并使水面浸没商品，桶口严密封闭，每桶净重不超过 50kg。

（4）对于易燃、易爆商品的包装。对于易燃、易爆商品，防爆炸包装的有效方法是采用塑料桶包装，然后将塑料桶装入铁桶或木箱中，每件净重不超过 50kg，并应有自动放气的安全阀，当桶内气体达到一定压力时能自动放气。

（二）危险品货物包装的基本要求

根据危险品货物的性质和运输的特点，以及包装应起的作用，危险品货物的包装必须达到以下基本要求：

（1）危险品的包装必须符合国家法律、法规、规章的规定和国家标准的要求。

（2）危险品包装的材质、形式、规格、方法和单件质量，应当与所包装的危险品的性质和用途相适应，以便于装卸、运输和储存。

（3）危险品包装应具有抗冲撞、震动、挤压和摩擦的能力。

（4）危险品包装应有一定的强度，以保护包装内的货物不受损失，这是一般货物的共同要求。危险品货物的包装强度与货物的性质密切相关。一般来说，货物性质比较危险的，发生事故危害性较大的，其包装强度要高一些。同一种危险品货物，单件包装重量越大，包装强度也应越高。同一类包装运距越长、倒载次数越多，包装强度应越高。

（三）危险品货物运输包装的作用

危险品货物的国际运输把包装的强度分成三个等级。划分危险等级的标准与所对应的三个等级危险是：Ⅰ级包装——最大危险；Ⅱ级包装——中等危险；Ⅲ级包装——较小危险。

危险品货物的运输包装主要有如下作用：

（1）能防止被包装的危险品货物因接触雨雪、阳光、潮湿空气和杂质而变质，或发生剧烈的化学反应造成事故。

（2）可减少货物在运输过程中所受到的碰撞、震动、摩擦和挤压，使危险品货物在包装的保护下保持相对稳定状态，从而保证运输安全。

（3）可防止因货物撒漏、挥发以及与性质相悖的货物直接接触而发生事故或污染运输设备及其他货物。

（4）便于储运过程中的堆垛、搬动、保管，提高运载效率和工作效率。

学习能力测试

学习测试 1：名词解释

包装　包装机械　包装技术　物流包装　商业包装

学习测试 2：单项选择

1.（　　）是指为在流通过程中保护产品，方便储运，促进销售，按一定技术方法而采用的容器、材料及辅助物等的总体名称。

A. 运输　　B. 流通加工　　C. 配送　　D. 包装

2. 具有耐风化、不变形、耐热、耐酸、耐磨等优点，适合于各种液体物品的包装，如盛装强酸类液体的包装材料是（　　）。

A. 纸　　B. 木材　　C. 陶瓷　　D. 金属

3. 将包装件或产品堆码在托盘上，通过捆扎、裹包或胶粘等方法加以固定，形成一个搬运单元，以便用机械设备搬运的包装是（　　）。

A. 托盘包装　　B. 单元包装　　C. 捆扎包装　　D. 局部包装

4. 关于纸张的包装和标志的标准适用于（　　）的平板纸、卷筒纸、盘纸的包装和标志。

A. 各种不同运输方法运输　　B. 仓储储存

C. 装卸搬运　　D. 流通加工

学习测试3：不定项选择

1. 包装的功能主要有（　　）。

A. 整齐　　B. 归类　　C. 保护　　D. 方便

E. 传递

2. 下列选项中，属于防破损技术的有（　　）。

A. 气相防锈包装技术　　B. 危险品包装技术

C. 捆扎及裹紧技术　　D. 全面防震包装方法

E. 集装技术

3. 下列选项中，属于特种包装技术的有（　　）。

A. 充气包装　　B. 真空包装　　C. 收缩包装

D. 气相防锈包装　　E. 脱氧包装

4. 下列包装属于防护包装的有（　　）。

A. 防水包装　　B. 封存包装　　C. 防潮包装

D. 防霉包装　　E. 防尘包装

5. 防霉腐包装技术主要包括（　　）。

A. 冷冻包装　　B. 真空包装　　C. 罐装

D. 瓶装　　E. 脱氧包装

项目六 流通加工装备与技术

问题引入

商品流通是以货币为媒介的商品交换，它的重要职能是将生产及消费（或再生产）联系起来，起“桥梁和纽带”作用，完成商品所有权实物形态的转移。因此，流通与流通对象的关系，一般不是改变其形态来创造价值，而是保持流通对象的已有形态，完成空间的位移，实现其“时间效用”及“场所效用”。

任务导读

- 流通加工装备与技术
  - 流通加工管理概述
    - 流通加工的概念
    - 常见的流通加工方式
  - 生产行业的流通加工装备与技术
    - 工业生产中的剪切加工技术与装备
    - 木材生产中的集中开木下料技术与装备
    - 工业生产中的配煤加式技术与装备
    - 工业生产中的常见冷冻加工技术与装备
    - 工业生产中的常见分选加工技术与装备
    - 工业生产中的精制加工技术与装备
    - 工业生产中的分装加工技术与装备
    - 工业生产中的组装加工技术与装备
  - 消费资料行业的流通加工装备与技术
    - 农产品基本概念
    - 农产品消费流通加工技术与装备
    - 园艺植物产品消费流通加工技术与装备
    - 畜禽类产品消费流通加工技术与装备

学习目标

知识目标：

1. 掌握流通加工的概念、特点及作用。
2. 掌握常见生产流通加工的方式及常见生产流通加工的对象。
3. 掌握生产资料行业的流通加工技术与装备。
4. 掌握常见消费资料行业的流通加工技术与装备。

能力目标：

1. 能够区分物品的形态或性质是属于生产活动还是属于流通加工。

2. 能够根据物品从生产领域向消费领域流动的过程中发生的物理性变化（如大小、形状、数量等变化）选择流通加工的方式及设备。

3. 能够根据生产工作的特点选用效率高、技术先进、加工量大等合适的流通加工机具和设备。

4. 能够根据中国城乡居民生活水平不断提高，粮食和主要农产品消费已经进入结构转型期的特点，实现流通加工品种多样化、系列化、专用化。

案例导入

阿迪达斯的鞋店

阿迪达斯公司在美国有一家超级市场，设立了组合式鞋店，店内摆放着不是做好了的鞋，而是做鞋用的半成品，款式花色多样，有6种鞋跟、8种鞋底，均为塑料制造，鞋面的颜色以黑、白为主，搭带的颜色有80种，款式有一百余种，顾客进来可任意挑选自己所喜欢的各个部位，交给店员当场进行组合。只要10分钟，一双崭新的鞋就做好了，这家鞋店昼夜营业，店员技术熟练，鞋子的售价与成批制造的价格差不多，有的还稍便宜些，所以，顾客络绎不绝，销售金额比邻近的鞋店高出了数倍。

？问题与思考

1. 通过这个案例，你对流通加工的作用有什么认识？

2. 在我们的日常生活中还有这样的可操作案例吗？

知识探究

随着经济的全球化和国际分工的细化，为了适应激烈的市场竞争和满足消费者日益多样化的需求，流通加工的意义日益增加，在提高物流效率、降低物流成本方面的作用不断加大，对流通加工的管理已成为物流管理的一项重要内容。

任务一　流通加工管理概述

一、流通加工的概念

流通加工是现代物流系统构架中的重要结构之一。流通加工在现代物流系统中担负的主要任务是提高物流系统对于用户的服务水平。

（一）流通加工的定义

流通是指商品从生产领域向消费领域的转移过程，其间不但涉及商品价值形态的转换、商品所有权的转移，也涉及商品实体的位置移动，前者即商流，后者即物流。伴随着商流、物流，还有资金流和信息流。因此，流通是商流、物流、资金流、信息流的总和与统一。

谈到流通加工，不妨先举几个实例：深海捕鱼时，轮船一出海至少一个月才能返回，为了防止海产品腐烂变质，也为了减少占用空间，渔民们在轮船上进行分选、挖膛等加工，这称作鱼的流通加工；钢卷在流通中心进行剪切、套裁、弯曲、压型等工序也是流通加工，称作钢材流通加工；将砍下来的原木运到木材厂加工成板材、板坯或制成复合材料等也是流通加工，称作木材流通加工。

由此看来，所谓流通加工，就是产品从生产到消费之间的一种增值活动，属于一种产品的初加工，是社会化分工、专业化生产的一种形式，是使物品发生物理性变化（如大小、形状、数量等变化）的物流方式。

在《中华人民共和国国家标准物流术语》（GB/T 18354—2006）中，流通加工（Distribution Processing）的定义是：根据顾客的需要，在流通过程中对产品实施的简单加工作业活动（如包装、分割、计量、分拣、刷标志、拴标签、组装等）的总称。流通加工是物流的基本功能之一。

流通与加工的概念本属于不同的范畴，如图 6-1 所示。

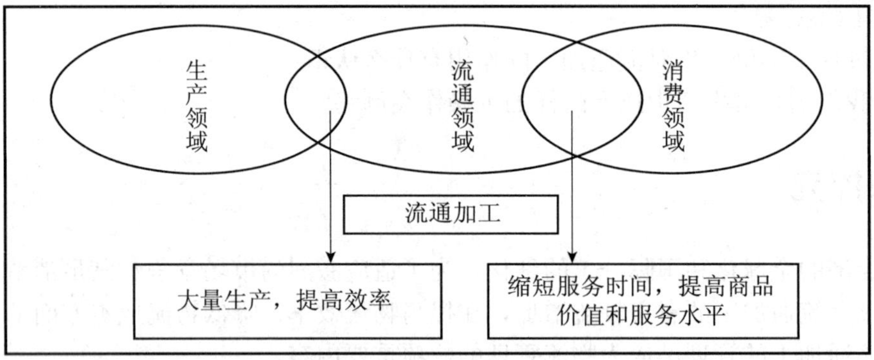

图 6-1 流通加工示意图

（二）流通加工的职能

加工是通过改变物品的形态或性质来创造价值的，它属于生产活动；流通则是改变物品的空间状态与时间状态，并不改变物品的形态或性质。流通加工处于不易区分生产还是流通的中间领域，不改变商品的基本形态和功能，只是完善商品的使用功能，提高商品的附加价值，同时提高物流系统的效率。可以说，流通加工是生产加工在流通领域的延伸，也可以看成流通领域为了提供更好的服务而在职能方面的扩大。流通加工的职能如图 6-2 所示。

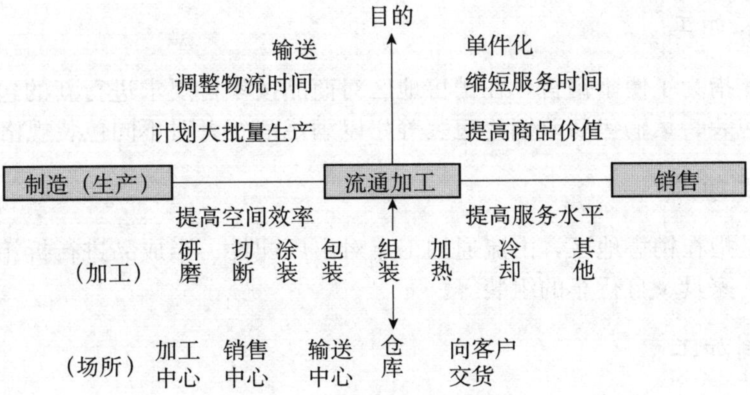

图 6-2　流通加工的职能

二、常见的流通加工方式

我国常见的流通加工方式有以下几种。

（一）剪板加工

剪板加工是在固定地点设置剪板机或各种剪切、切割设备，将大规格的金属板料裁切为小尺寸的板料或毛坯的流通加工。

（二）集中开木下料

集中开木下料是指在流通加工点将原木锯（裁）成各种规格的木板、木方，同时将碎木、碎屑集中加工成各种规格的夹板板材，甚至还可以进行打眼、凿孔等初级加工。

（三）配煤加工

配煤加工是指在使用地区设置加工点，将各种煤及其他一些发热物资按不同的配方进行掺配加工，形成能产生不同热量的各种燃料。

（四）冷冻加工

冷冻加工是指为解决鲜鱼、鲜肉、药品等在流通中的保鲜及搬运装卸问题而采取低温冷冻方式的加工。

（五）分选加工

分选加工是指针对农副产品规格、质量离散较大的情况，为获得一定规格的产品，采取人工或机械方式进行分选的加工。例如，对瓜果进行分等分级的挑选分类工作等。

（六）精制加工

精制加工是指在农牧副渔等产品的产地或销售地设置加工点，去除产品的无用部分，进行切分、洗净、分装等加工。例如，超市的精加工蔬菜等。

（七）分装加工

分装加工是指为了便于销售，在销售地区对商品按零售要求进行新的包装，大包装改小、散装改小包装、运输包装改销售包装等，以满足消费者对不同包装规格的需求。

（八）组装加工

组装加工是指在销售地区，由流通加工点对出厂配件、半成品进行拆箱组装，随即进行销售。例如，家具、自行车的组装等。

（九）定制加工

定制加工是指特别为用户加工制造符合用户个性的非标准用品，这些东西往往不能由大企业生产出来，只好由流通加工企业为用户“量身定制”。

任务二　生产行业的流通加工装备与技术

商品生产是为交换、消费而进行的生产，而流通加工主要是为了消费（或再生产）所进行的加工，这一点与商品生产有共同之处。流通加工机械类型很多，按照流通加工形式，一般流通加工装备可分为：剪切加工装备、集中开木下料装备、配煤加工装备、冷冻加工装备、分选加工装备、精制加工装备、分装加工装备、组装加工装备等。

一、工业生产中的剪切加工技术与装备

（一）剪切加工装备概述

剪切加工装备主要是指开平装备和分条装备。绝大部分加工中心都会有一至数台此类加工装备，以开平装备居多，分条装备次之；按厚度来分，又有冷、热轧加工装备之分。

1. 开平

开平也称横剪，就是将钢卷剪切成平板的加工手段，开平机如图 6-3（a）所示。开平的另一目的是将卷曲状态的钢卷加工成平整的钢板。

2. 分条

分条也称纵剪，就是将钢卷剪切成宽度更小的钢卷的加工手段，比如将一个1 000mm 宽度的钢卷剪切成两个 500mm 宽度的钢卷，纵剪机如图 6-3（b）所示。

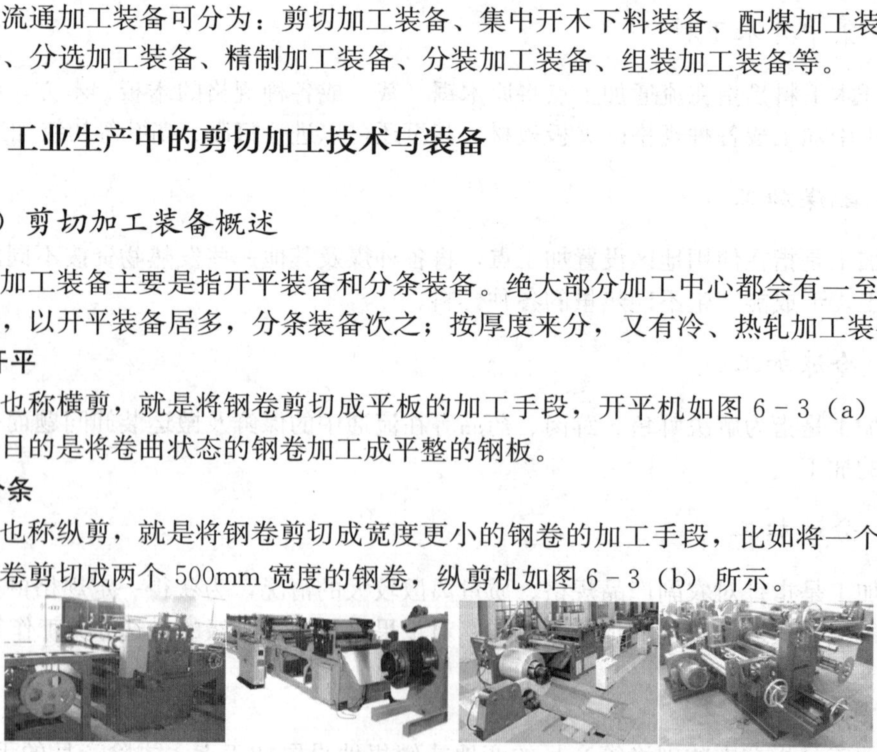

（a）开平机　　（b）纵剪机

图 6-3　开平机、纵剪机

（二）剪切机

剪切机是机床的一种，是在各种板材的流通加工中应用比较广泛的一种剪切装备，可用于板料或卷料的剪裁。

1. 常见的剪切机

常见的剪切机包括圆盘剪板机、多功能剪板机、摆式剪板机、振动剪板机等，具体如图 6-4 所示。

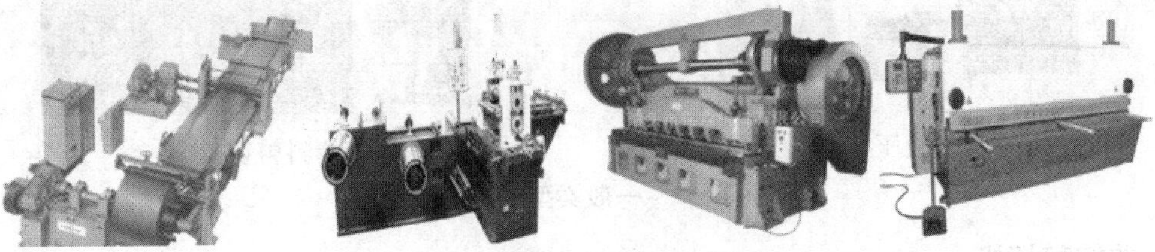

(a) 圆盘剪板机

(b) 多功能剪板机

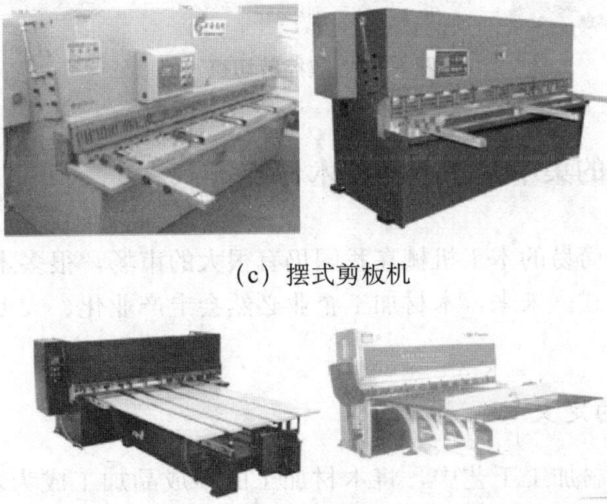

(c) 摆式剪板机

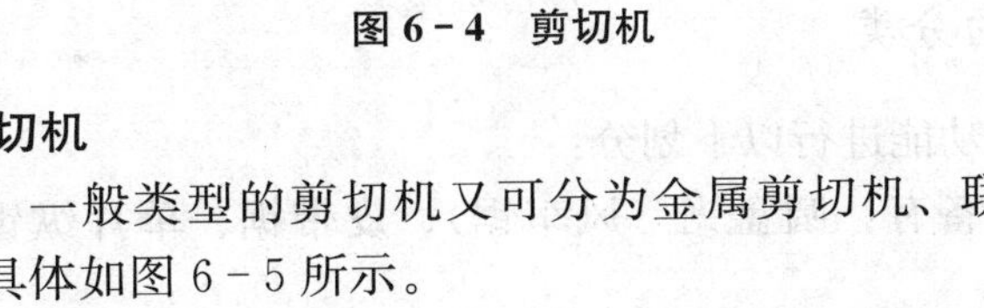

(d) 振动剪板机

图 6-4　剪切机

2. 一般类型的剪切机

根据材料、形状，一般类型的剪切机又可分为金属剪切机、联合冲剪机、液压剪切机、棒料剪切机等，具体如图 6-5 所示。

(a) 金属剪切机

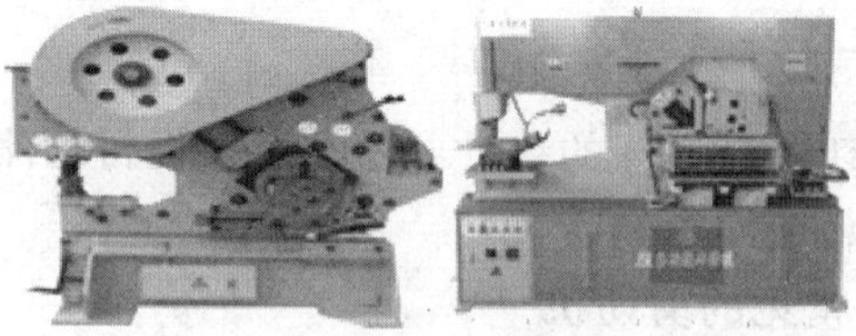

(b) 联合冲剪机

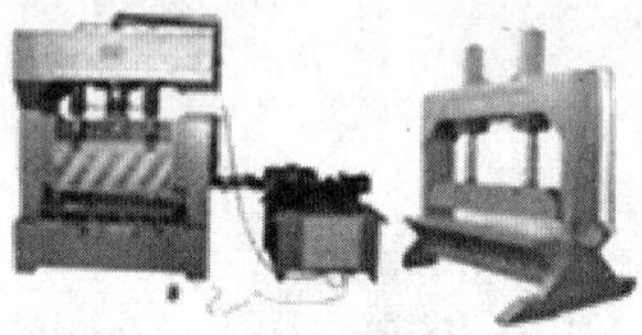

(c) 液压剪切机

(d) 棒料剪切机

图 6-5　一般类型的剪切机

3. 数控剪切机

数控剪切机一般采用通用或专用计算机实现数字程序控制，它所控制的通常是位置、角度、速度等机械量和与机械量流向有关的开关量，如图 6-6 所示。

图 6-6　数控剪切机

二、木材生产中的集中开木下料技术与装备

现阶段，落后的、简易的木工机械在我国仍有很大的市场，很多木材加工企业还在推行劳动密集型的经营模式。未来，木材加工企业必然会走产业化、大型化、规模化的发展道路。

（一）木工机械的定义

木工机械是指在木材加工工艺中，将木材加工的半成品加工成为木制品的一类机床。家具机械是木工机械的重要组成部分，木工机械加工的对象是木材。

（二）木工机械的分类

木工机械可按加工功能进行以下划分：

（1）锯切。主要装备有：圆盘锯（风车锯）、皮带锯、单片纵锯、多片锯、推台锯、开料锯、双头锯等。

（2）旋切。主要装备有：有卡旋切机、无卡旋切机、木材剥皮机等。

（3）车床。主要装备有：普通车床、仿形车床、背刀车床、数控车床等。

（4）刨床。主要装备有：普通平刨、斜口平刨、自动平刨等。

（5）铣床。主要装备有：立轴铣、立式镂铣机、吊镂机、气动吊镂机、修边机、双头铣、梳齿机、开榫机、数控雕刻机等。

（6）砂光。主要装备有：普通砂带机、立卧砂带机、震荡砂带机、砂边机、砂光机、重型砂光机、底漆砂光机、高架砂光机、异形砂光机、气鼓砂、千叶轮砂、海绵轮砂、盘式砂光机、推台砂光机等。

（7）钻孔。主要装备有：立式台钻、卧式台钻、立式排钻、卧式排钻、立式多孔钻、单排钻、多排钻、铰链专用钻等。

（8）压力胶合。主要装备有：冷压机、热压机、气动组装机、电动组装机、液压组装机、接长机、拼板机、涂胶机等。

（9）表面处理。主要装备有：贴纸机、封边机、热转印机、真空覆膜机等。

（10）油漆涂装。主要装备有：底漆砂光机、喷涂机、静电喷涂机、滚涂机、UV 干燥机、淋幕机、粉尘清除机、皮带流水线、烤漆箱等。

（11）木材处理。主要装备有：木材烤干机、木材调节湿度机、补板机、木材测湿仪等。

三、工业生产中的配煤加工技术与装备

（一）工业生产配煤概述

所谓工业生产配煤，是指为了生产符合质量要求的焦炭、电煤、锅炉煤，把不同种类的原煤按适当的比例配合起来。配煤方法有配煤槽配煤和露天配煤厂配煤两种。长期以来，配煤试验一直是选定配煤方案、验证焦炭质量的不可缺少的配煤技术程序。配煤中心如图 6-7 所示。

图 6-7　配煤中心

（二）配煤装备

配煤装备是指根据配煤工艺的实际过程，以动态方式反映配煤装备的工作状态及参数的装备，是配煤工艺中不可缺少的重要组成部分，它包括：输送装备、取料装备、筛分装备，如图 6-8 所示。

(a) 输送装备　　(b) 取料装备　　(c) 筛分装备

图 6-8　配煤装备

（三）煤炭的流通加工形式

煤炭的流通加工有多种形式：除矸加工、煤浆加工、配煤加工等。

（1）除矸加工。煤矸石生产装备如图 6-9 所示。

图 6-9　煤矸石生产装备

（2）煤浆加工。将煤炭制成煤浆的加工装备如图 6-10 所示。

(a) 煤炭球磨机　　(b) 球磨机钢珠　　(c) 颚式破碎机　　(d) 振动筛

图 6-10　煤浆加工装备

（3）配煤加工。配煤加工装备如图 6-11 所示。

图 6-11　配煤加工装备

四、工业生产中的常见冷冻加工技术与装备

冷冻作为一种传统的食品加工方法，在食品加工中应用广泛，在食品保藏中有着不可

替代的作用。冷冻食品分为冷却食品和冻结食品。

（一）冷冻的作用

冷冻保藏食品的方法很简单，就是通过冷冻的方法来保藏食品，即应用冷冻能杀死微生物或抑制微生物的活动、降低酶的活性方面的功能来避免食品腐败变质，从而达到长时间保藏食品的目的。其在食品的加工和贮藏方面的应用如下：

（1）食品的冻结、冻藏和冻结运输。主要是畜产品、水产品的冻结和冻藏，以及速冻蔬菜、速冻面食品、冰、雪糕等产品的冻结和冻藏。

（2）农产品、食品的冷却、冷藏、气调贮藏和冷却运输。主要是果品、蔬菜、蛋及油脂、冷饮等产品的冷却和冷藏。

（3）食品加工。如冻结干燥、冻结浓缩和物料的冷却等。

（二）常见冷冻装备

常见的冷冻装备包括压缩机、冷凝器、蒸发器、节流阀。在实际的制冷系统中，除上述四大件之外，常常还有一些辅助部件，如电磁阀、分配器、干燥器、集热器、易熔塞、压力控制器等，它们是为了提高运行的经济性、可靠性和安全性而设置的。

1. 压缩机

压缩机的种类很多，根据工作原理的不同，制冷压缩机可以分为定排量制冷压缩机和变排量制冷压缩机，如图 6－12 所示。

(a) 定排量制冷压缩机　　(b) 变排量制冷压缩机

图 6－12　制冷压缩机

2. 冷凝器

冷凝器的种类很多，其中的壳管式冷凝器可分为立式和卧式两类。

（1）卧式壳管式冷凝器。卧式壳管式冷凝器的两端有水盖，水盖与壳体（或管板）常以法兰形式相连，因而冷却水处于一个密闭的空间，如图 6－13 所示。

图 6－13　卧式壳管式冷凝器

（2）立式壳管式冷凝器。立式壳管式冷凝器管一般用 50mm 的无缝钢管制成。这种冷凝器可以露天安装，节省机房面积；也可装在冷却水塔的下面，简化冷却水系统。立式壳管式冷凝器如图 6－14 所示。

图 6－14 立式壳管式冷凝器

3. 蒸发器

蒸发器由冷却管组、给水装备、通风机、挡水板和箱体等部分组成。如图 6－15 所示。

图 6－15 蒸发器

4. 节流阀

节流阀根据操作动作分为手动节流阀、自动节流阀、热力节流阀、电磁式节流阀、电动式节流阀，如图 6－16 所示。

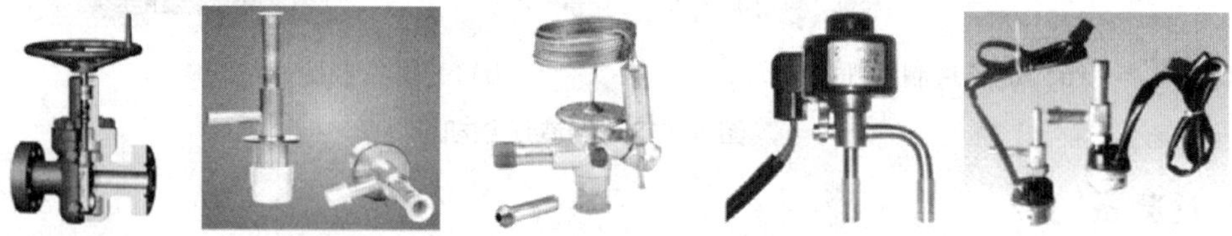

手动节流阀 自动节流阀 热力节流阀 电磁式节流阀 电动式节流阀

图 6－16 节流阀

五、工业生产中的常见分选加工技术与装备

（一）分选的定义

分选（Sorting）是指碎屑物质在水、风等动力作用下，按粒度、形状或密度的差别发生分别富集的作业。

（二）分选加工

按物品在流通中不同的类别、规格、数量、质量进行的加工称为分选加工。流通加工中的分选类型如图 6－17 所示。

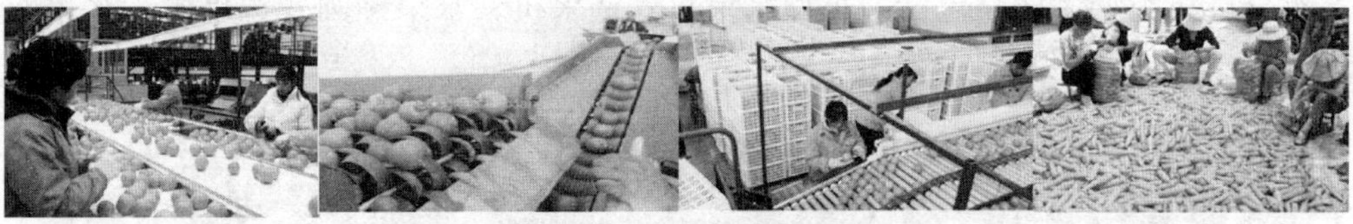

图 6－17　流通加工中的分选类型

（三）常见分选加工装备

常见的分选机有气流式分选机、重力式分选机、浅槽式分选机和水果分选机。

1. 气流式分选机

气流式分选机主要由电机、关风机、进料门、主轴、缓冲环、分料盘、涡流环、调节环、分选器、轴承等零部件组成。其装备如图 6－18 所示。

图 6－18　气流式分选机

2. 重力式分选机

重力式分选机由振动台、供风系统、振动无级变速机构、纵横向角度调整机构等组成。其装备如图 6－19 所示。

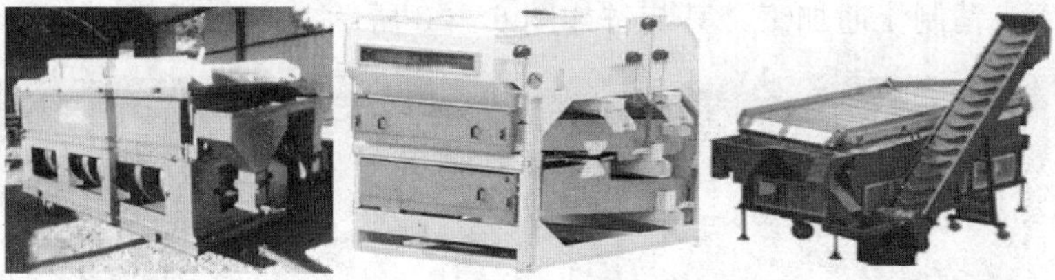

图 6－19　重力式分选机

3. 浅槽式分选机

浅槽式分选机主要由分选槽体、入料箱、溢流堰、上升流介质斗、驱动装置、排矸系统（包括刮板链、滑道等）、润滑系统、失速保护开关等组成。其装备如图 6－20 所示。

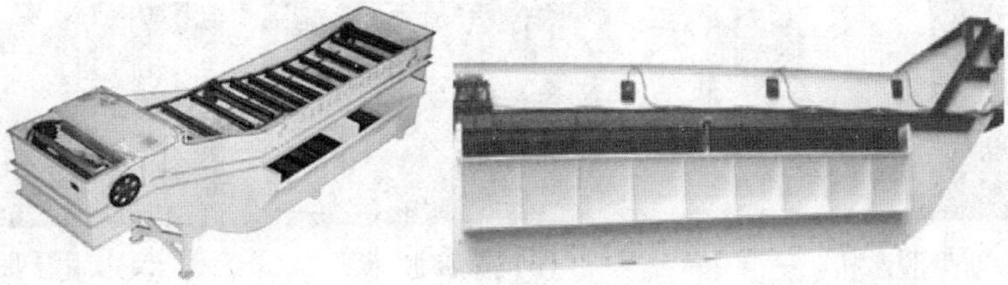

图 6－20　浅槽式分选机

4. **水果分选机**

水果分选机类型多样，包括：小型水果直式选果机、水果椭圆式选果机、水果双通道高效选果机。具体如图 6－21 所示。

图 6－21　水果分选机

六、工业生产中的精制加工技术与装备

精制加工装备是指用于农牧副渔等产品的切分、洗净、分装等简单加工的装备。

（一）果蔬精制流通加工

（1）果蔬汁精制流通加工，其装备如图 6－22 所示。

图 6－22　果蔬汁精制流通加工装备

（2）果蔬罐头精制流通加工，其装备如图 6－23 所示。

图 6－23　果蔬罐头精制流通加工装备

（3）果蔬脱水精制流通加工，其装备如图 6－24 所示。

（a）新型脱水机　（b）微波脱水机　（c）高温脱水机

图 6－24　果蔬脱水精制流通加工装备

(4) 果蔬速冻精制流通加工，其装备如图 6－25 所示。

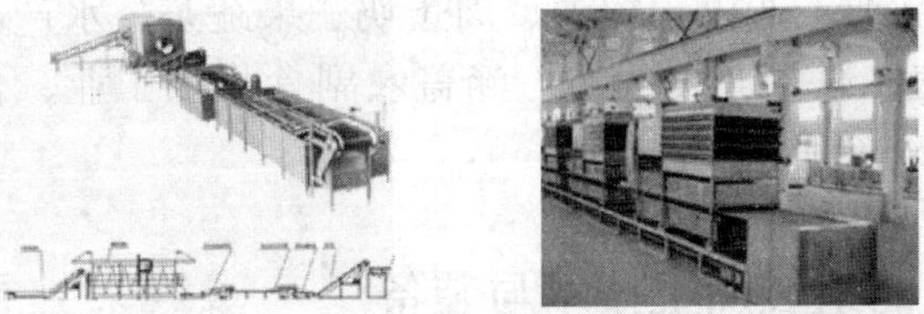

(a) 果蔬速冻流水线　　(b) 果蔬速冻机

图 6－25　果蔬速冻精制流通加工设备

(二) 乳品精制流通加工

乳品精制流通加工装备如图 6－26 所示。

图 6－26　乳品精制流通加工装备

(三) 皮毛精制流通加工

皮毛精制流通加工装备如图 6－27 所示。

图 6－27　皮毛精制流通加工装备

七、工业生产中的分装加工技术与装备

分装（Sub-assembly）是指作为一个运输单位而包装一定量物资，有时有特殊规格或安排。

分装加工是指打开原产品的包装重新包装。无论用原生产商的包装还是自己的包装，都属于分装加工。分装加工装备如图 6－28 所示。

图 6－28　分装加工装备

分装加工属生产性质，承担产品质量责任，需要办理生产许可证（例如：将大桶食用油分装成瓶装）。农产品加工业以粮棉油、肉蛋奶、果蔬茶、水产品等优势、特色农产品的资源转化、加工增值、纵深开发为主，涵盖农副食品加工业、食品制造业、饮料制造业、烟草制品业、纺织业等 12 个子行业。

八、工业生产中的组装加工技术与装备

（一）组装的定义

组装（Assembly），也称装配，是整个机械制造过程中的最后一个阶段，在制造过程中占有非常重要的地位。组装的意思是组合在一起然后再安装到一部机器上。

组装流水线又称组装线、自动组装线、组装生产线、生产线组装线、自动装配线。

（二）组装流水线的分类

组装流水线是流水线的一个分类。组装流水线的分类如下：

（1）按照自动化程度分类：自动组装线和手动组装线。

（2）按照生产工艺分类：插件组装线、组装生产线、生产线组装线、皮带线组装线、流水线组装线等。

（3）按照行业分类：装配线、汽车装配线、电动车组装线、摩托车组装线、自动车组装线等。

（三）常见的组装加工类型

（1）计算机组装。简单来说，计算机组装就是按照规定的技术要求，将若干个计算机组件组成计算机的过程。如图 6-29 所示。

图 6-29　计算机组装

（2）公路自行车组装。组装公路自行车整车需要根据自己的实际情况，以及使用情况来进行部分零件的修改。公路自行车组装如图 6-30 所示。

图 6-30　公路自行车组装

（四）组装的应用范围

组装在工业制造以及食品加工等行业有着较为广泛的应用。

(1) 工业制造行业：组装流水线广泛应用于汽车制造、电动车生产、自行车生产、摩托车生产及其他机械装备和工程机械的生产、组装。

(2) 食品行业：组装流水线广泛应用于方便面、牛奶、袋装食品、箱装食品的生产线上的包装，以及部分散装食品的包装。

任务三　消费资料行业的流通加工装备与技术

随着中国城乡居民生活水平的不断提高，粮食和其他主要农产品的消费已经进入结构转型期。由于收入弹性和价格弹性不同，食物消费结构变化的进程也不同。

一、农产品基本概念

（一）农产品初加工概念

农产品初加工是指对农产品一次性的、不涉及农产品内在成分改变的加工，即对收获的各种农产品（包括纺织纤维原料）进行去籽、净化、分类、晒干、剥皮、沤软或大批包装以供给初级市场的服务活动，以及其他农产品的初加工活动，包括轧棉花、羊毛去杂质、其他类似的纤维初加工等活动；其他与农产品收获有关的流通加工服务活动，包括对农产品的净化、修整、晒干、剥皮、冷却或批量包装等加工处理活动。

（二）农产品深加工概念

农产品深加工是指对农业产品进行深度加工，以体现其效益最大化的生产环节，与“农产品初加工”概念相对应。如将稻谷、玉米加工为大米、玉米粉的生产，称为粗加工；在完成粗加工的基础上对半成品进行进一步的完善，使其更具价值，以追求更高附加值的生产，称为深加工。如将大米、玉米粉加工为爆米花、玉米糊的工程，称为深加工。

二、农产品消费流通加工技术与装备

农产品流通加工机械包括对收获后的农产品或采集的禽、畜产品进行初步加工，以及某些以农产品为原料进行深度流通加工的机械设备。农产品流通加工机械的品种很多，使用较多的有谷物类产品流通加工设备、麦类产品流通加工设备、玉米产品流通加工设备、薯类产品流通加工设备、食用豆类产品流通加工设备和其他类粮食产品流通加工设备等。

（一）谷物类产品流通加工

谷物类产品流通加工设备主要用于将稻谷、高粱、粟和黍等类原粮脱壳去皮，碾制成成品粒米。例如：高粱、粟米等原粮先经除杂清理设备清除各种杂质后，进入砻谷机分离粒壳；排出的糙粮混合物进入糙粮分离筛；糙粮分离筛利用粮壳和糙米在粒度、密度和表面特性等方面的差异，将未脱壳的原粮整粒分离出来并送回砻谷机；糙米则进入碾米机碾制成白米，然后经成品分级筛除去糠粞和碎米，即得成品白米。谷物类产品流通加工设备如图 6－31 所示。

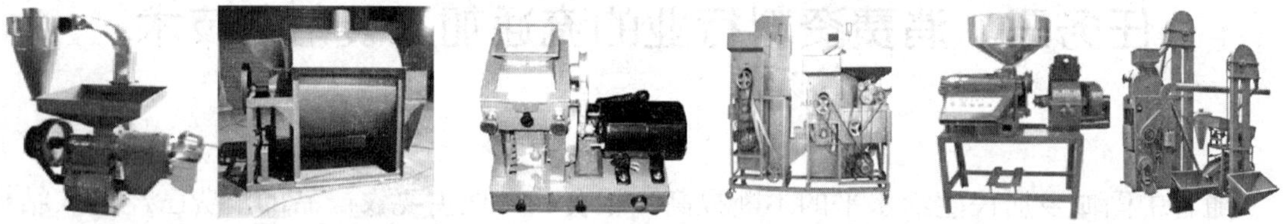

（a）高粱、粟米等原粮脱皮机　（b）出糙机　（c）砻谷机　（d）碾米机

图 6－31　谷物类产品流通加工设备

（二）麦类产品流通加工

麦类产品流通加工主要是指用相关设备将小麦、玉米、大麦、荞麦和莜麦等原粮去掉皮层和胚芽，研磨成成品粉。例如：小麦原粮经除杂清理设备清除各种杂质和黏附在麦粒表面的泥土、灰尘后，对小麦进行清理、配麦、磨粉、筛理、分级、包装等简单加工处理，然后制成小麦面粉及各种专用粉，中间物料再进入另一台磨粉机研磨，如此反复提取面粉，最后经刷麸机将麸皮排出。麦类产品流通加工装备如图 6－32 所示。

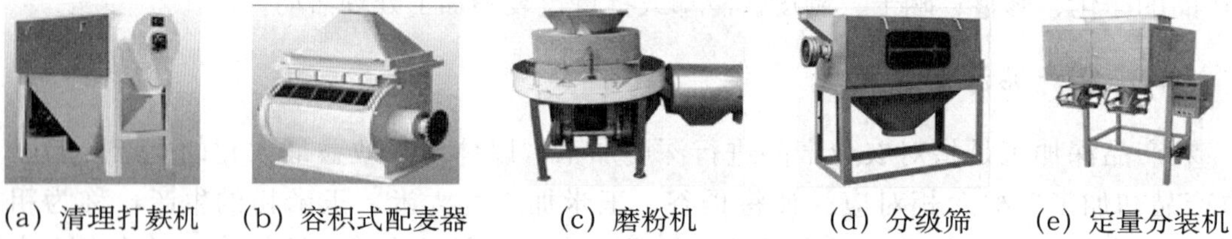

（a）清理打麸机　（b）容积式配麦器　（c）磨粉机　（d）分级筛　（e）定量分装机

图 6－32　麦类产品流通加工装备

（三）玉米产品流通加工

玉米一直被用于食品和饲料，是重要的传统食品，并有“饲料之王”的称号。玉米产品流通加工通过对玉米籽粒进行清理、浸泡、粉碎、分离、脱水、干燥、分级、包装等简单加工处理后，生产出玉米粉、玉米碴、玉米片等；鲜嫩玉米经筛选、脱皮、洗涤、速冻、分级、包装等简单加工处理后，生产出鲜食玉米（速冻玉米、甜玉米、花色玉米、玉米籽粒）。玉米产品流通加工装备如图 6－33 所示。

(a) 玉米剥皮机　(b) 脱粒机　(c) 玉米面粉震动筛　(d) 玉米烘干机　(e) 玉米包装机

图 6-33　玉米产品流通加工装备

(四) 薯类产品流通加工

薯类产品流通加工是指对马铃薯、甘薯等薯类进行清洗、去皮、磋磨、切制、干燥、冷冻、分级、包装等简单加工处理，制成薯类初级制品的过程，薯类产品具体包括：薯粉、薯片、薯条。薯类是比较经济的淀粉原料之一，也是许多工业产品的中间原料。薯类产品流通加工装备如图 6-34 所示。

(a) 清洗、去皮机　(b) 磋磨、切制设备　(c) 干燥设备　(d) 分级、包装设备

图 6-34　薯类产品流通加工装备

(五) 食用豆类产品流通加工

食用豆类产品流通加工是指对大豆、绿豆、红小豆等食用豆类进行清理去杂、浸洗、晾晒、分级、包装等简单流通加工处理，制成豆面粉、黄豆芽、绿豆芽的过程。食用豆类产品流通加工装备如图 6-35 所示。

(a) 大豆清洗机　(b) 晾晒设备　(c) 大豆分级机　(d) 真空包装机

图 6-35　食用豆类产品流通加工装备

(六) 其他类粮食产品流通加工

其他类粮食产品流通加工是指对燕麦、荞麦、高粱、谷子等杂粮进行清理去杂、脱壳、烘干、磨粉、轧片、冷却、包装等简单流通加工处理，制成燕麦米、燕麦粉、燕麦麸皮、燕麦片、荞麦米、荞麦面、小米、小米面、高粱米、高粱面的过程。其他类粮食产品流通加工装备如图 6-36 所示。

(a) 去杂、脱壳机　　(b) 炒货、烘干机　　(c) 磨粉、轧片机

图 6-36　其他类粮食产品流通加工装备

三、园艺植物产品消费流通加工技术与装备

对于园艺植物产品消费流通加工来说，应当承认，作为一个园艺大国，我们的生产水平是很落后的，很多地方的生产仍是个体的、分散的，技术水平不高，因此单产低、质量次、效益低。

（一）茶叶类产品流通加工

茶叶类产品流通加工是指对茶树上采摘下来的鲜叶和嫩芽进行杀青揉捻、发酵、烘干、分级、包装等简单加工处理的过程。茶叶类产品流通加工装备如图 6-37 所示。

(a) 杀青揉捻机　(b) 茶叶发酵　(c) 烘干机　(d) 茶叶分级机　(e) 分装机

图 6-37　茶叶类产品流通加工装备

茶叶是我国具有出口优势的农产品，但加工的装备落后，产品的质量和包装档次低，综合利用程度低。制成的初制毛菁制茶、边销茶、紧压茶和掺兑各种药物的茶及茶饮料不属于流通加工范围。

（二）花卉类产品流通加工

花卉类产品流通加工是指通过对观赏用、绿化及其他各种用途的花卉及植物进行保鲜、储藏、烘干、分级、包装等简单流通加工处理，制成各类鲜、干花的过程。花卉类产品流通加工装备如图 6-38 所示。

(a) 花卉保鲜　(b) 花卉储藏　(c) 花卉烘干　(d) 花卉分级　(e) 花卉包装

图 6-38　花卉类产品流通加工装备

（三）林木产品流通加工

林木产品流通加工是指通过将伐倒的乔木、竹去枝、去梢、去皮、去叶、锯段等简单流通加工处理，制成原木、原竹、锯材的过程。林木产品流通加工装备如图 6－39 所示。

图 6－39　林木产品流通加工装备

（四）糖料植物类产品流通加工

糖料植物类产品流通加工是指通过对各种糖料植物，如甘蔗、甜菜、甜菊等，进行清洗、切割、压榨等简单流通加工处理，制成制糖初级原料产品的过程。糖料植物类产品流通加工装备如图 6－40 所示。

图 6－40　糖料植物类产品流通加工装备

（五）药用植物类产品流通加工

药用植物类产品流通加工是指通过对各种药用植物的根、茎、皮、叶、花、果实、种子等，进行挑选、整理、捆扎、清洗、晾晒、切碎、蒸煮、炒制等简单流通加工处理，制成片、丝、块、段等中药材的过程。加工的各类中成药不属于初加工范围。药用植物类产品流通加工装备如图 6－41 所示。

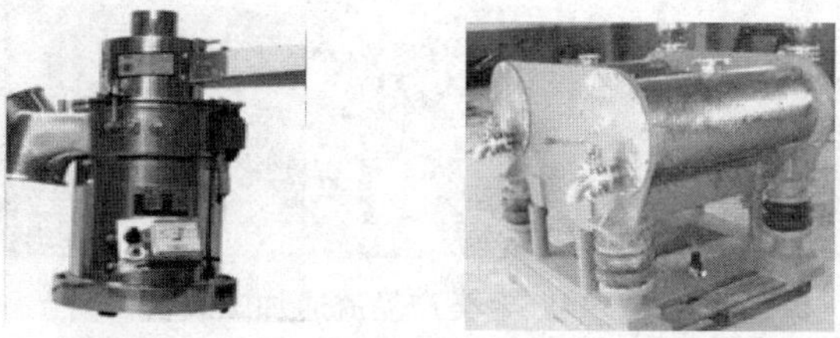

图 6－41　药用植物类产品流通加工装备

（六）热带、亚热带作物类产品流通加工

热带、亚热带作物类产品流通加工是指通过对热带、亚热带作物去除杂质、脱水、干

燥、分级、包装等简单流通加工处理，制成工业初级原料的过程，其产品具体包括：天然橡胶生胶和天然浓缩胶乳、生咖啡豆、胡椒籽、肉桂油、桉油、香茅油、木薯淀粉、木薯干片、坚果。热带、亚热带作物类产品流通加工装备如图 6－42 所示。

图 6－42 热带、亚热带作物类产品流通加工装备

四、畜禽类产品消费流通加工技术与装备

（一）皮类产品消费流通加工

皮类产品消费流通加工是指通过对畜禽类动物皮张剥取、浸泡、刮里、晾干或熏干等简单加工处理，制成生皮、生皮张的过程。皮类产品流通加工装备如图 6－43 所示。

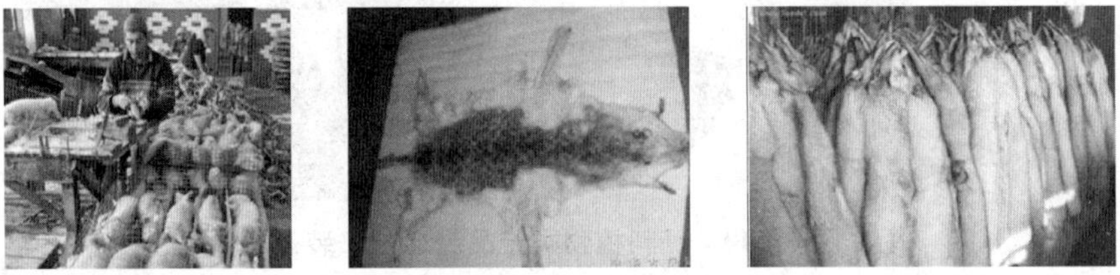

图 6－43 皮类产品流通加工装备

（二）毛类产品流通加工

毛类产品流通加工是指通过对畜禽类动物毛、绒或羽绒分级、去杂、清洗等简单加工处理，制成洗净毛、洗净绒或羽绒的过程。毛类产品流通加工装备如图 6－44 所示。

图 6－44 毛类产品流通加工装备

（三）蜂产品流通加工

蜂产品流通加工是指通过去杂、过滤、浓缩、熔化、磨碎、冷冻等简单加工处理，制成蜂蜜、蜂蜡、蜂胶、蜂花粉的过程。蜂产品流通加工装备如图 6－45 所示。

王浆粉、各种蜂产品口服液、胶囊不属于流通加工范围。

图 6－45　蜂产品流通加工装备

不同的国家在食物消费的偏好与消费需求的起点上存在很大差异。一个国家的农产品生产既要满足国内市场需求，也要满足国际市场需求。国内消费的农产品既包括来自国内生产的产品，也包括来自国外生产的产品。食物消费结构升级是未来推动中国农产品消费增长最主要的动力。

学习能力测试

学习测试 1：名词解释

流通加工　分选　农业物流　粮食流通加工

学习测试 2：单项选择

1. 流通加工主要是为促进与便利（　　）而进行的加工。

A. 流通　B. 增值　C. 流通与销售　D. 提高物流效率

2. 流通加工是为满足客户及消费者的需要而进行的对商品外形变化的处理过程。下列不属于流通加工活动的是（　　）。

A. 分选加工　B. 精制加工　C. 合成加工　D. 分装加工

3. （　　）是指物品在从生产地到使用地的过程中，根据需要施加包装、分割、计量、分拣、刷标志、拴标签、组装等作业的总称。

A. 生产加工　B. 社会加工　C. 包装加工　D. 流通加工

4. （　　）是指用于物品包装、分割、计量、分拣组装、价格贴附等作业的专业机械装备。

A. 包装装备　B. 运输装备　C. 流通加工装备　D. 仓储装备

5. 流通加工中的加工是改变产品物质的（　　），形成一定产品的活动。

A. 形状和空间状态　B. 形状和性质

C. 空间状态和时间状态　D. 性质和时间状态

学习测试 3：不定项选择

1. 按照流通加工形式，流通加工装备可分为（　　）。

A. 金属加工装备　B. 木材加工装备　C. 食品加工装备

D. 剪切加工装备　E. 分选加工装备

2. 下列属于流通活动的有（　　）。

A. 商流　B. 物流　C. 资金流　D. 信息流

E. 流通辅助活动

3. 分装加工包括（　　）。

A. 大包装改小包装　B. 散装改小包装　C. 运输包装改销售包装

D. 商品分拣　E. 生产加工改为流通辅助加工

4. 流通加工分为（　　）。

A. 深度加工型　B. 延续加工型　C. 后勤服务加工型

D. 促销加工型　E. 流通辅助活动

5. 流通加工的具体作用表现在（　　）等方面。

A. 提高原材料利用率　B. 改变功能，提高收益

C. 进行初级加工，方便用户　D. 提高加工效率及装备利用率

E. 充分发挥各种输送手段的最高效率

项目七 集装单元化装备与技术

问题引入

互联网技术把距离变近了，把世界变小了。人们拿起电话就可以和大洋彼岸的亲友互致问候，跨国公司总部可以在万里之外对本企业的全球采购和产品销售活动进行实时指挥调度。“经济全球化”或“全球化经济”成为常见的词汇。

我们所说的“距离变近”“世界变小”并不是指我们所存在的三维空间真的发生了什么变化，这只是对信息交流的快捷、方便的形容而已，具体的物流活动仍然要在现实的三维空间里进行。在科技不太发达，起重、装卸机具没有普遍采用，装卸工作全要依靠人力进行时，杂散货物的组合包装程度主要受两个因素制约：一个是包装材料的限制，包装材料强度和材料自重约束了包装体的大型化；另一个是人力装卸能力的限制，包装必须限制在人的最大体能范围之内。杂散货物的组合方式是随着科学技术的进步而发展的。

任务导读

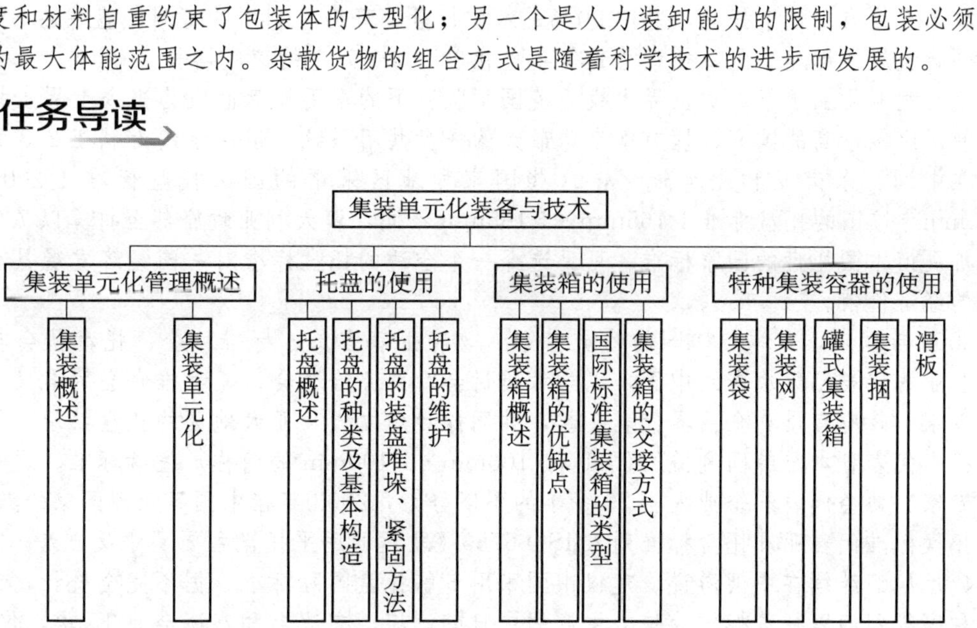

学习目标

知识目标：

1. 掌握集装单元化的概念、特点、原则及实现意义。
2. 了解托盘的概念、功能、特点；掌握托盘的基本种类、基本构造。

3. 掌握集装箱的特点、运输方式的特点和运输的优越性。

4. 掌握国际标准集装箱的类型及各自的特点。

5. 掌握集装袋、集装网、罐式集装箱、集装捆和滑板的概念、特点、设计标准和使用要点。

能力目标：

1. 能够根据货物的特性选择不同形态、不同材质的合适托盘。

2. 能够根据货主要求选择合适类型的集装箱，并能对集装箱的外部、内部、箱门、清洁状况、附属件及设备进行恰当的检查。

3. 能够在工作中依据货物特点选择合适规格的集装箱，并能安排合适的装载方式。

4. 能够选择合适的集装容器把不规则货物归整成统一规格的作业单元。

案例导入

日韩为何如此关心我国的托盘标准

托盘是物流产业中最不起眼，又无处不在的一块货物垫板。尽管它只有一米见方大小，却“可以移动整个地球”。它起源于20世纪40年代的太平洋战争期间，美国军队首次使用托盘来提高货物的搬运效率，保证后勤物资供应。此后托盘在世界各国得到了广泛应用。目前在美国有80%的商品贸易由托盘运载，在欧洲每年有2.8亿个托盘在企业间循环。我国大约有1亿个托盘，其中90%是木质托盘，可循环利用的塑料托盘仅占8%。由于我国物流规模迅速扩张，托盘总量每年也在以2 000万个的速度增长。

澳大利亚得益于第二次世界大战后美国军队留下的军用托盘而成为当今世界上标准化托盘使用比例最高的国家，拥有南半球最大的托盘共用系统。但由于澳大利亚2/3的贸易市场在中国、东南亚和北美地区，这些国家和地区采用的国际托盘标准1 200mm×1 000mm与该国的托盘标准1 165mm×1 165mm不同，澳大利亚政府甚至打算以7亿美元的代价更换本国托盘的国家标准。可见选择一个合适的托盘标准对一国经济发展具有多么重大的经济价值。

2000年以来，日本与韩国的物流专家、政府主管官员、标准协会、托盘协会与托盘租赁企业的代表无数次来到中国，以学术研讨会、商务洽谈会、托盘推介会的名义与我国物流专家、政府官员和企业界代表一起，共同探讨建立代表亚太地区的托盘共用系统，在中国推广代表日本与韩国利益的T11（1 100mm×1 100mm的简称）托盘标准。通过日韩托盘专家、协会代表和企业人士20多年的不懈努力，2003年在中国等亚洲国家的默认下，T11托盘标准代表亚洲托盘标准列入ISO 6780《联运通用平托盘主要尺寸及公差》国际标准。此后他们继续在中国游说，建议中国采用日韩托盘国际标准。据不完全统计，近五年来各种高级别的以托盘标准为核心主题的中日韩论坛、交流会和座谈会有15次，仅日本、韩国出面组织的以推广T11托盘使用、建立亚太地区托盘共用系统为目的的STAP11活动高层研讨会就开过5次。每一次会议无不聚焦一个话题：“建议中国采用T11托盘标准，开展中日韩托盘共用合作，建立代表亚洲的托盘共用系统。”当然，就会议本身而言并不能说明什么，但日韩专家的意见以及日韩多次出面组织这些会议与活动可以折射出：日韩非常关心中国的托盘标准。

（资料来源：中国包装网，2006-10-07.）

? 问题与思考

1. 为什么澳大利亚打算以 7 亿美元的代价更换本国托盘的国家标准？
2. 为什么日本和韩国如此关心中国的托盘标准？

知识探究

集装单元化已运用于物流的各个环节，是现代物流技术进步和结构创新的一项重大举措。集装单元化作为现代物流的重要特征之一，具有极其重要的经济意义和社会意义。

任务一　集装单元化管理概述

现代物流的特征之一是物料的集装单元化，它在现代物流中占有重要的地位，集装单元化程度的高低是判断一个国家现代物流是否发达的重要标志之一。

一、集装概述

（一）集装的概念

将许多单件物品通过一定的技术措施组合成尺寸规格相同、重量相近的大型标准化的组合体，这种大型的物品组合状态称为集装。

从包装角度来看，集装是一种按一定单元将杂散物品组合包装的形态，是属于大型包装的形态。

在多种类型的产品中，小件杂散货物很难像机床、构件等产品那样进行单件处理，由于其杂、散，且个体体积、重量都不大，所以需要进行一定程度的组合，才能有利于销售，有利于物流，有利于使用。

（二）集装的方式和种类

各种典型的集装方式和它们之间的变形方式如图 7－1 所示。集装器具主要有三大类，即托盘、集装箱和其他集装器具。

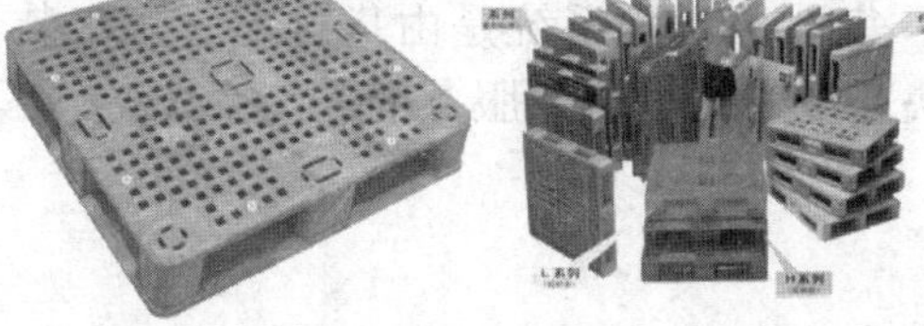

(a) 托盘

(b) 集装箱

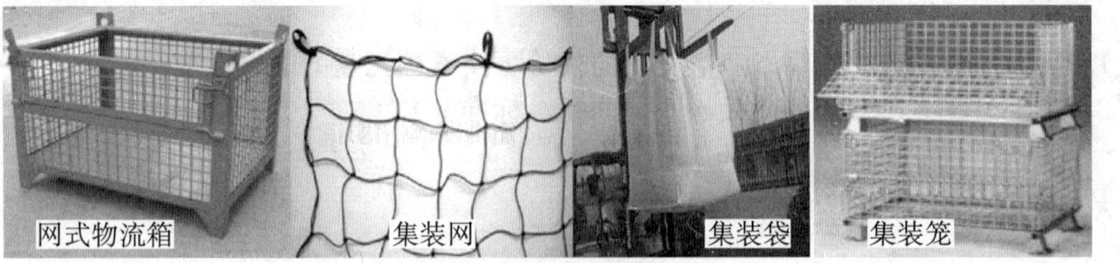

(c) 其他集装器具

图 7-1 集装器具

(1) 托盘。最典型的是平托盘，其变形体有柱式托盘、架式托盘（集装架）、笼式托盘（集装笼）、箱式托盘、折叠式托盘、轮式托盘（台车式托盘）、薄板托盘（滑板）等。

(2) 集装箱。最典型的是普通集装箱，其变形体有笼式集装箱、罐式集装箱、台架式集装箱、平台集装箱、折叠式集装箱等，许多类集装箱和相应的托盘在形态上区别并不大，但规格相差较大。

(3) 集装容器。典型的集装容器是集装袋，其变形体有集装网、集装罐、集装筒等。

(4) 集装货捆。集装网也是集装货捆的一种变形体。

（三）集装系统

集装系统是以集装方式进行全物流过程各项活动并对此进行综合、全面管理的物流形式。集装系统有时简称集装或集装单元化，这是许多活动的总称。

集装系统既是一种包装形式，又远远超出包装的范畴；既是一种运输或储存形式，又不完全只起运输或储存的作用。

在集装系统中，首要的问题是将货物形成集装状态，即形成一定大小和重量的组合体，这是集零为整的方式。将零散货物集中成一个单元，称单元组合，又称集装单元化。这样形成的货载称为单元组合货载，又称集装货载。

集装单元化是物流现代化的标志。随着科学技术的发展，生产技术得到了发展，各种交通工具和交通设施以及交通网络也得到了不断发展，同时由于市场扩大了，为大量生产提供了良好的环境，大量生产的产品要输送到各地，大批量、长距离输送就显得越来越重要。

二、集装单元化

（一）集装单元化的概念

集装单元化是以集装单元为基础组织的装卸、搬运、储存和运输等物流活动的方式。集装单元的实质就是要形成集装单元化系统，集装单元化系统是由货物单元、集装器具、装卸搬运设备和输送设备等组成的能高效、快速地进行物流业服务的人工系统。

（二）集装单元化的优缺点

集装单元化的优点如下：

(1) 通过标准化、通用化、配套化和系统化来实现物流功能作业的机械化、自动化。

(2) 物品移动简单，减少重复搬运次数，缩短作业时间和提高效率，装卸机械的机动性增强。

（3）改善劳动条件，降低劳动强度，提高劳动生产率和物流载体利用率。

（4）便于物流各功能环节衔接，容易进行物品的数量检验，清点交接简便，减少差错。

（5）货物包装简单，节省包装费用，降低物流功能作业成本。

（6）容易高堆积，减少物品堆码存放的占地面积，能充分灵活地运用空间。

（7）能有效地保护物品，防止物品的破损、污损和丢失。

集装单元化的缺点是作业有间歇、需要宽阔的道路和良好的路面、托盘和集装箱的管理烦琐、设备费一般较高，由于托盘和集装箱自身的体积及重量的原因，使物品的有效装载减少。

（三）集装单元化的意义

（1）为装卸作业机械化、自动化创造了条件，加速了运输工具的周转，缩短了货物运输的时间，从总体上提高了运输工具装载量和容积利用率。

（2）促使包装合理化。采用集装后，物品的单体包装及小包装要求可降低甚至可去掉小包装，不仅节约了包装材料，而且由于集装化器具包装强度高，对货物的防护能力强，能有效减少物流过程中的货差、货损，保证货物安全。

（3）方便仓储保管作业，标准集装货物便于堆码，能有效提高仓库、货场单位面积的储存能力。

（4）减轻或完全避免污秽货物对运输工具和作业场所的污染，改善环境状况。

（5）集装单元化的最大效果是以其为核心所形成的集装系统，将原来分离的物流各环节有效地联合为一个整体，使整个物流系统实现合理化。集装货物便于清点，简化了物流过程各环节间、不同运输方式间的交接手续，促进不同运输方式之间的联合运输，实现“门到门”的一条龙服务。

任务二 托盘的使用

随着经济活动总量的增长，仓库发挥的作用越来越大，为提高仓库的出入库效率和仓库的库容量利用系数，实现仓储作业的机械化、自动化，托盘被大量应用。托盘作为叉车的附属搬运工具，又成了一种储运工具，解决了大量物资的快速装卸问题，其应用得到进一步发展。

一、托盘概述

（一）托盘的概念

我国国标把托盘定义为：用于集装、堆放、搬运和运输的放置作为单元负荷的货物和制品的水平平台装置。其基本功能是装物料，同时还应便于叉车和堆垛机的叉取和存放。

（二）托盘的特点

托盘作为一种装卸储运物资的轻便平台，便于利用叉车、搬运车辆或吊车等装卸搬运单元物品或小数量的物品。托盘的主要优点如下：

（1）自重量小，因而便于装卸。运输托盘本身所消耗的劳动较小，比集装箱的无效运输、装卸更少。

（2）返空容易。托盘返空时占用运力很少。由于托盘造价不高，又很容易互相代用，互以对方托盘抵补，所以无须像集装箱那样必有固定归属者，也无须像集装箱那样返空。即使返运，也比集装箱容易。

（3）装盘容易。托盘无须像集装箱那样深入箱体内部，装盘后可采用捆扎、紧包等技术处理，使用起来更简便。

（4）托盘装载量虽较集装箱小，但也能集中一定的数量，比一般包装的组合量大得多。

托盘的主要缺点是保护性比集装箱差，露天存放困难，需要有仓库等配套设施。

（三）托盘的使用方法

托盘的使用有两种方法：托盘联运和专用托盘。

（1）托盘联运。托盘联运是托盘的重要使用方式。托盘联运又称一贯托盘运输，其含义是从发货人开始，通过装卸、运输、转运、保管、配送等物流环节，将托盘货体原封不动地送达收货人的一种“门到门”运输方法。

（2）专用托盘。专用托盘是按某一领域的要求，在这一领域的各个环节，采用专用托盘作为贯通一气的手段，实际上，专用托盘是某一小领域的托盘联运。

二、托盘的种类及基本构造

（一）托盘的基本种类

托盘是一种重要的集装器具，其按基本形态大致可分为平托盘、柱式托盘、箱式托盘、轮式托盘和特种专用托盘。

（二）托盘的基本构造

1. 平托盘

一般所称的托盘主要是指平托盘。平托盘是托盘中使用量最大的一种，可以说是托盘中的通用型托盘。木制平托盘的基本构造如图 7－2 所示。

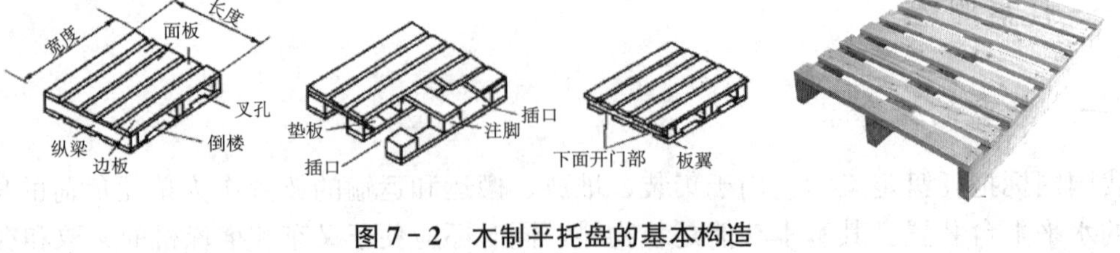

图 7－2　木制平托盘的基本构造

（1）按台面分类。平托盘按承托货物台面可分成单面型、单面使用型、双面使用型、单面四向型、单面使用四向型、双面使用四向型、单面单翼型、单面使用单翼型、双面使用单翼型等 9 种，如图 7－3 所示。

单面型

单面使用型

双面使用型

单面四向型

单面使用四向型

双面使用四向型

单面单翼型

单面使用单翼型

双面使用单翼型

图 7－3　各种平托盘构造

（2）按叉车叉入方式分类。平托盘按叉车叉入方式可分为单向叉入型、双向叉入型、四向叉入型 3 种，如图 7－4 所示。四向叉入型，叉车可从四个方向进叉，因而叉运较为灵活。

（a）单向叉入型

（b）双向叉入型

（c）四向叉入型

图 7－4　平托盘按叉车叉入方式分类

（3）按制造材料分类。平托盘按照制造材料可分为木制、塑料制、钢制和高密度合成板平托盘四类。

1）木制平托盘。各种类型的木制平托盘如图 7－5 所示。木制平托盘制造容易，便于维修，本体也较轻，是使用较广泛的平托盘。

图 7－5　各种类型的木制平托盘

2）塑料制平托盘。各种类型的塑料制平托盘如图 7-6 所示。塑料制平托盘一般为双面使用型，两向叉入或四面叉入，由于塑料强度有限，很少有翼型的平托盘。

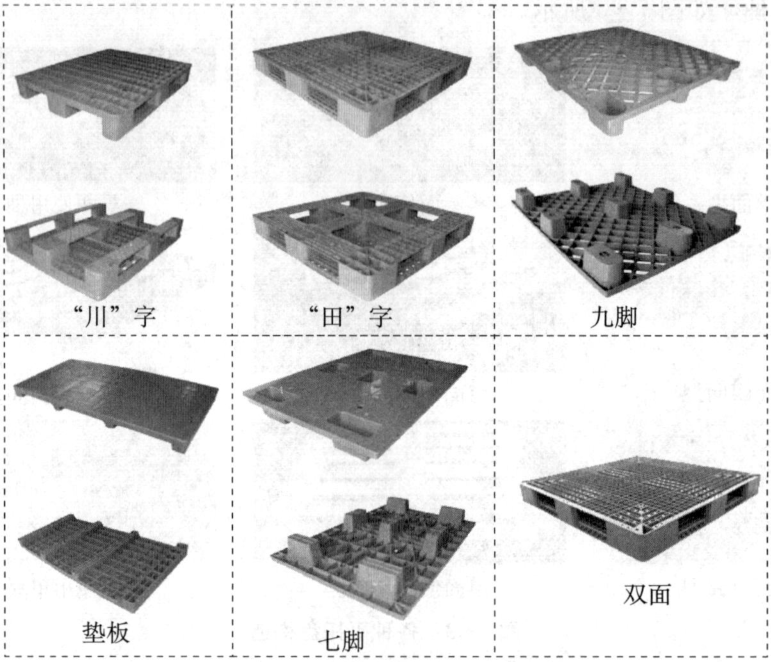

图 7-6　各种类型的塑料制平托盘

3）钢制平托盘。各类钢制平托盘如图 7-7 所示。钢制平托盘的最大特点是强度高，不易损坏和变形，维修工作量较小。

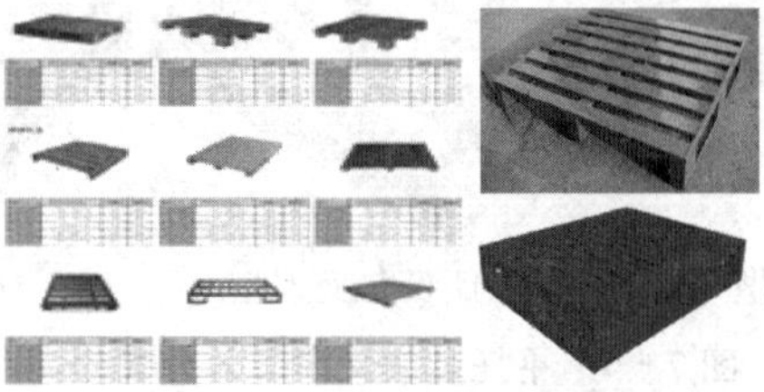

图 7-7　各类钢制平托盘

4）高密度合成板平托盘（免熏蒸）。包括：纸质材料合成和其他各类废弃物、再生环保材料经高温高压合成两类，如图 7-8 所示。

(a) 纸质材料高密度合成板平托盘　(b) 其他材料高密度合成板平托盘

图 7-8　高密度合成板平托盘

2. **柱式托盘**

柱式托盘的四个角有固定式或可卸式的柱子，这种托盘又可从对角的柱子上端用横梁连接，使柱子成门框型。柱式托盘的柱子部分用钢材制成，按柱子固定与否分为固定柱式和可卸柱式两种，如图 7－9 所示。

（a）固定柱式　　　（b）可卸柱式

图 7－9　柱式托盘

3. **箱式托盘**

箱式托盘的基本结构是沿托盘四个边有板式、栅式、网式等各种平面组成箱体，有些箱体有顶板，有些箱体上没有顶板。箱板有固定式、折叠式和可卸式三种，如图 7－10 所示。

（a）固定式　　　（b）折叠式　　　（c）可卸式

图 7－10　箱式托盘

4. **轮式托盘**

轮式托盘的基本结构是在柱式、箱式托盘下部装有小型轮子，这种托盘不但具有一般柱式、箱式托盘的优点，而且可利用轮子做小距离运动，可不需搬运机具实现搬运。如图 7－11 所示。

图 7－11　轮式托盘

三、托盘的装盘堆垛、紧固方法

（一）托盘货物的装盘堆垛方式

在托盘上放装同一形状的立体包装货物时，可采取各种交错咬合的办法码垛，以提高货垛的稳定性。一般采用重叠式、层间纵横交错式、正反交错式、旋转交错式等方式。如图 7－12 所示。

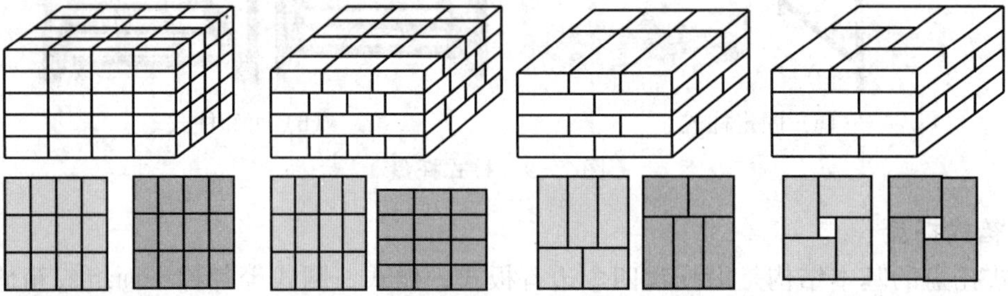

（奇数层）（偶数层）（奇数层）（偶数层）（奇数层）（偶数层）（奇数层）（偶数层）

（a）重叠式　（b）层间纵横交错式　（c）正反交错式　（d）旋转交错式

图 7－12　托盘货物堆积模型

（1）重叠式。即各层码放方式相同，上下对应。

（2）层间纵横交错式。即奇数层的货物之间成 90°角交叉堆码。重叠式和层间纵横交错式都适合用自动装盘机进行装盘操作。

（3）正反交错式。即在同一层中，不同列的货物以 90° 角垂直码放，而奇数层和偶数层之间成 180° 角进行堆码。

（4）旋转交错式。在各层中改变货物的方向进行堆码，每层相邻的两个包装体都呈 90°角，上下两层间的码放又相差 180° 角。

（二）托盘货体的紧固方法

为保证货体的稳定性，防止塌垛、散垛，避免货差货损，托盘货物常用的紧固方法有捆扎、加网罩紧固、加框架紧固、加专用金属卡具固定、层间夹摩擦材料紧固、黏合紧固、收缩薄膜紧固、拉伸薄膜紧固、平托盘周边垫高稳固等。

1. 捆扎

捆扎是指用绳索、打包带等柔软索具对托盘货体进行捆扎以保证货体稳定的方法，如图 7－13 所示。

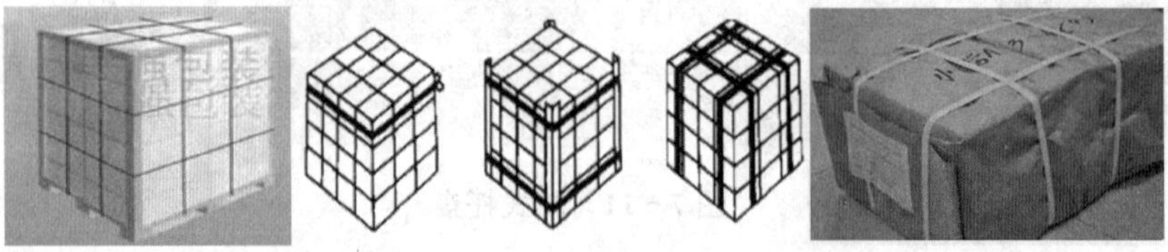

图 7－13　捆扎方法

2. 加网罩紧固

加网罩紧固主要用于装有同类货物托盘的紧固，多见于航空运输，将航空专用托盘与网罩结合起来，就可以达到紧固的目的。将网罩套在托盘货物上，再将网罩下端的金属配件挂在托盘周围的固定金属片上（或将绳网下部缚牢在托盘的边沿上），以防形状不整齐的货物发生倒塌，如图 7－14 所示。

图 7－14　加网罩紧固方法

3. 加框架紧固

加框架紧固是指将墙板式的框架加在托盘货物相对的两面或四面以至顶部，用以增加托盘货体的刚性的紧固方法。框架的材料以木板、胶合板、瓦楞纸板、金属板等为主。加固方法有固定式和组合式两种，如图 7－15 所示。

图 7－15　加框架紧固方法

4. 加专用金属卡具固定

对某些托盘货物，最上部如能伸入金属夹卡，则可用专用夹卡将相邻的包装物卡住，以使每层货物通过金属卡具成一整体，防止个别货物分离滑落，如图 7－16 所示。

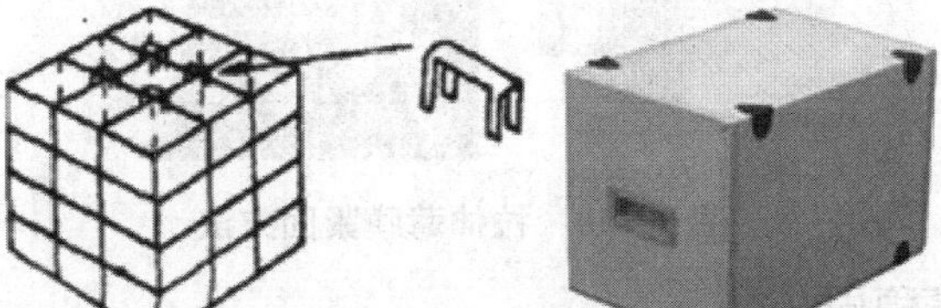

图 7－16　加专用金属卡具固定方法

5. 层间夹摩擦材料紧固

层间夹摩擦材料紧固是指将具有防滑性能的纸板夹在各层器具之间，以增加摩擦力，防止水平移动（滑动）或受冲击时托盘货物各层间移位的紧固方法。防滑片除纸板外，还有软质聚氨酯泡沫塑料等片状物，如图 7－17 所示。

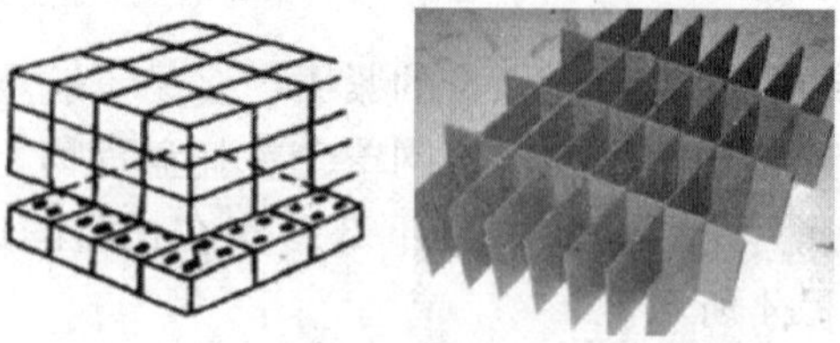

图 7-17　层间夹摩擦材料紧固方法

6. 黏合紧固

黏合紧固具体有两种方法，一是在下一层货箱上涂上胶水使上下货箱黏合，二是每层之间贴上双面胶条，将两层货箱通过胶条黏合在一起，防止物流中托盘货物从层间滑落，如图 7-18 所示。

7. 收缩薄膜紧固

收缩薄膜紧固是将热缩塑料薄膜制成一定尺寸的套子，套于托盘货垛上，然后进行热缩处理，塑料薄膜收紧后，便将托盘与货物紧固成一体，如图 7-19 所示。

图 7-18　黏合紧固方法

图 7-19　收缩薄膜紧固方法

8. 拉伸薄膜紧固

拉伸薄膜紧固是指用拉伸塑料薄膜将货物与托盘一起缠绕裹包形成集装件，如图 7-20 所示。顶部不加塑料薄膜时形成四面封，顶部加塑料薄膜时形成五面封，拉伸包装不能形成六面封，不能防潮。

图 7-20　拉伸薄膜紧固方法

9. 平托盘周边垫高稳固

平托盘周边垫高稳固是指将平托盘周边稍稍垫高，托盘上所放货物会向中心相互靠拢，在物流过程中发生摇摆、振动时，可防止层间滑动错位，防止货垛外倾，从而能起到稳固作用。

四、托盘的维护

托盘的破损原因一般有：叉车驾驶员野蛮操作，货叉损伤盘面或桁架；人工装卸空托盘时，托盘跌落而造成损伤等。从修理的实例看，盘面重钉修理较多。从一般的实际使用情况看，运输用托盘的平均寿命约为3年，内保管用托盘的平均寿命约为6年。

任务三　集装箱的使用

集装工具主要由各种集装器具及配套工具构成，如集装箱、托盘、周转箱、集装袋、散装罐、仓库笼等。其中集装箱是最主要的集装器具。

一、集装箱概述

集装箱是最主要的集装器具，它能为铁路、公路和水路运输所通用，能一次装入若干个运输包装件、销售包装件或大量散装货物。

集装箱是一种包装方式，也是一种运输器具。1970年国际标准化组织正式给集装箱下了定义。我国国家标准GB/T 6974.19—1986中对集装箱进行了定义。

集装箱是一种运输设备，它能满足下列要求：

(1) 具有坚固耐久性，能反复使用。

(2) 适用于在一种或几种运输方式中运输，在途中转运时，箱内货物不需换装。

(3) 装有快速装卸和搬运装置，特别是便于从一种运输器具转移到另一种运输器具。

(4) 便于货物装满和卸空。

(5) 具有1立方米或1立方米以上的容积。

集装箱是具有一定规格和强度的周转用的大型货箱（亦称货柜箱）。根据货物特性和运输需要，集装箱可以用钢、玻璃钢、铝等材料制成，它是适合于铁路、水路、公路、航空等多种运输方式的现代化集装器具。

二、集装箱的优缺点

集装箱作为一种集合运输包装，有着其他包装形式无法比拟的优点，其优点概括如下：

(1) 强度高，保护和防护能力强，因而货损小。

(2) 集装箱功能多，本身还是一个小型的储存仓库，因此，使用集装箱可以不再配置仓库、库房。

(3) 集装箱可以重叠堆放，有利于提高单位地面的储存数量。在车站、码头等待外运时，占地也较少。

(4) 在几种集装方式中，尤其在散杂货集装方式中，集装箱的集装数量较大。集装箱的装载量与自重之和，最高可达30吨以上。

(5) 集装箱还具备标准化装备的一系列优点，例如：尺寸、形状有一定规定，便于对装运货物和承运设备作出规划、计划；可简化装卸工艺，通用性、互换性强。

集装箱也存在较为明显的缺点和不足之处，这些缺点和不足限制了集装箱在更广的范围内应用。这些缺点概括起来主要有：

（1）自重大，因而无效运输、无效装卸的比重大。在物流过程中，许多劳动消耗于箱体本身上，增加了货物的运费。

（2）本身造价高，在每次物流中分摊成本较高。

（3）空箱返空有很大浪费。

三、国际标准集装箱的类型

按照用途，国际标准集装箱可分为以下 11 类。

（一）杂货集装箱

杂货集装箱又称干货箱，是一种通用集装箱，其适用范围很广，除需制冷、保温的货物与少数特殊货物外，只要在尺寸和重量方面适合用集装箱装运的货物，均可用杂货集装箱装运，如图 7－21 所示。在结构上，杂货集装箱的门均有水密性，可 270°开启。

图 7－21　杂货集装箱

（二）敞顶集装箱

敞顶集装箱主要适用于装载大型货物和重型货物，如钢材、木材、玻璃等。装载时，可用吊车从箱顶将货物吊入箱内，避免像一端开门或两端开门的通用集装箱那样只能从一端装货。这种集装箱不易损坏货物，可减轻装箱的劳动强度，又便于在箱内把货物固定好，如图 7－22 所示。

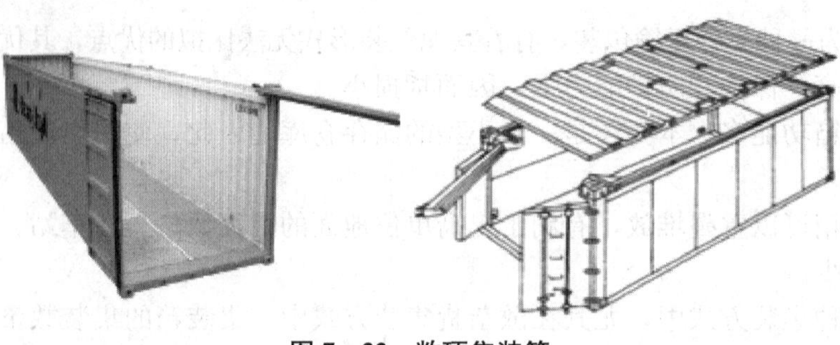

图 7－22　敞顶集装箱

这是一种特殊的通用集装箱，除箱顶可以拆下外，其他结构与通用集装箱类似。

（三）台架式集装箱

台架式集装箱如图 7－23 所示。一般来说，台架式集装箱没有箱顶和侧壁，可以用吊车从顶上装货，也可以用叉车从箱侧装货，适合于装载长大件和重件货，如重型机械、钢材、钢管、木材、钢锭、机床及各种设备。

图 7－23　台架式集装箱

（四）保温集装箱

为了运输需要冷藏或保温的货物，保温集装箱的所有箱壁都采用导热率低的材料。

1. 冷藏集装箱

冷藏集装箱（见图 7－24）是指以运输冷冻食品为主，能保持所定温度的保温集装箱。国际上采用的冷藏集装箱有两种：第一种是内置式冷藏集装箱，这种集装箱内带有冷冻机；第二种是外置式冷藏集装箱，这种集装箱上设有进气孔和出气孔，由船舶的冷冻装置供应冷气。

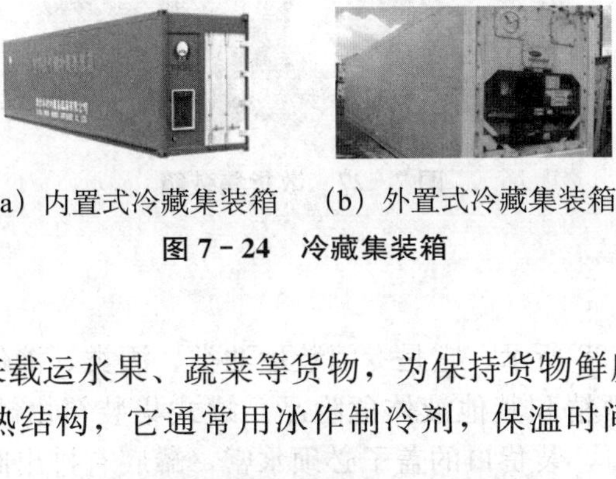

(a) 内置式冷藏集装箱　(b) 外置式冷藏集装箱

图 7－24　冷藏集装箱

2. 隔热集装箱

隔热集装箱主要用来载运水果、蔬菜等货物，为保持货物鲜度，防止温度上升过大，这种集装箱具有充分隔热结构，它通常用冰作制冷剂，保温时间为 72 小时左右，如图 7－25所示。

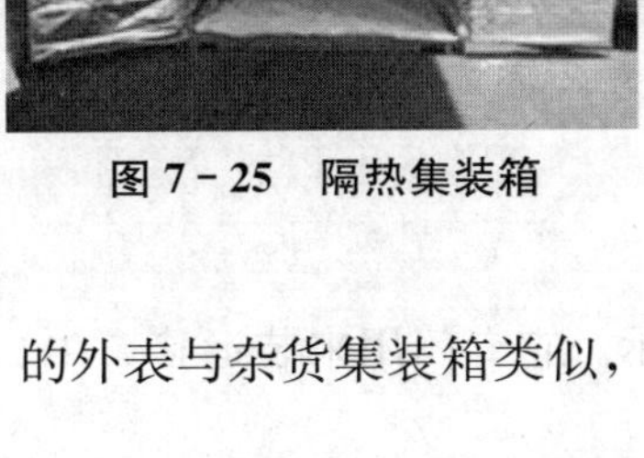

图 7－25　隔热集装箱

3. 通风集装箱

通风集装箱（见图 7－26）的外表与杂货集装箱类似，区别在于通风集装箱的侧壁或顶壁上设有若干供通风用的窗口，其通风方式一般采用自然通风，有的通风集装箱为了排出污水还设有排水口。如将其通风口关闭，通风集装箱可作为杂货集装箱使用。

图 7－26　通风集装箱

通风集装箱适于装载球根类作物、食品及其他需要通风、容易受潮变质的货物。如原皮、水果、蔬菜等。当船舶驶经温差较大的地域时，通风集装箱可防止由于箱内温度变化造成结露使货物变质。

（五）散货集装箱

散货集装箱（见图 7－27）主要用于装运粮食、粒状货物等，也可用于装运普通的件杂货。它的外形与杂货集装箱相近，在一端有箱门，同时在顶部有装货口，在箱门的下方还设有卸货口。散货集装箱除端口水密以外，装货口与卸货口也有很好的水密性，可以有效地防止雨水侵入。

图 7－27　散货集装箱

（六）罐式集装箱

罐式集装箱如图 7－28 所示。它是专门装运油类、酒类、液体食品及液态化学品的集装箱，还可以用来装运酒精和其他液体危险品。罐式集装箱由罐体和箱体框架两部分构成，罐体顶部设有装货口，装货口的盖子必须水密，罐底有排出阀。

图 7－28　罐式集装箱

（七）动物集装箱

动物集装箱如图 7－29 所示。它专门用来装运猪、牛、羊、鸡、鸭等活牲畜。为了避免阳光照射，动物集装箱的箱顶和侧壁一般用玻璃纤维加强塑料制成。为了保证箱内有较新鲜的空气，侧面和端面都有用铝丝网制成的窗。侧壁下方设有清扫口和排水口，另还装有喂食槽。

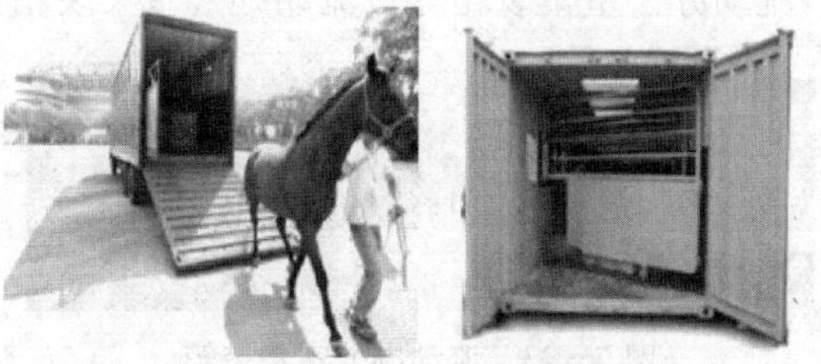

图 7-29　动物集装箱

（八）汽车集装箱

汽车集装箱主要用于装载小型轿车，如图 7-30 所示。它一般在简易箱底装有一个钢制框架，设有端壁和侧壁，箱底采用防滑钢板，如图 7-31 所示。

图 7-30　装载小型轿车的汽车集装箱

图 7-31　汽车集装箱结构图

（九）组合式集装箱

组合式集装箱又称子母箱，它的底盘独立，箱顶、侧壁和端壁可以分解和组合，既可以单独运输货物，也可以紧密地装在 20 英尺和 40 英尺集装箱内，作为辅助集装箱使用。

（十）服装集装箱

服装集装箱是杂货集装箱的一种变型，是在集装箱内的侧梁上装有许多横杆，每根横杆上垂下若干绳扣，成衣利用衣架上的钩直接挂在绳扣上，如图 7-32 所示。服装集装箱有单层、双层、三层、四层等。这种服装运输方法无须包装，节约了大量的包装材料和费用，也节省了包装劳动。将横杆的绳扣收起，这类集装箱就能作为普通杂货箱使用。

图 7-32　服装集装箱

（十一）其他用途集装箱

集装箱的应用越来越广泛，集装箱的种类也越来越多。其他用途集装箱有流动电站集装箱、流动房屋集装箱、流动办公室集装箱等。流动办公室集装箱如图 7－33 所示。

图 7－33　流动办公室集装箱

四、集装箱的交接方式

在集装箱运输过程中，整箱货和拼箱货在船货双方之间的交接方式有以下几种：

（1）门到门：由托运人负责装载的集装箱，在托运人货仓或厂库交承运人验收后，由承运人负责全程运输，直到收货人的货仓或工厂仓库交箱为止。

（2）门到场：由发货人货仓或工厂仓库至目的地或卸箱港的集装箱装卸区堆场。

（3）门到站：由发货人货仓或工厂仓库至目的地或卸箱港的集装箱货运站。

（4）场到门：由起运地或装箱港的集装箱装卸区堆场至收货人的货仓或工厂仓库。

（5）场到场：由起运地或装箱港的集装箱装卸区堆场至目的地或卸箱港的集装箱装卸区堆场。

（6）场到站：由起运地或装箱港的集装箱装卸区堆场至目的地或卸箱港的集装箱货运站。

（7）站到门：由起运地或装箱港的集装箱货运站至收货人的货仓或工厂仓库。

（8）站到场：由起运地或装箱港的集装箱货运站至目的地或卸箱港的集装箱装卸区堆场。

（9）站到站：由起运地或装箱港的集装箱货运站至目的地或卸箱港的集装箱货运站。

任务四　特种集装容器的使用

除了集装箱、托盘这两种应用面广、适应货物种类多的主体集装箱方式外，还有集装袋、集装网、罐式集装箱、集装捆等多种特种集装容器，这些集装容器在某些货物、某些领域能发挥特殊作用。

一、集装袋

（一）集装袋的概念

集装袋（见图 7－34）又称柔性集装袋、吨装袋、太空袋等，是一种袋式集装容器，是集装单元器具的一种，配以起重机或叉车，就可以实现集装单元化运输，它适用于装运大宗散状粉粒物料。

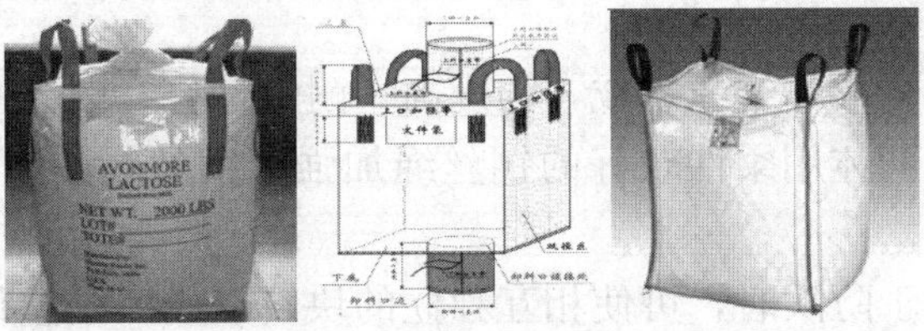

图 7-34　集装袋

（二）集装袋的特点

集装袋主要用于装块状、粒状或粉状物品，内容物的物理密度和松散程度对整体结果的影响有明显不同。集装袋的主要特点如下：

（1）集装袋是一种柔性运输包装容器，结构简单，装载量大。

（2）集装袋主要用于包装粉状、粒状物品以及小包装物品。如粮食、食盐、食糖、饲料、化工原料、矿产品、有色金属产品等。

（3）由于集装袋体量轻，又可折曲，所以比同样用途的金属容器更易于处理，在返空、清洗、存放方面更有优势，便于周转和回收重复使用。

（4）节省费用，降低成本。采用集装袋可有利于粉粒体、液体等难以处理的物品的物流，而且可提高装卸效率，降低费用和减少物流损失。

（5）集装袋可制成大型的、大容积的包装容器。制作集装袋的基布材料一般为聚丙烯纺织材料，也可采用天然纤维织成的帆布材料，表面涂覆材料有 EVA 塑料、乳胶、聚丙烯及聚氯乙烯等。

由于现代化学工业的发展，人造纤维材料已有了很大强度，因此便于仓储、物流和下游企业生产流程的机械化操作。

二、集装网

（一）集装网的概念

集装网（见图 7-35）是用高强纤维材料制成的柔性集装器具，可以集装 1～5 吨的小件袋装货物以及无包装的货物。集装网比集装袋更轻，因此运输中的无效运输更少，集装费用更省。

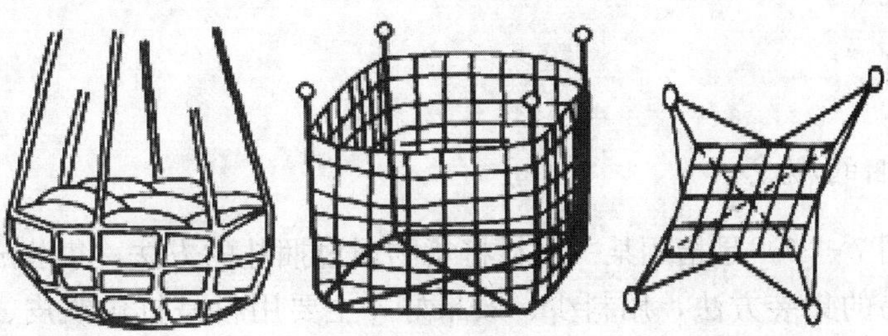

（a）盘式　　（b）箱式　　（c）片式

图 7-35　集装网结构类型

（二）集装网的优缺点

集装网的优点如下：

（1）盘式集装网由合成纤维绳编成，强度高、耐蚀性好、耐光和耐热性差。

（2）箱式集装网的网体用柔性较好的钢丝绳加强，钢丝绳的 4 个端头设有钢质吊环，易于起吊。

（3）柔性集装网用于防洪时，可使相互独立的块石形成一个整体。由于块石有凹凸不平的表面，从而能起到分解波浪、减缓流速和降低冲击度的作用，达到防冲、消能、促淤的目的。

（4）用柔性集装网箱护滩具有耐久性、耐海水腐蚀与海浪冲刷的特点。

（5）柔性集装网重量轻、成本低，运输和回收占用空间小，节省材料。

集装网的缺点主要是对货物的防护能力差，因而其应用范围受到较大限制。

三、罐式集装箱

（一）罐式集装箱的概念

罐式集装箱（见图 7－36）是一种安装于紧固外部框架内的不锈钢压力容器，主要用来装运液体、液化气体、粉粒，一般由罐体、框架、附件组成，罐体四周有起保护和吊装作用的角部承力框架。

图 7－36　罐式集装箱

（二）罐式集装箱的特点

罐式集装箱除了具有集装化运输的全部优点外，与“若干圆桶装入一个干货标准集装箱”的运输方式相比，它具有经济实惠、快捷、安全、利于环保、美观等优点。

四、集装捆

（一）集装捆的概念

集装捆（见图 7－37）是指用某一材料将货物通过捆扎的方法，集装成一定规格的集装货件。这是最简易的集装方法，用料少、效果好，主要用料是打包铁皮、编织打包带、绳索等。

图 7-37　集装捆

（二）集装捆的特点

集装捆是目前通过铁路集装化运输量最大的集装方式。有色金属锭、型钢、金属构件、钢板、胶合板等大量货物均采用此集装方式，其特点是成本低，集装效果明显，便于实现远距离运输。

五、滑板

（一）滑板的概念

滑板（Slip Sheet）又称薄板托盘或滑片，是托盘的一种变体。其结构只是一片无支撑的薄板，也可使叉车的钢叉沿滑板滑动插入板底，在不伤毁其他货物的情况下，将滑板连同滑板上的货物一起进行装卸操作。各种形状的滑板示意图见图 7-38。

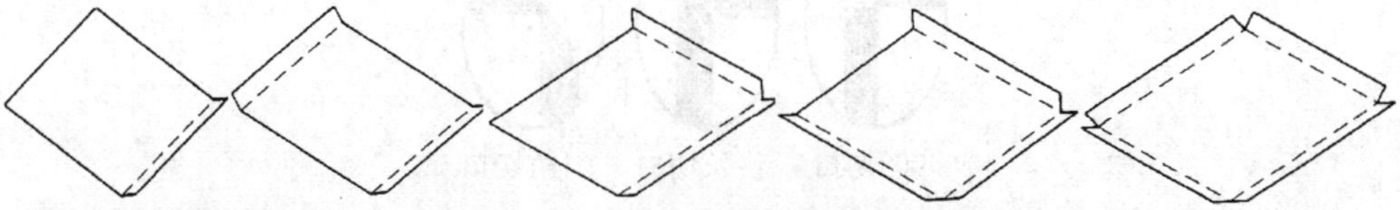

(a) 单翼板滑板 (b) 对边双翼板滑板 (c) 临边双翼板滑板 (d) 三翼滑板 (e) 四翼滑板

图 7-38　各种形状滑板的示意图

和托盘相比，滑板由于减少了一面盘面和纵梁、垫块，所以无效操作更少。滑板一般有塑料制、木制、纸制等，塑料制滑板比木制滑板、纸制滑板更好。滑板主要用于搬运、存储或运输单元载荷形式的货物或产品。

（二）滑板的结构

滑板的结构如图 7-39 所示。

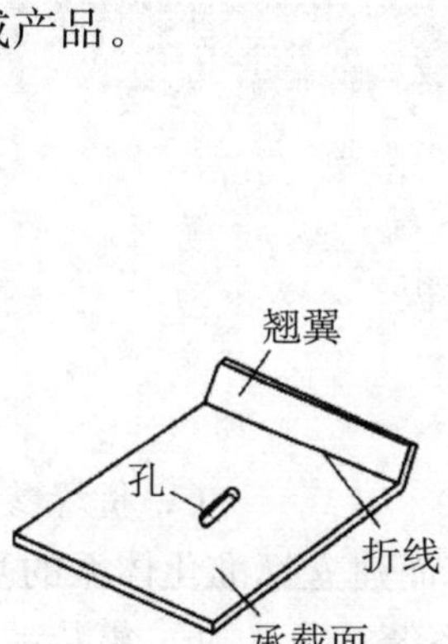

图 7-39　滑板的结构

1. **承载面**

它是承载货件的大平面。构成承载面的板上可加麻点或网格，以防货件打滑。平板可为实心的，也可在适当位置设置一定形状和大小的通气孔或便于人工抓取的手孔。

2. **翘翼**

它是滑板上翘起一定高度（20°以上）的部分，以便于装卸工具的夹持器来推拉集装货件后的滑板。如图 7 - 40 所示，专用叉车的夹持器首先夹住滑板的翘翼，然后操纵杆在图中向右拉拖集装货件后的滑板，与此同时叉车叉臂插入滑板底面，以便叉举搬运。

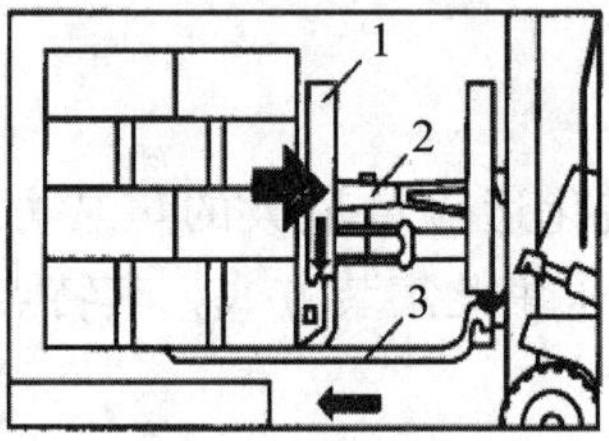

1—夹持器　2—操纵杆　3—叉臂

图 7 - 40　滑板集装的叉装

3. **折线**

它是滑板承载面与翘翼的分界线，也是折叠出翘翼的印记与折痕。为折出翘翼，需要在滑板折线处切出折弯的切口。标准切口有三种，如图 7 - 41 所示。

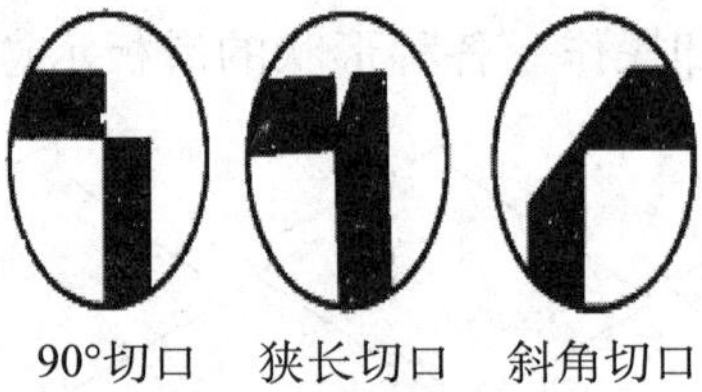
90°切口　狭长切口　斜角切口

图 7 - 41　翘翼角的标准切口

4. **孔**

滑板承载面上可开若干孔，以便于通风。

学习能力测试

学习测试 1：名词解释

集装　集装单元化　托盘　滑板

学习测试 2：单项选择

1. 货垛的基础是（　　）。

A. 垛形　　B. 垛基　　C. 货垛参数　　D. 堆码方式

2. （　　）是使物流过程连贯而建立标准化体系的基点。

A. 散装系统　　B. 仓储系统　　C. 集装系统　　D. 运输系统

3. 适于一种或多种运输，能适应机械设备快速装卸和搬运，具有 1 立方米以上的容积，并有足够强度适应反复使用的运输容器是（　　）。

A. 集装箱　B. 托盘　C. 钢瓶　D. 金属箱

4.（　　）是一种集装单元器具，配以起重机或叉车，就可以实现集装单元化运输，适用于装运大宗散状粉粒物料。

A. 标准集装箱　B. 特种货物集装箱　C. 柔性集装箱　D. 超高集装箱

5.（　　）不属于集装单元化工具。

A. 托盘　B. 笼车　C. 电瓶搬运车　D. 柱式托盘

学习测试 3：不定项选择

1. 托盘的主要优点是（　　）。

A. 装盘容易　B. 装载量较大　C. 返空容易

D. 自重量小　E. 需要购置费用

2. 本体重量轻，耐腐蚀性强，易于清洁，适用于清洁要求较高的食品物流的托盘是（　　）。

A. 木制平托盘　B. 钢制平托盘　C. 塑料制平托盘

D. 高密度合成板制平托盘　E. 合金托盘

3. 托盘包装的平面尺寸有（　　）。

A. 1 200mm×1 000mm　B. 1 140mm×1 000mm

C. 1 140mm×800mm　D. 1 140mm×1 140mm

E. 1 200mm×800mm

4. 世界上目前使用最广泛的托盘规格有（　　）。

A. 1 200mm×800mm　B. 1 000mm×800mm

C. 1 200mm×1 000mm　D. 1 100mm×100mm

E. 1 200mm×1 200mm

5. 集装箱的内容积应（　　）。

A. $\geqslant 1m^3$　B. $\geqslant 2m^3$　C. $< 1m^3$

D. $< 2m^3$　E. $< 3m^3$

项目八 信息识别与采集装备与技术

问题引入

信息普遍存在于人类社会和自然界中，在科学技术高速发展的今天，自动识别与数据采集（AIDC）是用来描述对计算机系统、可编程逻辑控制器或其他的微处理设备进行非键盘输入的数据输入方法。信息的开发和利用越来越成为经济发展和社会进步的关键，它已成为人类不可或缺的资源之一。

任务导读

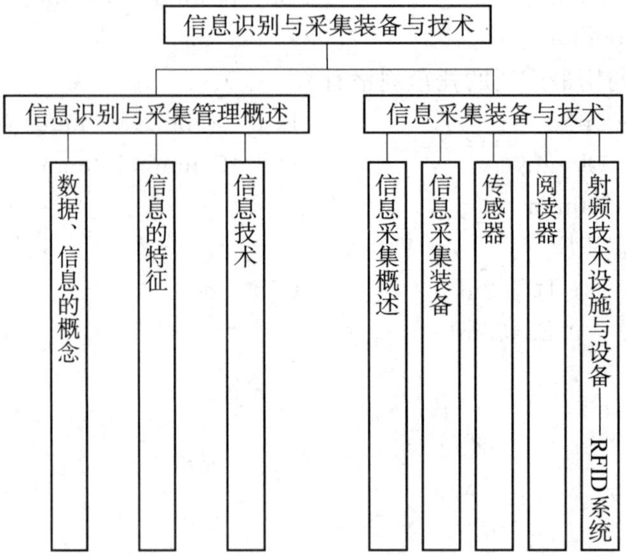

学习目标

知识目标：

1. 掌握数据、信息的概念和信息的特征。
2. 掌握信息技术的概念、作用和特征。
3. 掌握信息采集的定义和信息采集的原则。

4. 掌握条码扫描设备的概念、组成，掌握各种类型条码扫描器的特性。

能力目标：

1. 能够在工作中根据需要利用信息处理技术完成信息的加工、存储、检索和分析等，使企业的人、财、物、产、供、销等各个环节实现信息共享，降低企业内部沟通的时间和成本，使决策者能作出着眼于整体的统筹规划。

2. 能够根据不同需要、不同情况选用条码打印设备、条码检测设备、条码识别设备和条码印刷设备等。

案例导入

超市防盗

某超市时常发生贵重商品丢失的现象，为了解决该问题，管理层决定引进一套电子物品监视系统（EAS），对贵重商品进行管理和销售，经过一段时间的运行，发现效果良好。具体的做法是：首先在贵重物品上贴上EAS标签，当物品被正常购买时，在结算处的EAS装置可使EAS标签失活，物品就可以取走。如果物品被非法拿走，当物品经过装有EAS系统的门口时，EAS装置就会自动检测标签的活动性，发现活动性的标签后，EAS系统会发出警报，从而防止物品被盗。

？问题与思考

1. 请结合以上案例，说说EAS系统的组成和工作过程。

2. 结合上述案例，试述EAS系统的作用。

知识探究

任务一　信息识别与采集管理概述

物流企业要实现物流业务的自动化和信息化，所运用的关键技术就是大量物流信息的自动采集和识别技术。条形码识别技术是目前自动识别与数据采集最典型和最普遍的应用技术之一。随着技术的发展和进步，许多新的自动识别与数据采集技术被开发出来，并逐步应用到包括物流在内的各个领域。

一、数据、信息的概念

基于不同的领域和不同的研究目的，人们对信息的定义也五花八门。例如，信息是数据加工处理的结果；信息是一种有用的知识；信息是对现实世界某一方面的客观认识等。

由此可见，信息是一种包容性很强、很难被确切定义的术语。本教材主要从信息系统的角度对信息进行定义。在对信息进行定义之前，首先让我们了解一下数据的概念。

（一）数据的概念

所谓数据，就是用来反映客观事物的性质、属性以及相互关系的任何字符、数字和图形。数据是一种原始记录，没有经过加工的数据是粗糙的、杂乱的，但是，它是真实的、可靠的，有积累的价值。

现代科技的飞速发展，已经使计算机能够处理数量惊人的各种数据，而我们更关注那些计算机处理过的数据，这是因为我们可以从这些数据中得到有用的信息。例如，“五艘集装箱货轮”其中的“五”和“集装箱”就是数据。“五”表示了货轮的数量特征，“集装箱”反映了货轮的类型。

在信息系统领域中，本书对数据这样定义：数据是对客观事物的性质、状态以及相互关系等进行记载的物理符号或这些物理符号的组合。数据记录的客观事物是可以鉴别的符号，不仅包括数字，还可以是文字、图形及声音等。

（二）信息的概念

什么是信息呢？现代经济生活每天都会产生大量的、各种各样的信息。不同学者从不同角度对信息作出了各种定义。大多数学者认为：信息是指能够反映事物内涵的知识、资料、情报、图像、数据、文件、语言、声音等。信息是事物的内容、形式及其发展变化的反映。

一般来说，信息总是通过数据形式来表示，加载在数据之上并对数据的具体含义进行解释。有的学者从使用者的视角对信息进行定义，有的学者从纯技术的角度对信息进行概括。

综上所述，所谓信息，就是通过一定的物质载体形式反映出来，表现客观事物变化特征，由发生源发生，经过加工与传递，可以被接收者接收、理解和利用的消息、数据、资料、知识等的统称。

二、信息的特征

信息的特征是指信息区别于其他事物的本质属性。信息的基本特征如下。

（一）普遍性

信息是事物运动的状态和方式，只要有事物存在，只要有事物的运动，就会有事物运动的状态和方式，就存在信息。因此，信息是普遍存在的。信息与物质、能量一起，构成了客观世界的三大要素。

（二）客观性

信息不是客观事物本身，而只是事物运动状态和存在方式的表征，它是客观存在的。一切事物都会产生信息，信息就是表现所有事物属性、状态、内在联系与相互作用的一种普遍形式。

（三）时效性

客观事物本身在不停地运动变化，信息也在不断地发展更新，具有动态特性。从信息的观点来看，事物运动状态及方式的效用会随着时间的推移而改变。

（四）传递性

信息可以通过多种渠道、采用多种方式进行传递，一个完整的信息传递过程必须具备信源（信息的发出方）、信宿（信息的接收方）、信道（媒介）和信息四个基本要素。信息传递要借助于一定的物质载体，因此，实现信息传递功能的载体又被称为信息媒介。

（五）共享性

信息区别于物质的一个重要特征是它可以被共同占有、共同享用，也就是说，信息在传递过程中不但可以被信源和信宿共同拥有，而且可以被众多的信宿同时接收和利用。物质交换遵循以物易物的原则，失去一物才能得到一物。然而，信息交换的双方不仅不会失去原有信息，而且会增加新的信息；信息还可以广泛地传播扩散，供全体接收者共享。

（六）转化性

所谓信息加工，就是把信息从一种形式转化成另一种形式，同时在这个过程中保持一定的信息量。如果在信息加工过程中没有任何信息量的增加或损失，并且信息内容保持不变，那么就意味着这个信息加工过程是可逆的，反之则是不可逆的。实际上，信息加工都是不可逆的过程。

（七）相对性

客观上信息是无限的，但相对于认知主体来说，人们实际获得的信息（实得信息）总是有限的，并且由于不同主体有着不同的感受能力、不同的理解能力和不同的目的性，因此不同主体从同一事物中获取的信息是不相同的，即实得信息量是因人而异的。

（八）知识性

在这个信息爆炸的时代，经常有人哀叹现在的人正变得越来越浅薄和碎片化。大量的、令人应接不暇的信息让人知道很多，但“知道很多”与“懂得很多”之间并没有必然联系，大体上前者关乎信息，而后者关乎知识。因此，结果就是，一个人知道的信息越多，很可能他所拥有的知识反而越少。

（九）可存储性

信息是可通过信道进行传递、存储的。信道既是通信系统不可缺少的组成部分，同时又对信息传递有干扰和阻碍作用。我们把任何不属于信源原意而加之于其信号上的附加物都称为信息干扰。

（十）依附性

信息本身是看不见、摸不着的，它必须依附于一定的物质形式（如声波、电磁波、纸张、化学材料、磁性材料等）之上，不可能脱离物质单独存在。我们把这些以承载信息为主要任务的物质形式称为信息的载体。信息没有语言、文字、图像、符号等记录手段便不能表述，没有物质载体便不能存储和传播，但其内容并不因记录手段或物质载体的改变而变化。

三、信息技术

（一）信息技术简介

信息技术泛指凡是能拓展人的信息处理能力和以增强人类信息功能为目的的技术。

从目前来看，信息技术主要包括计算机技术、通信技术、传感技术、控制技术等。通过信息技术的运用，可以替代或辅助人们完成对信息的检测、识别、变换、存储、传递、计算、提取、控制和利用。

（二）信息技术的作用

信息技术日新月异，极大地提高了人们对信息资源的开发和利用能力，信息技术已深入社会管理活动的每一个角落。如图 8-1 所示。

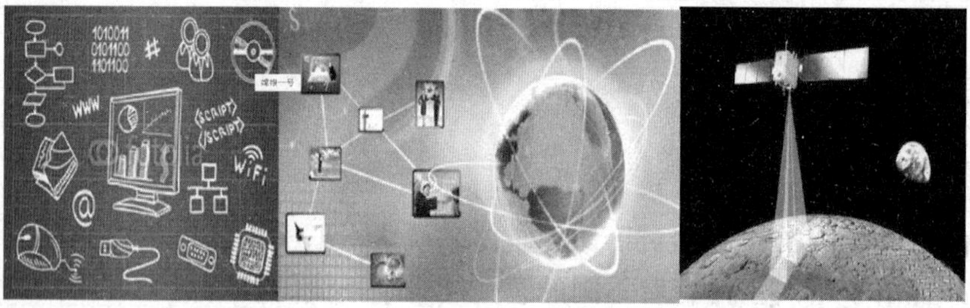

图 8-1　信息技术是现代文明的曙光

（1）计算机技术正朝着高性能、网络化、智能化的方向发展。它以高速的计算能力以及海量的存储能力扩展了人的计算和记忆能力，能够完成信息的加工、存储、检索和分析等。

（2）通信技术通过扩展人的神经系统能力来实现信息的传递。信息技术不发达时，传递信息的主要方式是靠口头、书信、电话电报等方式。以资金周转为例，在使用传统方法进行资金流通结算时，国内一般需要一个星期，国际则需要半个月左右。实现网络化后，国内国际的资金流通结算均可以在 24 个小时甚至更短时间内完成。

（3）物联网、云计算和传感技术扩展了人的感官能力，让信息可以更快更准地收集、传递、处理并执行，是科技的最新呈现形式与应用。

（4）信息技术降低了企业内部沟通的时间和成本，使决策者能作出着眼于整体的统筹规划。信息技术的应用将随着企业生产和管理的要求进一步深入发展，使企业可随时掌握最新的业务情况和所需的物资产品信息、客户情况、对手动态、行业变化，增强企业对突发事件的反应能力。

（三）信息技术的特征

信息技术使企业的人、财、物、产、供、销等各个方面实现信息共享。信息技术的特征应从如下两个方面来理解：

（1）信息技术具有技术的一般特征——技术性。具体表现为：方法的科学性、工具设备的先进性、技能的熟练性、经验的丰富性、作用过程的快捷性、功能的高效性等。

（2）信息技术具有区别于其他技术的特征——信息性。具体表现为：信息技术的服务主体是信息，核心功能是提高信息处理与利用的效率、效益。

此外，信息技术还具有普遍性、客观性、相对性、动态性、共享性、可变换性等特征。

（四）信息技术的发展趋势

当前信息技术发展的总趋势是以物联网技术的发展和应用为中心，从典型的技术驱动发展模式向技术驱动与应用驱动相结合的模式转变。

（1）微电子技术和软件技术是信息技术的核心。

（2）三网融合和宽带化是网络技术发展的大方向。

（3）物联网的应用开发成为一个持续的热点。

任务二　信息采集装备与技术

信息采集是信息得以利用的第一步，也是关键的一步。随着科技的进步，现在可以综合利用传感技术、北斗卫星定位技术、无线通信技术、微处理器集成技术、数据库技术、CS和BS技术等现代手段、方法实现信息采集、处理、存贮、加密解密、传输、统计、分析、应用。

一、信息采集概述

（一）信息采集的定义

信息采集是指根据特定的目的和要求，将分散蕴含在不同时空域的有关信息采掘和集聚起来的过程。它是信息分析处理的先决条件与首要环节。

信息采集系统以网络信息挖掘引擎为基础构建而成，它可以在最短的时间内帮人们把最新的信息从不同的互联网站点上采集下来，并在进行分类和统一格式后，第一时间把信息发布到自己的站点上去，从而提高信息的及时性和节省或减少工作量。

网络信息采集是将非结构化信息从大量的网页中抽取出来保存到结构化的数据库中的

过程。

网络信息采集员主要从事网络信息采集工作，其工作职责是：到网上采集一些有价值的信息；及时更新网站内容；维护网站论坛。

（二）信息采集的原则

信息采集有以下五个方面的原则，这些原则是保证信息采集质量最基本的要求：(1) 可靠性原则。(2) 完整性原则。(3) 实时性原则。(4) 准确性原则。(5) 易用性原则。

（三）信息采集技术

(1) 信息采集技术。它是指利用计算机软件技术，针对定制的目标数据源，实时进行信息采集、抽取、挖掘、处理，将非结构化的信息从大量的网页中抽取出来保存到结构化的数据库中，从而为各种信息服务系统提供数据输入的整个过程。

(2) Web 信息采集技术。它是指通过分析网页的 HTML 代码，获取网内的超级链接信息，使用广度优先搜索算法和增量存储算法，实现自动地连续分析链接、抓取文件、处理和保存数据的过程。

二、信息采集装备

（一）条码识别设备

条码识别设备由条码扫描和译码两部分组成。现在绝大部分条码识读器都将扫描器和译码器集成为一体。条码扫描器可分为输入组件（Input Device）和解码器（Decoder），二者可一体成型，也可用电线连接，或利用红外线以无线方式输送数据。

输入组件主要包括光电转换系统与类比数位转换器两大部分。光电系统主要用来扫描条码，扫描动作可借助于操作者手的移动或条码的移动来完成。条码扫描器的读取系统结构如图 8-2 所示。

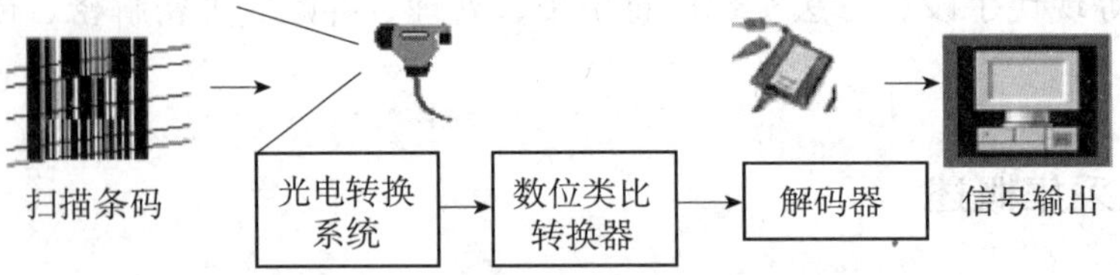

图 8-2 条码扫描器的读取系统结构

（二）条码打印设备

条码打印设备主要是指条码打印机。条码打印机又称标签打印机，是一种专用设备，一般有热敏型和热转印型打印方式，使用专用的标签和碳带，是一种专门大量快速打印不干胶标签、PET 标签、吊牌、水洗布标签等的打印设备。

1. **经济型条码打印机**

经济型条码打印机体积较小，坚固耐用，方便经济，如图 8-3 所示。

图 8-3　经济型条码打印机

经济型条码打印机在全球具有较高的市场份额，它支持大部分的一维码和二维码，适合各种环境，广泛应用于各个行业的标签打印领域。经济型条码打印机在 300dpi 的条码打印机领域拥有高性价比优势。

2. 智能型条码打印机

智能型条码打印机具有智能化的体系，无须 PC 机支持便可独立执行用户程序，拥有控制扫描器等其他设备的能力。Intermec Easycoder PF 系列智能型条码打印机（见图 8-4）是Intermec 公司在成功地推出智能型条码打印机 F4 后，经过多年的广泛应用，推出的升级换代产品 PF 系列。

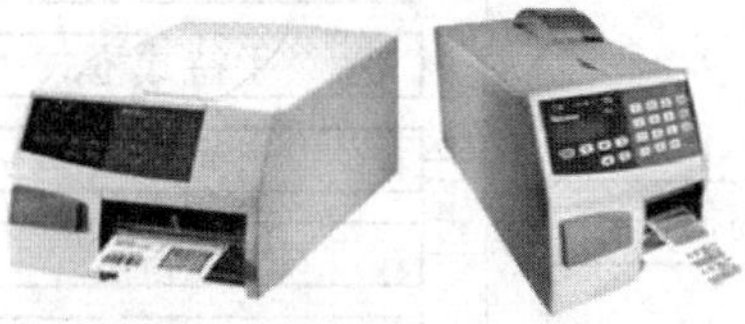

图 8-4　智能型条码打印机

3. 工业型条码打印机

条码打印机能够适应生产生活的不同需要，根据各个企业的不同情况打印各种大小不同的标签，使用起来简便快捷，可以单张打印，也可以批量打印，完全由使用者控制。工业型条码打印机属于高端产品，打印精度高，保障了高品质的条码打印。Intermec Easycoder 4420E/4440E 高档工业型条码打印机如图 8-5 所示。

图 8-5　工业型条码打印机

（三）条码检测设备

条码检测是对条码质量进行监管的有效手段，在产品生产、运输、销售等每一个环节，条码能否被准确、快速地识读都关系着整个系统能否高效运行。条码检测仪是一种精确测量条码各方面识读性能的设备。根据不同的应用，QC 系列条码检测仪可分为便携式、桌面式、PC 式和在线光笔式四类，如图 8-6 所示。

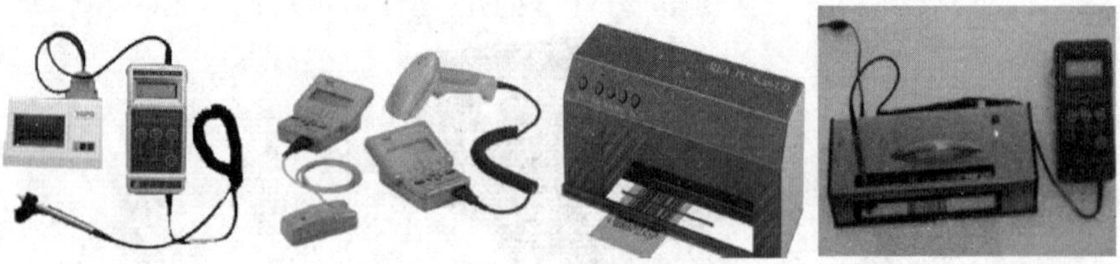

(a) 便携式　(b) 桌面式　(c) PC式　(d) 在线光笔式

图 8-6　QC 系列条码检测仪

（四）条码扫描器

条码扫描器的种类很多，按扫描方式可分为接触式条码扫描器和非接触式条码扫描器。接触式条码扫描器包括光笔与卡槽式条码扫描器，非接触式条码扫描器包括 CCD 扫描器、激光扫描器。按操作方式可分为手持式条码扫描器和固定式条码扫描器。按原理可分为光笔、CCD、激光和拍摄四类条码扫描器。按扫描方向可分为单向条码扫描器和全向条码扫描器，其中全向条码扫描器又分为平台式条码扫描器和悬挂式条码扫描器。人们根据不同的用途和需要还将条码扫描器分为以下六类，如图 8-7 所示。

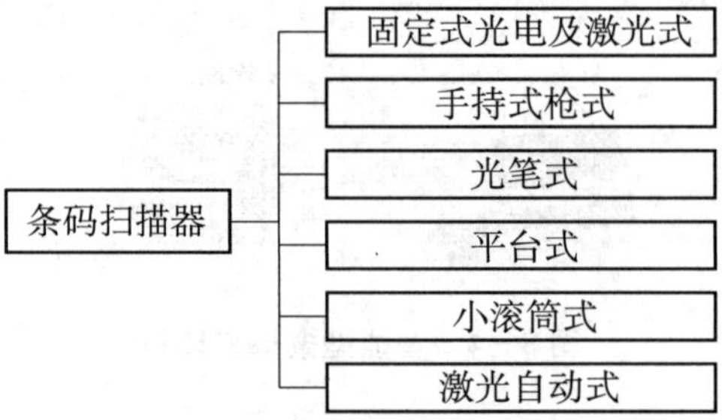

图 8-7　条码扫描器的类型

三、传感器

传感器是一种检测装置，它能感受到被测量的信息，并能将感受到的信息按一定规律转换成电信号或其他所需形式的信息输出，以满足信息的传输、处理、存储、显示、记录和控制等要求，它是实现自动检测和自动控制的首要环节。各种类型的传感器如图 8-8 所示。

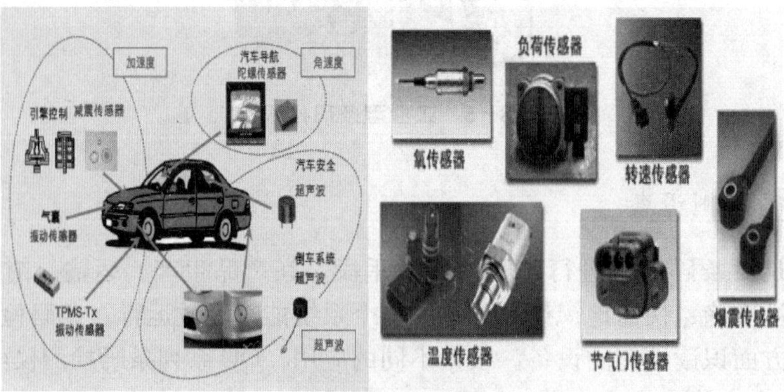

图 8-8　传感器

传感器技术是一项当今世界令人瞩目的发展迅猛的高新技术之一，也是当代科学技术发展的一个重要标志，它与通信技术、计算机技术构成信息产业的三大支柱。如果说计算机是人类大脑的扩展，那么传感器就是人类五官的延伸。

（1）传感器的常见种类。传感器有电阻式传感器、变频功率传感器、称重传感器、压阻式传感器、热电阻传感器、温度传感器、智能传感器、光敏传感器、生物传感器、位移传感器、压力传感器、超声波测距离传感器、液位传感器等。

（2）传感器的特点。传感器具有微型化、数字化、智能化、多功能化、系统化、网络化等特点，它不仅促进了传统产业的改造和更新换代，而且还可能建立新型工业，从而成为 21 世纪新的经济增长点。

（3）传感器技术作为信息技术的三大基础之一，是当前各发达国家竞相发展的高技术，是进入 21 世纪以来优先发展的十大顶尖技术之一。传感器技术所涉及的知识领域非常广泛，其研究和发展也越来越多地和其他学科技术的发展相联系。

四、阅读器

阅读器（见图 8－9）是一种全面、便捷地为人们提供快速、轻量、优质的文档阅读的工具。阅读器实质上是一种快速、实用、功能超强的桌面端阅读软件。

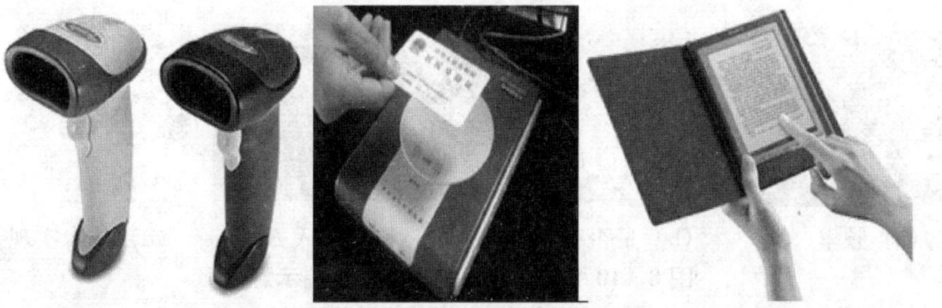

(a) 条码阅读器　(b) 身份证阅读器　(c) 电子阅读器

图 8－9　阅读器

常见的阅读器有如下几类。

（一）便携式条码阅读器

便携式条码阅读器一般配接光笔式或轻便的枪式条码扫描器，有的也配接激光扫描器。便携式条码阅读器本身就是一台具有自动识别与数据采集功能的专用计算机，有的甚至就是一台通用微型计算机。

（二）卡式条码阅读器

卡式条码阅读器一般都具有向计算机传送数据的能力，同时具有声光提示功能，以表明识别正确与否。这种阅读器内部的机械结构能保证标有条形码的卡式证件或文件在插入滑槽后自动沿轨道做直线运动，在卡片前进过程中，扫描光点将条码信息读入。卡式条码阅读器可以用于医院病案管理、身份验证、考勤和生产管理等领域。

（三）在线式阅读器

按功能和用途，在线式阅读器又可分为多功能阅读器和各类在线式专用阅读器。在线式阅读器一般直接由交流电源供电，与计算机或通信装置之间用电缆连接以传递数据。多功能阅读器除具有识别多种常用码制的功能外，根据不同需要还可增加编程功能、显示功能以及多机联网通信功能等。

五、射频技术设施与设备——RFID 系统

在具体的应用过程中，根据不同的应用目的和应用环境，RFID 系统的组成会有所不同，但从工作原理来看，RFID 系统一般都由信号发射机、信号接收机、发射接收天线三部分组成。

依照不同的标准，可对 RFID 系统进行如下分类：根据采用频率的不同，可分为低频系统和高频系统两大类，如图 8－10（a）所示。根据电子标签内有源与否，可分为有源系统和无源系统两大类，如图 8－10（b）所示。根据电子标签内保存信息的注入方式，可分为集成电路固化式、现场有线改写式和现场无线改写式三大类，如图 8－10（c）所示。根据读取电子标签数据的技术实现手段，可分为广播发射式、倍频式和反射调制式三大类，如图 8－10（d）所示。

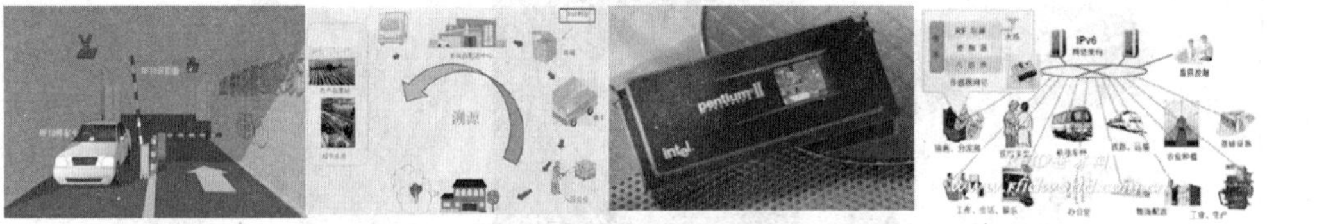

（a）频率　　（b）是否有源　　（c）信息注入方式　　（d）技术实现手段

图 8－10　不同分类的 RFID 系统示意图

根据 RFID 系统完成的功能的不同，可以粗略地把 RFID 系统分成四种类型：EAS 系统、便携式数据采集系统、RFID 网络系统和 RFID 定位系统。

（一）EAS 系统

EAS（Electronic Article Surveillance）系统由附着在物品上的电子标签、电子传感器和在出口形成一定监视区域的监视器系统组成。该系统一般设置在需要对物品出入进行控制的门口。例如，商店、仓库、数据中心、图书馆等出入口处，如图 8－11 所示。

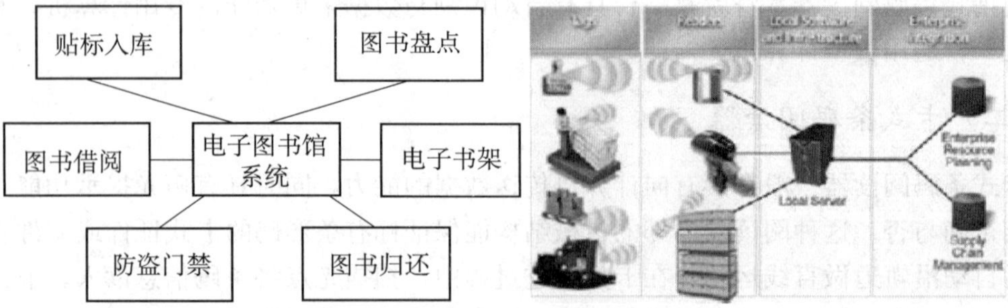

图 8－11　EAS 系统

（二）便携式数据采集系统

便携式数据采集系统是用手持式的带有 RFID 阅读器的数据采集器对 RFID 标签内的数据进行采集。采集到的数据可以通过无线电波实时传递给计算机信息系统，也可以暂时储存在阅读器中，以后再批量传输给计算机信息系统。便携式数据采集系统如图 8－12 所示。

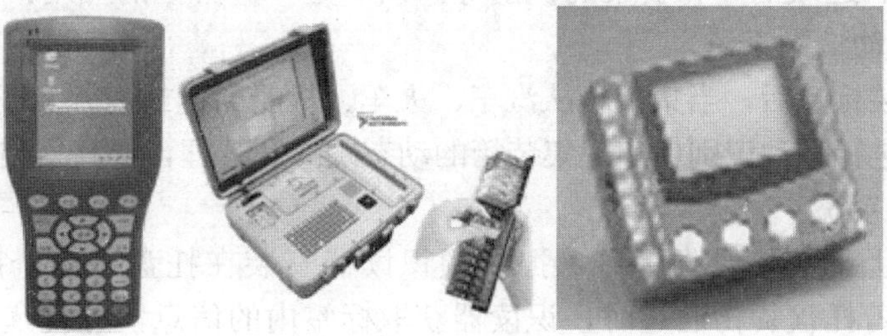

图 8－12　便携式数据采集系统

（三）RFID 网络系统

RFID 网络系统是指 RFID 阅读器和计算机信息系统直接相连，并且固定分布于监视区内。信号发射机一般安装于被监视的人或物体上，是可移动的，如图 8－13 所示。当安装有信号发射机的人或物经过 RFID 阅读器时，阅读器自动扫描 RFID 标签上的信息，并把信息实时传递给计算机信息系统，从而达到控制物流的目的。

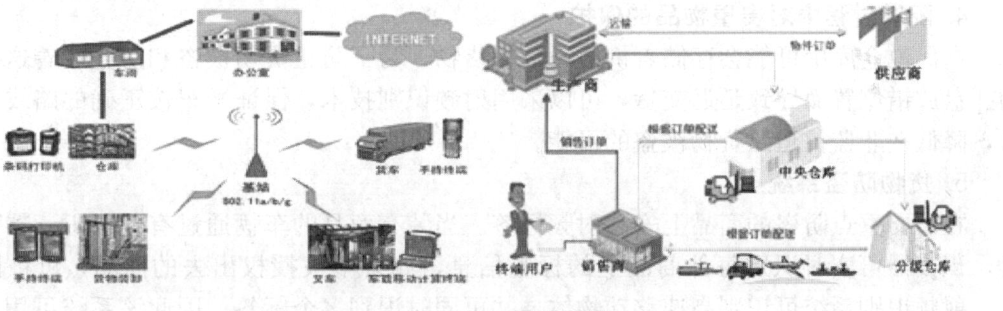

图 8－13　RFID 网络系统

（四）RFID 定位系统

在 RFID 定位系统（见图 8－14）中，阅读器被安装在移动的车辆、轮船上，或自动化流水线上移动的原材料、半成品、成品上，通过无线或有线方式与计算机信息系统相连，信号发射机则嵌入操作环境的地表下或其他位置，存储位置识别信息。RFID 定位系统通过阅读器和发射器的配合工作提供各种定位支持。

图 8－14　RFID 定位系统

（五）射频技术及设备在物流中的应用

RFID技术发展异常迅速，并且已经深入应用到很多领域。例如，铁路车辆的自动识别、生产线的自动化及过程控制、货物的跟踪及管理等。在物流领域，RFID技术主要用于对物品的跟踪、运载工具和货架的识别等。以下是一些典型的应用：

1. 集装箱自动识别系统

集装箱上安装标签后，当集装箱从汽车、火车、货船到达或离开货场时，通过射频识别设备，对集装箱进行自动识别，实现集装箱的动态跟踪和管理，提高集装箱的运输效率。

2. 智能托盘系统

在每个托盘上都安装射频标签，把射频识读器安装在托盘进出仓库必经的通道口上方，当叉车装载着托盘货物通过时，识读器获取标签内的信息，并传递给计算机，记录托盘的通过情况；通过使用射频技术，可以高效地获得仓库中货物、托盘的出入库状况，提高仓库的管理水平。

3. 通道控制系统

为仓库中可重复使用的各个包装箱都安装上作为唯一标识的射频标签，在包装箱进出仓库的通道进出口处安装射频识读器，识读器天线固定在上方。当包装箱通过天线所在处时，计算机把从标签里获得的信息与主数据库信息进行比较，正确时绿色信号灯亮，包装箱可通过，如果不正确，则激活红色信号灯，同时将时间和日期记录在数据库中。

4. 配送过程中对贵重物品的保护

在保税仓库中可能会存储着价值昂贵的货物，为了防止货物被盗和防止装着这些货物的托盘放错位置而导致延迟交货，可以采用射频识别技术，保证叉车按正确的路线移动托盘，降低在非监控道路货物被盗的可能。

5. 货物防盗系统

在需要重点防盗的商品上安装射频标签。当装有商品的车辆通过有射频识读器的出口时，识读器可实时识别每件商品上的标签信息，如有不被授权出去的商品，可被限制运出。射频识别系统可识别高速移动物体，并可同时识别多个标签，因此该系统可用于多件商品运输过程的实时监控及防盗。

学习能力测试

学习测试1：名词解释

数据　信息　信息技术　信息采集　条码

学习测试2：单项选择

1. 信息的最基本特征是（　　）。

A. 价值性　　B. 真实性　　C. 有效性　　D. 可共享性

2. 信息有许多重要特征，“数据经过一个处理间隔才能得到有效信息”描述的是信息的（　　）。

A. 可扩散性　　B. 可传输性　　C. 滞后性　　D. 可共享性

3. RFID 系统通常由三部分组成，它们是识读器、计算机网络系统和（ ）。

A. 芯片 B. 射频标签 C. 时钟 D. 天线

4. 标签和识读器之间利用无线电波进行非接触式识读的自动识别技术是（ ）。

A. 射频识别技术 B. 条码技术

C. 语音识别技术 D. 光字符识别技术

5. 识读距离最远的自动识别技术是（ ）。

A. 条码识别 B. 射频识别 C. 光字符识别 D. 卡识别

6. 下列以存储器为信息载体的是（ ）。

A. 条码 B. 光字符 C. 磁卡 D. 射频标签

学习测试 3：不定项选择

1. 条码自动识别技术是运用条码进行自动数据采集的技术，主要包括（ ）等。

A. 编码技术 B. 符号表示技术 C. 识读技术

D. 生成与印制技术 E. 应用系统设计

2. RFID 系统（即射频识别系统）通常由（ ）等几部分组成。

A. 射频标签 B. 识读器 C. 计算机网络

D. 人员 E. 网线

3. 自动识别与数据采集是对（ ）等记录数据的载体进行机器识别，自动获取被识别物品的相关信息，并提供给后台的计算机处理系统来完成相关后续处理的一种技术。

A. 字符 B. 影像 C. 条码

D. 声音 E. 虹膜

4. 物流信息支持系统的基本功能有（ ）。

A. 数据的收集与录入 B. 信息的存储

C. 信息的传播 D. 信息的处理

E. 信息的输出

5. 适用于自动化生产线上的扫描器包括（ ）。

A. 手持固定光束接触式扫描器 B. 手持固定光束非接触式扫描器

C. 手持移动光束扫描器 D. 固定安装固定光束扫描器

E. 固定安装移动光束扫描器

6. 物流信息技术是指物流各环节中应用的信息技术，包括（ ）等技术。

A. 计算机、网络 B. 信息分类编码、自动识别

C. 电子数据交换 D. 全球定位系统

E. 地理信息系统

项目九 智能物流装备与技术

问题引入

近年来，我国物流基础设施持续改善，物流业的规模迅速扩张。但由于我国物流行业信息化水平偏低，自主创新和产业支撑能力不强，物流设施设备的自动化、智能化程度过低等，已经严重阻碍了我国物流行业的发展，发展智能化物流将是大势所趋。在现代化大生产环境下，物流已经成为促进经济增长的“第三利润源泉”，加上国家政策的重点扶持，我国的物流行业将迎来前所未有的发展机遇。

任务导读

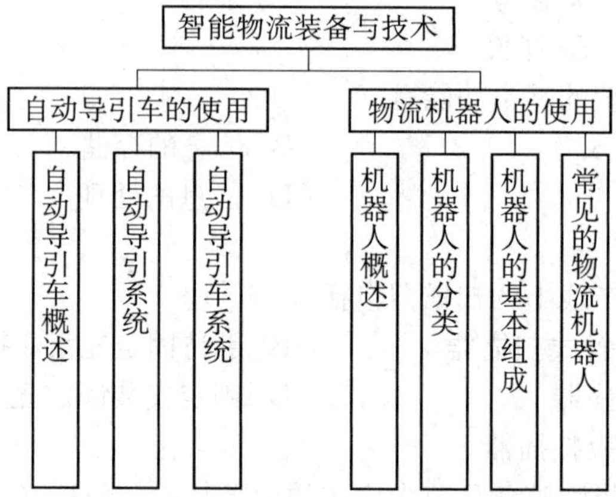

学习目标

知识目标：

1. 掌握自动导引车的定义、特点和分类。
2. 掌握自动导引车的结构设计及自动导引车的主要技术参数。
3. 掌握自动导引车系统。
4. 掌握机器人的定义和特点。
5. 掌握工业机器人、特种机器人和智能机器人三大类别的特点。
6. 掌握常见的物流机器人的使用条件。

能力目标：

1. 能够在实际工作中除了保护自动导引车自身安全，以及维护自动导引车功能的顺利完成外，还能在最大可能的范围内保护人员和运行环境设施的安全。

2. 能够熟练调动搬运机器人根据任务要求，自动按照预先设定的程序，将货物从一个地方移送到另一个地方。

3. 能够操作不同的机器人自动识别货物的大小和方位，并根据预先设定的动作程序，将货物抓起移送到托盘上，并实现搬运、码垛、焊接、装配等工作。

案例导入

打造中国快递“梦工厂”

中国快递的高速发展机遇激发了朗奥自动化利用自身优势不断推动快递业务迈上新台阶，打造中国快递“梦工厂”。

供应商 or 服务商　从态度到理念的飞跃

在成立之初，朗奥自动化就把目标确定为不仅要做设备供应商，更要做快递服务商，这是一个从态度到理念的飞跃。

企业的定位首先是快递服务商，而不仅仅是设备供应商。在服务理念方面，企业从客户需求出发，贯穿项目的每一个环节，给客户提供完整的解决方案。产品设计和制造只是朗奥自动化为兑现服务承诺的工具，为客户提供完整的解决方案才是企业发展的根本。

从浦东、深圳、广州、北京的大规模口岸系统，到 EMS 以及顺丰华东、华南、华北的核心处理基地；从韵达上海的总部基地，到申通江阴的核心枢纽；从圆通、中通、百世汇通、国通上海最大规模的处理中心，到顺丰香港、TNT 新加坡的海外处理中心，无不凝聚着朗奥人的聪明才智，留下了朗奥自动化的发展足迹。

在为 DHL、Fedex、UPS 等国际快递公司提供流程、路径、服务中心的设计建设中，朗奥自动化打下了坚实的基础，赢得了较高的起点；在对中国快递五百多个项目、三十多个城市、几十家快递公司核心枢纽的中转场地的研究规划设计中，朗奥自动化也积累了丰富的国内实战经验，不仅在方案上，更多的是在生产制造、产品设计、服务上为客户提供了一系列的服务和解决方案，开拓出一条适合中国国情的物流输送设备新路。

信息化 and 自动化　从梦想到现实的超越

2014 年全国邮政管理工作会议提出了快递“安全为基”的发展理念。先进的科技是安全的重要保障。只有通过人性化的设计，才能从技术、成本、时间上提供给客户全面与安全的解决方案。朗奥自动化是这么说的，更是这么做的。在朗奥自动化发展的未来架构中，有着全信息收件系统、全自动分选系统、安全检测系统、长距离无故障输送机、动态电子秤、共享智能倒车雷达、作业模式仿真、运营数据监控与分析、快递社会安全保障系统等，它们是中国快递“梦工厂”的要件，快捷高效、安全稳定。

未来的中国快递会朝着高度智能化、信息化的方向发展。正是基于这一判断，朗奥自动化立足于行业的发展，开发出了一系列应用系统：标准件的全自动分选系统；快递财务核算收费系统；航空、陆运网络成本匹配系统；基于全信息的车辆配载系统；异形件的智能仓储分配系统及自动化作业分配系统；智能化监控与传输系统等；以节能驱动单元为核心，实现智能化低能耗高系统整合绿色物流系统等。

在不久的将来，朗奥自动化将实现快递起点与“最后一公里”的解决方案，成为快递用户与快递行业的科技、信息、智能化桥梁。目前，众多投资者对朗奥自动化的发展理念青睐有加。朗奥自动化正在布局资本市场发展的轨道，为早日实现中国快递“梦工厂”的目标而努力。

? 问题与思考

1. 打造中国快递“梦工厂”的基础是什么？
2. 为什么说未来的中国快递会朝着高度智能化、信息化的方向发展？

知识探究

任务一　自动导引车的使用

一、自动导引车概述

（一）自动导引车的定义

自动导引车（Automatic Guided Vehicle，AGV）也称无人搬运车或自动搬运车（见图 9-1)，是一种现代化的先进物料搬运装备。《中华人民共和国国家标准——物流术语》中对自动导引车的定义为：能够自动行驶到指定地点的无轨搬运车辆。

图 9-1　自动导引车

自动导引车最早出现在 20 世纪 50 年代，几十年来，自动导引车的发展非常迅速，相关技术在日本、美国、德国等工业发达国家已经非常成熟，应用范围十分广泛。

（二）自动导引车的特点

(1) 自动导引车上装有自动导向系统，可以保障系统在不需要人工引航的情况下自动地沿预定的路线行驶，从某一地点将物料移送到另一个指定地点，其导引方式通常有电磁感应导引、惯性导引、激光导引等。

(2) 自动导引车采用先进的自动控制系统或计算机控制系统控制，其行驶路径可以根据仓储货位要求、生产工艺流程等的改变而灵活改变，并且运行路径改变的费用与传统的输送带和刚性的传送线的改变相比非常低廉。

（3）自动导引车一般配备有装卸机构，可以与其他物流设备自动对接，与现场相关设备联成一个完整的功能网络，实现货物和物料装卸与搬运全过程自动化，并且具有较好的柔性。

（4）自动导引车还具有清洁生产的特点。自动导引车的动力驱动采用蓄电池供电，能够自动充电。依靠自带的蓄电池提供动力，运行过程中无噪声、无污染，可以应用在许多要求工作环境清洁的场所。

（三）自动导引车的分类

（1）按照导引方式分类，自动导引车可分为外导式导引车和自导式导引车。如图 9-2 所示。

（a）外导式导引车　　（b）自导式导引车

图 9-2　外导式导引车和自导式导引车

在外导式导引方式下，自动导引车必须在预定的路线上敷设电磁、光学或磁性导引带，外导式导引车通过车上的检测装置检出导引带的信号，并经过计算分析，不断调整行走方向，沿着预定的路线行走。

在自导式导引方式下，自动导引车根据预定任务的要求，在自动导引车上储存好作业环境的信息，通过识别车体某一时刻的位置信息，计算机与环境信息相比较，自动计算并调整路径，通常的方式有：坐标识别法、惯性导航法、激光导航法等。这些方法柔性好，但技术复杂，相关成本较高。

（2）按照控制方式，自动导引车可分为智能型自动导引车和普通型自动导引车。如图 9-3 所示。

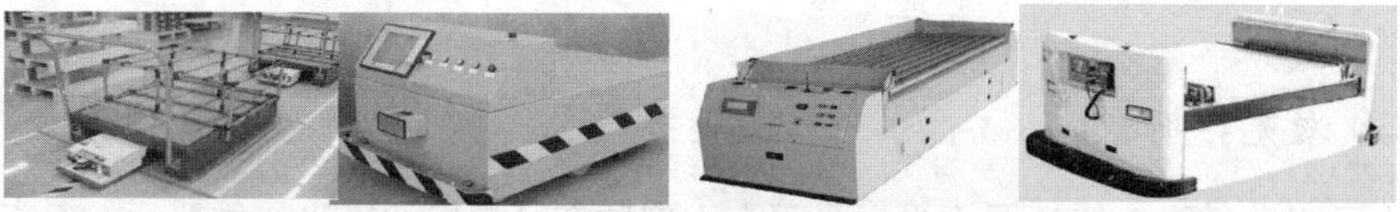

（a）智能型　　（b）普通型

图 9-3　智能型自动导引车和普通型自动导引车

智能型自动导引车具有车载计算机，车内存储有全部运行路线和相应的控制信息，只要事先设定起始点和要完成的任务，自动导引车就可以自动选择最佳路线完成指定的任务。

普通型自动导引车的所有功能、路线和控制方式均由主控计算机进行控制。

（3）按照移载方式，自动导引车可分为侧叉式移载、前叉式移载、辊筒输送机式移载、链条输送式移载、升降台式移载等。

（4）按照转向方式，自动导引车可分为前轮转向、差速转向和独立多轮式转向等。

（5）按照充电方式，自动导引车可分为交换电池式和自动充电式。自动导引车大多应用自动充电式。

（6）按照用途和结构，自动导引车可分为牵引型拖车、托盘运载车、承载车、自动叉车、装配小车和自动堆垛机。

二、自动导引系统

自动导引系统使自动导引车能具备智能特性，在地面计算机和车载计算机的控制下，自动按照预定的路线运行。自动导引车具有多种导引方式，单机可采用一种或多种导引方式导引，常见的导引方式有电磁导引、激光导引和惯性导引。

（一）电磁导引

这种导引方式需要在设定路线的地面上开一条宽约 50mm、深约 15mm 的槽，在槽里埋设电缆，接通低压低频信号，在电缆周围产生交变磁场。自动导引车上安装有两个感应线圈，分别检测电缆产生的交变磁场，并转换为感应电压。通过比较两个电压值，可以得知自动导引车是否偏离预定的线路。

如图 9－4 所示，当自动导引车偏离到导引电缆的右方时，感应线圈右边的电压将比感应线圈左边的电压高，以此两电压比较，控制导引电动机使自动导引车从偏右位置调整回到中间位置，从而使得自动导引车能自动跟踪预定的电磁导引线路。

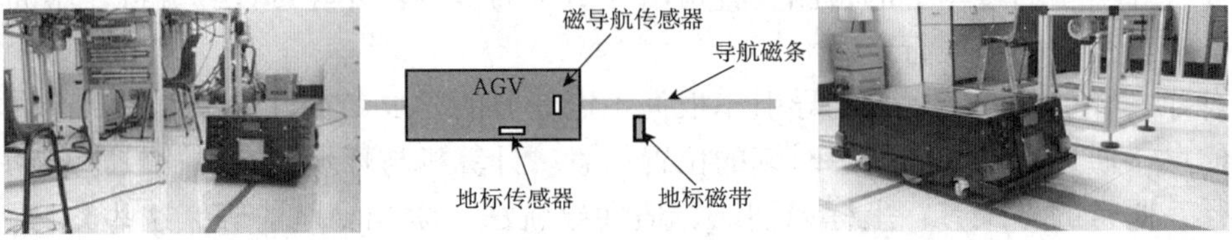

图 9－4　电磁导引

电磁导引的优点是：引线隐蔽，不易污染和破损，导引原理简单可靠，便于控制和通信，对声光无干扰，制造成本较低。其缺点是：路径难以更改扩展，对复杂路径的局限性大。

（二）激光导引

激光导引（见图 9－5）是在自动导引车上安装有可旋转的激光扫描器，在运行路径沿途的墙壁或支柱上安装有高反光性的定位标志，自动导引车依靠激光扫描器发射激光束，然后接收由四周定位标志反射回的激光束，车载计算机计算出车辆当前的位置以及运动的方向，通过和内置的数字地图进行对比来校正方位，从而实现自动搬运。

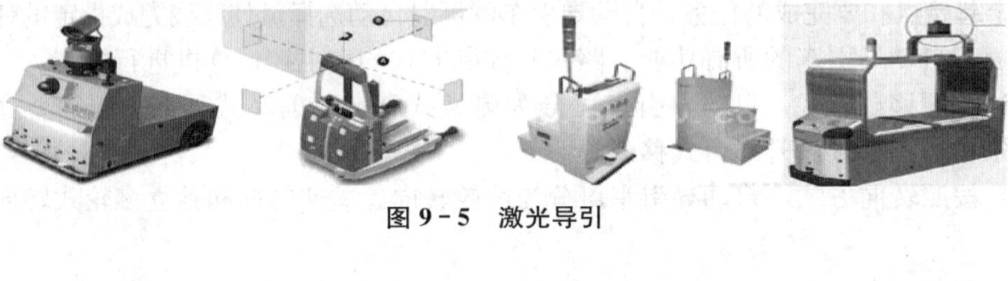

图 9－5　激光导引

目前，激光自动导引车的应用越来越普遍。依据同样的引导原理，若将激光扫描器更换为红外发射器或超声波发射器，则激光引导式自动导引车就可以变为红外引导式自动导引车和超声波引导式自动导引车。

（三）惯性导引

惯性导引（见图 9－6）是在自动导引车上安装陀螺仪，在行驶区域的地面上安装定位块，自动导引车通过对陀螺仪偏差信号的计算及地面定位块信号的采集来确定自身的位置和方向，从而实现导引。

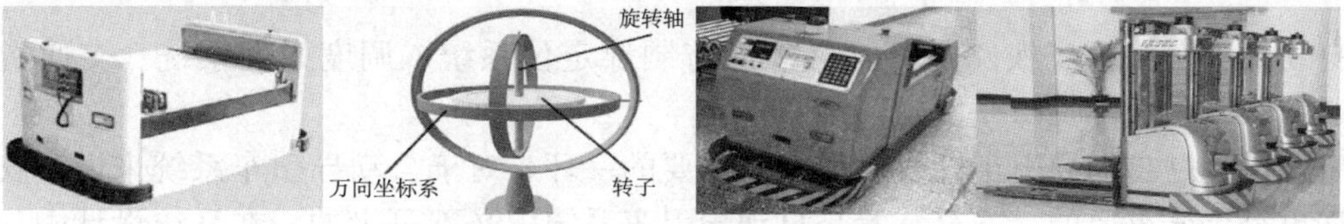

图 9－6　惯性导引

惯性导引技术在航天和军事上较早运用，是自动导引车领域新兴的一项技术。其优点是：技术先进，定位准确性高，灵活性强，便于组合和兼容，适用领域广。其缺点是：制造成本高，导引的精度和可靠性与陀螺仪的制造精度及使用寿命密切相关。

（四）自动寻址系统

自动寻址系统主要指自动导引车控制系统中用于自动导引车正确寻找任务地址并能精确停位的控制系统。

（1）自动导引车系统中，系统将设定若干个位置为自动导引车寻找的地址。运行时，自动导引车在系统程序的导引下，沿确定的路线向目的地行驶，当接近目的地时，自动导引车自动减速停靠。

（2）在车辆停靠地设置传感标志。如磁铁、色标等，自动导引车以相对认址或绝对认址的方式来接收标志信号，从而使自动导引车完成认址操作。

（3）自动导引车在目的地处的定位可以分为一次定位和二次定位。车辆接近目的地时，提前减速，在目的地附近制动驻车，完成一次定位。接着自动导引车以更高的精度和机械方式进行二次定位，最终定位精度可达±1mm。

三、自动导引车系统

自动导引车系统（Automatic Guided Vehicle System，AGVS）是指由若干台（种）自动导引车与地面控制器所组成，能在系统的控制下自动、准确地完成特定的物料搬运和装卸作业的机电一体化系统。

随着现代物流自动化、企业生产自动化物流系统建设步伐的逐步加快，很多企业纷纷开始了对企业物流中心的技术改造，物流机器人系统、自动导引车系统等物流自动化设备发展很快，带来了企业物流技术装备的升级，也极大地促进了企业的发展。自动导引车的应用代替传统的人工搬运的方式，能够大大促进企业的技术进步，改善工作条件和环境，提高企业自动化生产水平，减轻工人的劳动强度，优化生产结构，节省人力、物力、财力，创建人机友好、和谐宜人、科学文明的生产环境。

（一）单车或车队

一个系统可以由单台自动导引车或多台自动导引车组成，并且根据需要可以使用多种类型的自动导引车，以适应系统之间的衔接，车体结构可以是通用型的，也可以是与地面系统相匹配的，还可以选择不同的功能部件。

（二）地面导引和管理系统

自动导引车按指定线路运行，必须配有制导定位系统、调度指挥系统、交通指挥系统、通信联系系统以及防撞安全系统。

安全设计是自动导引车开发设计中最重要的一环，对于自动导引车系统来说，安全问题同样也是十分重要的，安全装置是自动导引车系统中必不可少的。在系统设计中，要根据可能出现的安全问题，采取相应的硬件和软件措施，确保系统安全运行。

自动导引车系统的相关技术在欧美、日本等西方国家已经非常成熟，应用范围也十分广泛。当前，自动导引车系统技术的主要发展方向是开发不需固定路线的、具有全方位运行能力的自动导引车，以及自动导引车在超重负荷、高定位精度等一些特殊情形下的工作能力。

任务二　物流机器人的使用

机器人最早应用于汽车制造工业，常用于焊接、喷漆、上下料和搬运。工业机器人延伸和扩大了人的手足和大脑功能，它可代替人从事危险、有害、有毒、低温和高热等恶劣环境中的工作，代替人工完成繁重、单调重复的劳动，提高劳动生产率，保证产品质量。

一、机器人概述

（一）机器人的定义

机器人是自动执行工作的机器装置，它既可以接受人类指挥，又可以运行预先编排的程序，也可以根据人工智能技术制定的原则纲领行动，它的任务是协助或取代人类工作。目前世界上工业发达国家都广泛应用工业机器人。据统计，50 多年来，机器人产品以每年超过 10％的发展速度在增长，目前全球有超过 80 万台机器人在服役，广泛应用于汽车工业、电子工业等，主要从事焊接、装配、搬运、加工、喷涂、码垛等复杂作业。

（二）机器人的特点

机器人是一种具有高度灵活性的自动化机器，它具有一些与人类相似的智能，如感知能力、规划能力、动作能力和协同能力。同时机器人还具有许多人类所不能达到的能力，如动作高度的重复性和在复杂、危险环境中工作的能力。机器人作业时具有的特点如下。

1. 通用性

机器人的用途非常广泛，既可以进行搬运作业，还可以进行焊接、装配、探测等作业。

2. 自动性

机器人完全依赖预先编制的程序工作，通常不需要人的参与，节约了大量的劳动力。

3. 准确性

机器人的各个零部件制作和安装都非常精确，机器人严格按照程序操作，其动作具有很高的精确度，一般可以达到 0.1mm 的精度。

4. 灵活性

机器人的机械臂具有三到六个自由度，因此机器人的动作具有很高的灵活性。

5. 柔性

当产品的品种和规格发生变化时，只要对程序进行相应的修改，机器人就可以进行新的操作，而不需要对机器进行改动。

二、机器人的分类

机器人可以分为工业机器人、特种机器人和智能机器人三大类别。

（一）工业机器人

工业机器人（见图 9-7）由操作机（机械本体）、控制器、伺服驱动系统和传感装置构成，是一种仿人操作、自动控制、可重复编程、能在三维空间完成各种作业的自动化生产设备，特别适合于多品种、变批量的柔性生产。

图 9-7　工业机器人

1. 操作机

通过有限元分析、模态分析及仿真设计等现代设计方法的运用，机器人操作机已实现了优化设计。

2. 控制器

控制器的性能进一步提高，已由过去控制标准的 6 轴机器人发展到现在能够控制 21 轴甚至 27 轴，并且实现了软件伺服和全数字控制。

3. **传感装置**

激光传感器、视觉传感器和力传感器在机器人系统中已得到成功应用，并实现了焊缝自动跟踪和自动化生产线上物体的自动定位以及精密装配作业等，大大提高了机器人的作业性能和对环境的适应性。

4. **并联机构**

采用并联机构，利用机器人技术实现高精度测量及加工，这是机器人技术向数控技术的拓展，为将来实现机器人和数控技术一体化奠定了基础。

5. **网络通信**

机器人控制器已实现了与Canbus、Profibus总线及一些网络的连接，使机器人由过去的独立应用向网络化应用迈进了一大步，也使机器人由过去的专用设备向标准化设备发展。

另外，由于微电子技术的快速发展和大规模集成电路的应用，机器人系统的可靠性有了很大的提高。机器人系统的可靠性已达到5万小时，几乎可以满足任何场合的需求。在物流系统中，工业机器人可以完成搬运、包装、码垛等作业。

（二）特种机器人

近年来，人类的活动领域不断扩大，机器人应用也从制造领域向非制造领域发展。这些非制造领域与制造领域相比，其主要特点是工作环境的非结构化和不确定性，因而对机器人的要求更高，需要机器人具有行走功能、对外感知能力以及局部的自主规划能力等特殊技能，特种机器人是机器人技术的一个重要发展方向。各类特种机器人如图9-8所示。

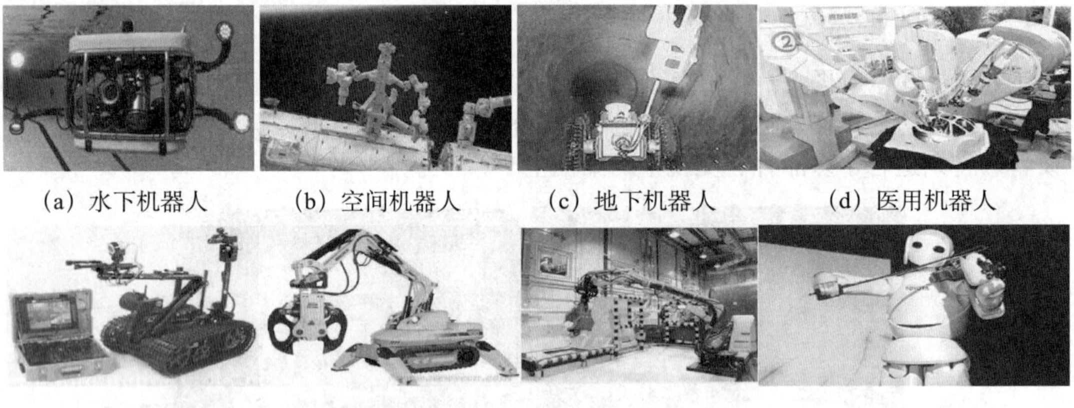

(a) 水下机器人　(b) 空间机器人　(c) 地下机器人　(d) 医用机器人

(e) 军用机器人　(f) 建筑机器人　(g) 核工业用机器人　(h) 家务娱乐机器人

图9-8　特种机器人

1. **水下机器人**

美国的AUSS、俄罗斯的MT-88、法国的EPAVLARD等水下机器人已用于海底勘查、救捞作业、管道敷设和检查、电缆敷设和维护、大坝检查等方面，形成了有缆水下机器人和无缆水下机器人两大类。

2. **空间机器人**

空间机器人是特种机器人的重要研究领域。目前美国、俄罗斯、加拿大等国已研制出各种空间机器人。如美国NASA的空间机器人Sojanor等。Sojanor是一辆自主移动车，重量为 11.5kg，尺寸为 48～630mm，有 6 个车轮，它在火星上的成功应用，引起了全球的广泛关注。

3. 地下机器人

地下机器人主要包括采掘机器人和地下管道检修机器人两大类。目前日、美、德等发达国家已研制出了地下管道和石油、天然气等大型管道检修用的机器人，各种采掘机器人及自动化系统正在研制中。

4. 医用机器人

医用机器人的主要研究内容包括：医疗外科手术的规划与仿真、机器人辅助外科手术、最小损伤外科等。美国已开展临场感外科的研究，用于战场模拟、手术培训、解剖教学等。

5. 军用机器人

目前，国外军用机器人的发展十分迅速，类型已达上百种，功用更是多种多样，有侦察、保障、排雷、防化、进攻、防御型等。具体有机器人地雷、机器人坦克、智能枪、智能火炮、排雷（弹）机器人、防核生化机器人、侦察机器人、智能飞机、智能导弹、机器人潜水器等。

6. 建筑机器人

日本已研制出 20 多种建筑机器人。如高层建筑抹灰机器人、预制件安装机器人、室内装修机器人、地面抛光机器人、擦玻璃机器人等，并已实际应用。

7. 核工业用机器人

国外核工业用机器人的研究方向主要集中在机构灵巧、动作准确可靠、反应快、重量轻、刚度好、便于装卸与维修的高性能伺服手，以及半自主和自主移动机器人。

8. 家务娱乐机器人

家务娱乐机器人以供人观赏、娱乐为目的，具有机器人的外部特征，可以像人，像某种动物，像童话或科幻小说中的人物等。它同时具有机器人的功能，可以行走或完成动作，可以有语言能力，会唱歌，有一定的感知能力。如机器人歌手、足球机器人、玩具机器人、舞蹈机器人等。

可以预见，在 21 世纪，各种先进的机器人系统将会进入人类生活的各个领域，成为人类良好的助手和亲密伙伴。

（三）智能机器人

在计算机技术和人工智能科学发展的基础上，产生了智能机器人的概念。智能机器人（见图 9－9）是具有感知、思维和行动的机器，智能机器人可获取、处理和识别多种信息，自主地完成较为复杂的操作任务。

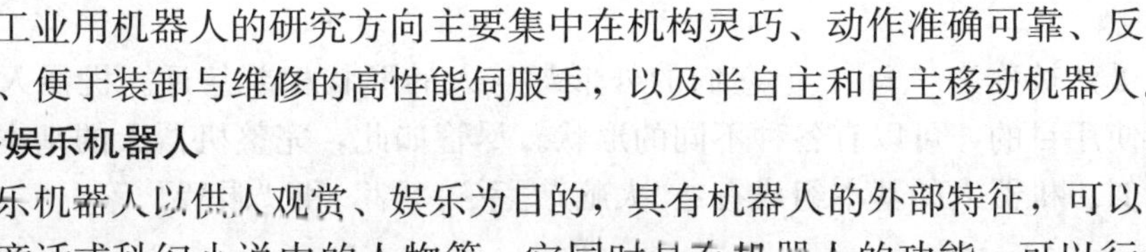

图 9－9　智能机器人

智能机器人作为新一代生产伺服工具，在制造领域和非制造领域具有更广泛、更重要的应用。同时，智能机器人作为自动化、信息化的装置与设备，完全可以进入网络世界，发挥更多、更大的作用。

目前，国际上对机器人的智能化和多样化的研究，主要集中在以下几方面：

（1）虚拟机器人技术：基于多传感器、多媒体和虚拟现实以及临场感技术，实现机器人的虚拟遥控操作和人机交互。

（2）多智能体控制技术：对多智能体的群体体系结构、相互间的通信与磋商机理、感知与学习方法、建模和规划、群体行为控制等方面进行研究。

（3）微型和微小机器人技术：这是机器人研究的一个新的领域和重点发展方向。微小型机器人技术的研究主要集中在系统结构、运动方式、控制方法、传感技术、通信技术以及行走技术等方面。

（4）软机器人技术：该技术主要用于医疗、护理、休闲和娱乐场合。传统机器人结构材料多为金属或硬性材料，软机器人技术要求其结构、控制方式和所用传感系统在机器人意外地与环境或人碰撞时是安全的，机器人对人是友好的。

（5）仿人和仿生技术：这是机器人技术发展的最高境界。未来的机器人必须具有一定情感、社交头脑等特点，这也是各国科学家努力的目标，目前仅在某些方面进行了一些基础研究。

三、机器人的基本组成

机器人虽然被称为“人”，但它们的外形却与人的形状相差甚远。机器人根据不同的使用场合和使用目的，可以有各种不同的形状。尽管如此，完整机器人的基本组成与人的各种器官类似。机器人的基本组成有：“大脑”“手”“脚”和“眼睛”等。

（一）机器人的“大脑”

机器人的“大脑”是电子计算机。在机器人中，电子计算机承担着程序与数据储存、信息收集、数据分析、逻辑判断、动作指令发布等工作。

机器人应用的计算机有：单片机、可编程逻辑控制器（PLC）、工业控制机、PC 机等。机器人应用的计算机功能一般比较单一，但要求性能稳定、可靠性高、故障率低、检修方便。

有的机器人还具有人工智能和自我诊断维护功能。

（二）机器人的“手”和“脚”

机器人必须有“手”和“脚”，才能完成机器人“大脑”发出的“命令”。机器人的“手”和“脚”不仅是一个执行命令的机构，而且还应该具有识别功能，这就是我们通常所说的“触觉”。机器人通过“手”和“脚”的识别功能，判断所接触物体的冷热、软硬及轻重，并将获得的识别信息传到机器人的大脑，从而调节手脚的动作，使操作动作适当。

在实际情况中，许多时候并不需要非常复杂的多节人工指，而只需要能从不同的角度触及并搬运物体的钳形指。工业机器人“手”的主要的功能是夹、抓、提、举，一般都没有手掌，全靠手指抓取、夹持物体，因此，工业机器人的“手”与其说是“手”，还不如说是“夹钳”。例如，应用在物流仓库中的机器人，其机械手往往做成夹具形状，夹具可以转换，以适应搬运不同形状和重量的货物。

工业机器人“脚”的作用主要用于支撑机器人和货物的重量，并且应该提供机器人移动和转动功能。同样，机器人的“脚”也不必做成人脚的形状。

（三）机器人的“眼睛”

人的视觉器官是眼睛，它是感觉之窗，人有80%以上的信息靠视觉获得。机器人以“眼睛”和计算机为主要部件组成机器人的视觉系统，机器人视觉系统的功能是抓获图像信息并传送到计算机，再通过计算机进行图像信息的处理。

机器人视觉系统主要应用于以下三个方面：

（1）用视觉进行产品检验，代替人的目检，包括：形状检验，即检查和测量零件的几何尺寸、形状和位置；缺陷检验，即检查零件是否损坏、划伤；齐全检验，即检查部件上的零件是否齐全。

（2）在机器人进行装配、搬运等作业时，用视觉系统对一组需要装配的零部件逐个进行识别，并确定它在空间的位置和方向，引导机器人的“手”准确地抓取所需的零件，并放到指定位置，完成分类、搬运和装配任务。

（3）为移动机器人进行导航。利用视觉系统为移动机器人提供所在环境的外部信息，使机器人能自主地规划行进路线，回避障碍物，安全到达目的地，并完成指定的工作任务。

计算机图像信息处理技术是机器人视觉识别系统的重要组成部分。目前机器人视觉识别系统在信息获取、信息处理与特征抽取、判断分类等方面的研究进展很快，有许多功能已经接近人类的视觉系统。

（四）机器人的应用方式

机器人的应用主要有两种方式，一种是机器人工作单元，另一种是带机器人的生产线，后者在国外已经成为机器人应用的主要方式，具体如图9-10所示。

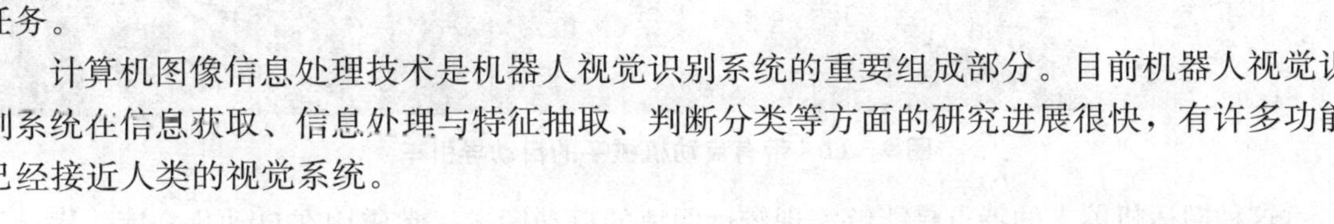

（a）机器人工作单元　　（b）机器人生产线

图9-10　机器人的应用方式

（1）机器人工作单元。机器人工作单元指的是独立的个性化解决方案，它具有最佳的工艺安全性、出色的设备可用性和最大的灵活性，并针对具体的任务量身打造。

（2）机器人生产线。以机器人为核心的自动化生产线适应了现代制造业多品种、少批量的柔性生产发展方向，具有广阔的市场发展前景和强劲的生命力，目前已开发出多种面向汽车、机械等行业的自动化成套装备和生产线。

四、常见的物流机器人

物流机器人是从物流系统的范畴来分类，指应用于物流过程中的各类机器人，它们属于工业机器人之一。常见的物流机器人有搬运机器人、码垛机器人和移动机器人等。

（一）搬运机器人

装卸搬运是物流的功能要素之一，是物流系统中必不可少的一个重要环节，在物流系统中发生的频率很高。搬运机器人的作用是能够根据任务要求，自动按照预先设定的程序，将货物从一个地方移送到另外一个地方。

常见的搬运机器人有如下几种形式。

1. 带有自动机械手的自动导引车

在自动导引车上加装机械手，配合车载装卸机构自动装载货物，自动导引车自动行驶到指定的位置后，机械手自动卸货，并放置到指定货位。机械手臂为 6 个自由度的垂直多肘节，可以适应复杂的搬运货物的动作。带有自动机械手的自动导引车如图 9－11 所示。

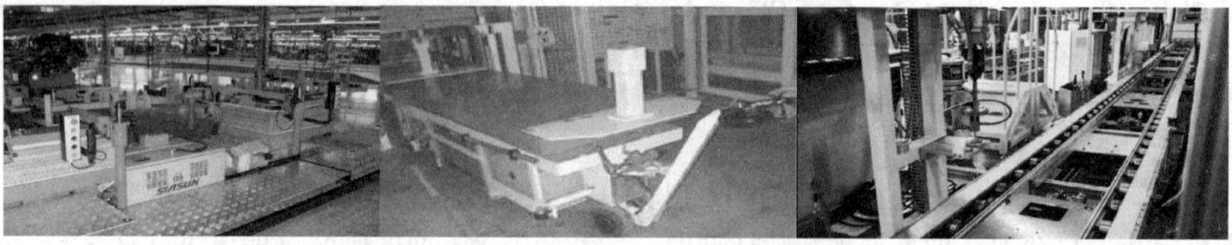

图 9－11　带有自动机械手的自动导引车

这种搬运机器人的特点是能够实现较远距离的自动搬运，常应用在自动化仓库。搬运不同的货物时需要更换不同的抓持机构。如果在抓持机构的前方安装摄像机，带有自动机械手的自动导引车在提取货物时就可以自动确认位置，实现自动存库、自动纠偏和自动定位。

2. 直角坐标机器人

直角坐标机器人也称多维机器人，主要用于货物或工件的短距离搬运，其搬运距离在数米以内。这种机器人有的是二维搬运，如图 9－12 所示，有的是三维或更多维搬运，如图 9－13 所示。

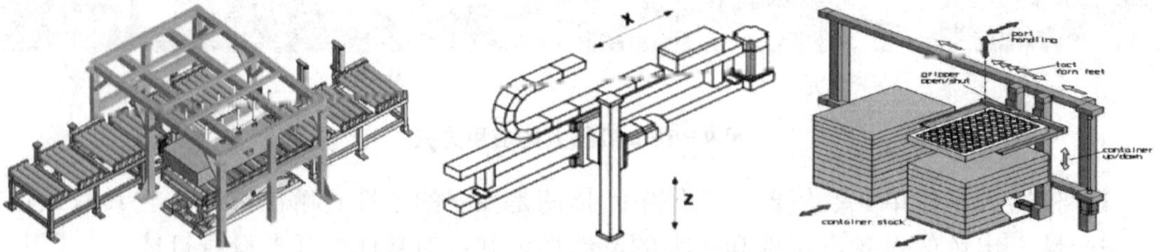

图 9－12　直角坐标机器人二维搬运

图 9-13　直角坐标机器人三维搬运

在自动化立体仓库中，常用多维机器人进行拣货和搬运。图 9-14 所示的就是三维搬运机器人在进行拣货和搬运。

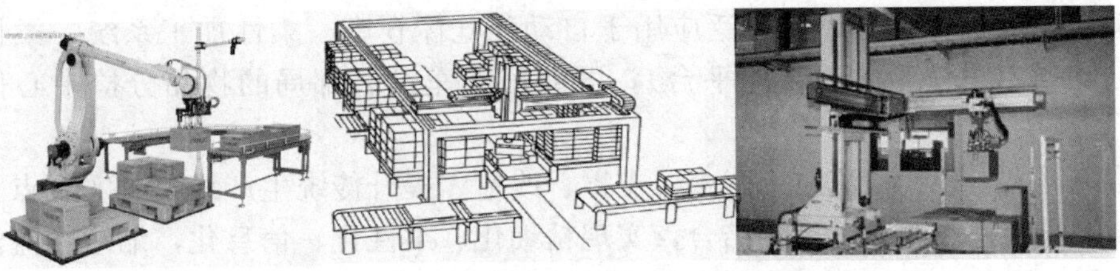

图 9-14　三维搬运机器人进行拣货和搬运

3. **多自由度关节式码垛搬运机器人**

多自由度关节式码垛搬运机器人是专业的自动化搬运码垛设备，可以替代人工搬运、码垛，它能迅速提高生产效率和产量，同时能减少人工搬运造成的差错；机器人码垛系统可全天候作业，每年能节约大量的人力资源成本。多自由度关节式码垛搬运机器人如图 9-15 所示。

图 9-15　多自由度关节式码垛搬运机器人

这种机器人采用多轴伺服电机驱动控制，实现多轴空间联动，空间位置和方位角非常灵活，配置不同工具包可实现搬运、码垛、焊接、装配等工作，具有较高的柔性自动化水平。

（二）码垛机器人

码垛机器人（见图 9-16）能自动将不同外形尺寸的包装货物整齐地、自动地码在托盘上。

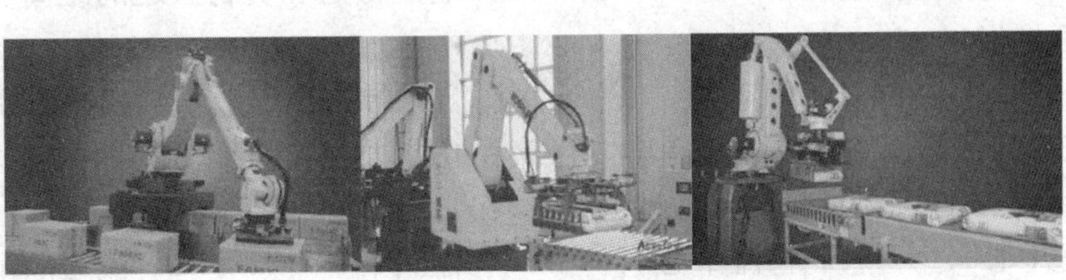

图 9-16　码垛机器人

当货物进入工作区后，码垛机器人能够自动识别货物的大小和方位，并根据预先设定的动作程序，将货物抓起移送到托盘上，货物的堆放顺序和形式也是程序预先设定的，当货物堆垛完成后，能自动捆扎，然后通过传送带送走。

根据操纵机构的不同，码垛机器人可以分为直角坐标型码垛机器人和多关节型码垛机器人；根据抓具的不同，码垛机器人可以分为侧夹型码垛机器人、底拖型码垛机器人和真空吸盘型码垛机器人。

（三）移动机器人

移动机器人是工业机器人的一种，它由计算机控制，具有移动、自动导航、多传感器控制、网络交互等功能，广泛应用于机械、电子、纺织、卷烟、医疗、食品、造纸等行业的柔性搬运、传输等，也广泛应用于自动化立体仓库、柔性加工系统、柔性装配系统（以自动导引车作为活动装配平台），同时可在车站、邮局的物品分捡中心作为运输工具。

移动机器人与现代物流技术配合，支撑、改造、提升传统生产线，可实现点对点自动存取的高架仓储、作业和搬运相结合，实现精细化、柔性化、信息化，缩短物流流程，降低物料损耗，减少占地面积，降低建设投资。

学习能力测试

学习测试 1：名词解释

自动导引车　机器人

学习测试 2：单项选择

1. 从技术的角度来看，物流发展经历了以下几个阶段：①人工阶段；②自动化阶段；③机械化阶段；④虚拟化阶段；⑤集成化阶段。请按正确的时间顺序排列：（　　）。

A. ①②③④⑤　B. ①②④③⑤　C. ①③②④⑤　D. ①③②⑤④

2. 对物流管理有影响的技术很多，其中特别重要的是（　　）。

A. 包装及包装材料技术　B. 信息技术
C. 物料处理技术　D. 运输技术

3. 拣货时，拣货作业人员或机器必须直接接触并拿取货物，因此形成拣货过程中的行走与货物的搬运，（　　）是提高配送作业效率的关键。

A. 熟练的拣货操作　B. 延长拣货时间
C. 采用现代化的拣选设备　D. 缩短行走和货物搬运的距离

4. AGV 是指（　　）。

A. 叉车　B. 货架　C. 自动导引车　D. 监控设备

5. 有完善的信息网络，辐射范围广，存储吞吐能力强，作业货物的批量大、品种少，形成综合性、地域性、大批量的集散地为（　　）。

A. 配送中心　B. 物流中心　C. 存储中心　D. 流通加工中心

学习测试 3：不定项选择

1. 自动导引车的特点有（　　）。

A. 智能化、自动化水平高　　B. 柔性高

C. 动力强、功力高　　D. 无须指挥

E. 环保性高

2. 自动导引车常见的导引方式有（　　）。

A. 电磁导引　　B. 声控导引　　C. 机车导引

D. 激光导引　　E. 惯性导引

3. 提高物流能力，推动现代物流迅速发展的是（　　）。

A. 先进的物流技术及其装备　　B. 先进的物流运输设备

C. 先进的物流管理　　D. 先进的物流仓储设备

E. 先进的管理思想

4. 物流技术及其装备在物流系统中的地位是（　　）。

A. 现代物流系统运营的中坚力量　　B. 提高物流系统效率的主要手段

C. 反映物流系统水平的主要标志　　D. 构筑物流系统的主要成本因素

E. 反映企业技术水平的重要指标

参考文献

[1] 黎红．物流设施与设备．广州：广东高等教育出版社，2008.

[2] 李文斐，等．现代物流装备与技术实务．北京：人民邮电出版社，2006.

[3] 刘廷新，何民爱．北京：高等教育出版社，2009.

[4] 蒋祖星，孟初阳．物流设施与设备．北京：机械工业出版社，2009.

[5] 孟初阳．物流机械与装备．北京：人民交通出版社，2005.

[6] 缪兴锋，李超锋．现代物流装备与技术．北京：中国人民大学出版社，2010.

[7] 谢家平．物流设施与设备．北京：中央广播电视大学出版社，2007.

[8] 于承新，赵莉．物流设施与设备．北京：经济科学出版社，2007.

[9] 周全申．现代物流技术与装备实务．北京：中国物资出版社，2002.

[10] 张弦．物流设施与设备．上海：复旦大学出版社，2006.

[11] 朱新民，等．物流设施与设备．北京：清华大学出版社，2007.

[12] 中国物流设备网（china. 56en. com）.

[13] 中国起重机网（www. chinacrane. org）.

[14] 后勤工程学院现代物流研究所网站（http：//www. chongqing56. com/）.

[15] 中国物流与采购联合会网站（http：//www. chinawuliu. com. cn/）.

[16] 物流设备在线（http：//www. 56eol. com）.

[17] 南京富博机械有限公司网站（http：//www. foobernj. com）.

[18] 浙江经济职业技术学院“物流设备应用与管理”精品课程网站（http：//wlkc. zjtie. edu. cn/jpkc/C57/index. htm）.

[19] 河南交通职业技术学院“物流设施与设备”精品课程网站（http：//www. hncc. net/ec2008/C4/Course/Index. htm）.

[20] 广东轻工职业技术学院“物流设施与设备”网络课程网站（http：//wlkc. gdqy. edu. cn/jpkc/solver/classView. do）.

图书在版编目（CIP）数据

现代物流装备与技术/缪兴锋，覃忠健，别文群编著．—北京：中国人民大学出版社，2018.4
ISBN 978-7-300-22493-0

Ⅰ.①现… Ⅱ.①缪… ②覃… ③别… Ⅲ.①物流-设备管理-中等专业学校-教材 Ⅳ.①F252

中国版本图书馆 CIP 数据核字（2016）第 029403 号

“十二五”职业教育国家规划教材
经全国职业教育教材审定委员会审定
现代物流装备与技术
缪兴锋　覃忠健　别文群　编著
Xiandai Wuliu Zhuangbei yu Jishu

出版发行	中国人民大学出版社		
社　　址	北京中关村大街 31 号	邮政编码	100080
电　　话	010－62511242（总编室）		010－62511770（质管部）
	010－82501766（邮购部）		010－62514148（门市部）
	010－62515195（发行公司）		010－62515275（盗版举报）
网　　址	http：//www. crup. com. cn		
	http：//www. ttrnet. com（人大教研网）		
经　　销	新华书店		
印　　刷	山东百润本色印刷有限公司		
规　　格	185 mm×260 mm　16 开本	版　　次	2018 年 4 月第 1 版
印　　张	13.25	印　　次	2024 年 2 月第 4 次印刷
字　　数	313 000	定　　价	29.00 元